# 汽车舒适性与轻量化趋势研究

王淑芬　李玉光　著

吉林大学出版社
·长　春·

**图书在版编目（CIP）数据**

汽车舒适性与轻量化趋势研究 / 王淑芬，李玉光著．—
长春：吉林大学出版社，2021.10

ISBN 978-7-5692-9686-0

Ⅰ．①汽… Ⅱ．①王… ②李… Ⅲ．①汽车—车体结构—结构设计 Ⅳ．①U463.82

中国版本图书馆 CIP 数据核字（2021）第 243234 号

书　　名　汽车舒适性与轻量化趋势研究
　　　　　QICHE SHUSHIXING YU QINGLIANGHUA QUSHI YANJIU

作　　者　王淑芬　李玉光　著
策划编辑　樊俊恒
责任编辑　樊俊恒
责任校对　刘守秀
装帧设计　马静静
出版发行　吉林大学出版社
社　　址　长春市人民大街 4059 号
邮政编码　130021
发行电话　0431-89580028/29/21
网　　址　http://www.jlup.com.cn
电子邮箱　jldxcbs@sina.com
印　　刷　北京亚吉飞数码科技有限公司
开　　本　710mm × 1000mm　1/16
印　　张　12.5
字　　数　241 千字
版　　次　2023 年 3 月　第 1 版
印　　次　2023 年 3 月　第 1 次
书　　号　ISBN 978-7-5692-9686-0
定　　价　72.00 元

---

# 前　言

经过多年的快速发展，我国汽车产业正由产销量持续增长向结构调整和转型升级转变，自主品牌汽车的品牌价值和品质不断提升，新能源汽车的市场份额和总量不断扩大。从技术的发展趋势来看，受能源革命、信息革命和材料革命的影响，汽车产业正迎来百年未遇的大变革，汽车产品“电动化、智能化、共享化”的发展趋势明显。轻量化作为支撑汽车产业变革的重要技术手段，是推进汽车产品节能减排的一项关键共性技术。汽车轻量化是指在保证汽车综合性能指标的前提下，采用科学的方法减轻汽车产品质量，以达到节能、减排的目标。目前，轻量化已成为国内外汽车企业应对能源、环境挑战的共同选择，也是汽车产业可持续发展的必经之路。它不仅是节能减排的需要，也是汽车产业结构调整的需要。

汽车的四大系统——发动机、车身、底盘、电器系统，都可以在汽车轻量化方面做出成果，但因为汽车驾驶室内外的结构件及装饰件结构比较简单，方便实现其零部件的轻量化设计，因此各大汽车生产厂商都把汽车的内外饰件作为实现汽车轻量化的突破口。而汽车座椅作为汽车驾驶室内部最大的零部件，如何在安全性、舒适性和美观性方面得到保证的同时降低其质量，降低生产成本，成为广大汽车生产和制造厂商不断追求的目标。

汽车座椅是由骨架、表面材料、填充材料、塑性构件等部件构成的。对于座椅整体而言，骨架占总质量的60%~70%，面料占总质量的7%~12%，泡沫占总质量的9%~12%，塑料件占总质量的5%，其他辅助的功能件占总质量的9%。显而易见，骨架的质量占据了汽车座椅质量的大半之多，所以对骨架进行轻量化设计对汽车座椅的质量减轻可以起到事半功倍的效果。在实现座椅轻量化的同时，还要考虑到座椅的舒适性问题，不能为了实现座椅的轻量化而使用低密度、低厚度的材料，从而使座椅失去了耐久性与舒适性。

座椅的舒适度直观地反映出汽车驾乘的舒适度。选择一款舒适、轻便、节能、环保的座椅，是提高整车舒适性的最重要的指标。所以，在保证舒适性的同时减轻座椅的重量成为很多生产商共同追求的目标。本书从舒适性、轻量化两个方面，对汽车未来发展趋势进行了探讨。主要内容包括国内外汽车轻量化发展状况、汽车轻量化技术经济分析与未来发展、汽车的稳定性能设计、汽车座椅舒适性设计、汽车运行材料及其合理使用、面向汽车结构基础特性的轻量化设计方法、车身轻量化工程的发展趋势。

由于水平、经验及时间有限，本书难免存在疏漏和不妥之处，敬请读者予以批评指正。

作　者

2021 年 9 月

# 目　录

# 第1章 概 述

快速发展的汽车行业在给人们生活带来便利的同时也存在环境污染、能源危机等社会问题。汽车轻量化技术是汽车减轻重量的有效手段,能够减少汽车耗能,提高汽车操控稳定性和舒适性。目前,轻量化设计从传统的结构优化已经转变为轻质材料的使用、先进制造连接工艺的利用、结构优化相结合的优化方法,在保证汽车车身及零部件系统的强度、刚度、碰撞安全、NVH(noise vibration harshness,振动噪声及声振粗糙度)、耐久性等性能的前提下,根据不同部件的受力情况采用空心化、薄壁化、小型化和集成化的设计理念,减少汽车零部件材料的使用。

## 1.1 汽车轻量化发展背景及意义

目前汽车的轻量化问题早已是大众最关心的问题之一。在世界范围的汽车行业,汽车轻量化被普遍定义为通过结合轻量化技术以及多种轻量化材料制造技术,实现使汽车整车质量达到尽可能小的值的目标,从而实现更加长远的目标,即在减少燃料消耗和降低排气污染的同时提高汽车的动力性。汽车轻量化的最终目的是能够在实现控制成本、节约能源、优化各零部件及车型的同时保证汽车的强度、安全性能不受影响。由于汽车燃料所提供的动力是克服摩擦力做功,而摩擦力与重力成正比,因此从理论上我们可以得出结论,当汽车整车质量下降,所需克服的摩擦力相应下降,所提供的动力也下降;同时实验结果表明,当汽车整车质量减少10%时,其燃油效率便会增加6%~8%。因此为了节约能源、减少排放,汽车的轻量化研究迫在眉睫,成为汽车生产行业的重点关注问题。

### 1.1.1 汽车轻量化发展背景

经过一百多年的发展，汽车工业逐渐成为影响国民经济发展的重要支柱产业。

汽车已经成为当前国民经济的重要支柱产业，在一定程度上代表了一个国家的整体经济水平。汽车在世界经济领域和人们实际生活中的地位毋庸置疑，它正以越来越大的影响力改变着人们的工作与生活。高速、安全、环保、舒适已成为21世纪汽车发展的新趋势。但是汽车工业的可持续发展也正面临着安全、节能和环保三大主要问题，如何解决这三个问题成了阻碍汽车工业可持续发展的主要因素。在汽车产业不断向前发展及各种新的设计生产技术不断出现的同时，我们不得不面对这些问题。尤其是发生在20世纪70年代的两次全世界范围内的石油危机至今让人们记忆犹新，使得人们不得不去重视汽车的燃油经济性问题。据统计，汽车每年使用的燃油占了全球将近一半的石油消耗量，石油作为不可再生资源，迟早会有使用完的那一天。而且汽车工业的发展一年比一年迅猛，据资料预测，如果不及时采取相应措施，新的大规模的石油危机在21世纪中叶就会出现。人们要想寻找到完全能够替代石油的能源，从目前不够成熟的技术来看还需要相当长的一段时间。而且随着汽车使用的普及，汽车的尾气排放也呈逐年增加的趋势，据统计，汽车每年向大气中排放的有害气体占大气所有污染物的60%以上。因而从20世纪80年代以来，面对日益减少的石油资源和日益恶化的地球生态环境，人们不得不重视汽车工业的燃油经济性及尾气排放问题。

从21世纪初开始，我国便成为世界上第二大石油消费国。然而，众所周知，我国目前的石油资源探明储量并不多，石油年产量也不多，已很难满足国内的消费需求，导致我国每年需要从国外进口大量的石油，2021年，中国原油累计进口量达到了51298万吨，中国有72%的石油要依靠进口，而在中国所有的石油里，一年有70%用来交通。我国车用燃油增加比较快有两个主要原因：第一个原因是我国汽车保有量逐年迅速增加；第二个原因是我国汽车业本身的设计水平虽然进步较快，但是相对国外汽车先进制造强国还存在一定的差距，汽车单车燃油的平均消耗量要高于国外。而且,随着国内汽车保有量的逐年急剧增加,尾气的大量排放带来了环境的恶化。能源短缺、环境污染问题已经逐渐成为制约我国汽车产业健康可持续发展的突出问题。从另一个方面来说,由于石油价格的逐年上涨,汽车生产商家也遇到了越来越大的成本压力。所以实际上,不管是从经济效益还是从社会效益来考虑,低油耗、低排放的汽车都是节约型社会发展的需要。因而从汽车产业的健康可持续发展的角度来看,提高车用燃油经济性、减少尾气排放从而减少环境污染成为目前汽车工业进一步发展必须要解决的问题。

汽车的燃油经济性、尾气排放量都与整车的总重量有着非常密切的关系。相似的车型,汽车整车重量越轻,则所需要匹配的发动机的负荷就可以适当降低,从而能有效降低油耗,提高燃油经济性,减少尾气排放。因而,无论是从国内的石油资源安全问题来看,还是从国内环保的需要来看,减轻汽车重量以提高燃油使用经济性和减少尾气排放量都是十分必要的。

因此,汽车轻量化技术已成为21世纪汽车技术的前沿和热点,也是汽车工业发展中的重要研究课题之一,有理由相信,在不久的将来,汽车轻量化技术必将成为各个汽车公司的核心竞争技术。从大的层面来看,汽车轻量化不仅关系到国家的资源安全问题、环境问题,而且关系到整个国家的汽车产业健康可持续发展问题;从小的层面来看,汽车轻量化技术已经成为各个汽车公司产品的核心竞争力,也标志着一个企业在行业内部竞争力的强弱。

### 1.1.2 汽车轻量化的意义

实现汽车的轻量化对于提升汽车性能有重大的意义。

首先,轻量化能够降低整车重心高度,整车重心的降低将能明显改善汽车的行驶性能,使得汽车行驶更加平稳、舒适。同时,它也能改善汽车的加速和弹性性能,降低转动和振动部件的噪声,提高汽车抗侧翻能力。其次,汽车轻量化通过减少碰撞能量,能够有效提高汽车的碰撞安全性能。随着国家级正面、侧面碰撞安全法规的不断完善,人们越来越重视汽车的安全性。汽车轻量化能够有效减少制动距离、碰撞惯性和碰撞动能。同时,轻质材料(如镁合金、铝合金等)相对传统的钢制零件,具有良好的能量吸收性能，能够提高碰撞过程中的能量吸收率，使得碰撞车辆安全性得到显著改善。再次，汽车轻量化能有效减少汽车的滚动阻力、爬坡阻力、加速阻力等，为实现汽车的大功率创造了有利条件。因此，汽车轻量化不仅可以节能减排、减少燃油消耗量，还能够提升汽车自身的安全性能，这是汽车轻量化成为现在汽车行业研究热点的关键推动因素。

确定轻量化目标，对汽车轻量化的实现而言只是开始的一小步。我们必须建立完善的轻量化管控制度，在轻量化的过程中，针对每一个时间节点，对零部件及子系统重量输出进行监控，保证其达到分配的轻量化目标，最后对总车重量进行分析，评估其轻量化完成情况，并整理相关数据，录入数据库中，为后面新车型的轻量化设计提供参考。这样，我们才能真正地实现轻量化目标，缩短轻量化设计周期。

## 1.2 国内外汽车轻量化发展状况分析

汽车的轻量化设计不仅是单一减少零部件的重量，而且是在保证汽车原来的性能不受影响甚至在提升汽车性能的前提下，减轻汽车整备质量，并确保汽车的安全性、动力性、NVH、强度疲劳和舒适性等性能，同时不能提高汽车的制造成本。传统的轻量化是通过定义车辆关键部件的性能目标，制定优化设计的空间与变量，使用拓扑优化、截面形状尺寸优化、厚度优化和形貌优化等结构优化方法实现减重。现在已经逐渐过渡到轻质材料及新型材料的使用、由 CAE（computer aided engineering）技术优化汽车结构设计，使零件薄壁化、中空化、小型化实现减重，如集成和先进的加工和成形工艺已经逐渐应用。传统的轻量化方法正在逐步深化，新型的轻量化策略正在逐步推进。过去，国内的设计理念基本上采用欧美车型作为基准车，对其进行对标分析、采集数据、设计及验证这些步骤，对新车型进行逆向设计。随着时代的发展和技术的进步，CAE 分析手段及 SE（焊接、冲压、总装、涂装四大工艺）也走向成熟，这为正向设计的实现打下了坚实的基础。

近年来，随着石油资源供应的不断减少和成品油价格的上涨，汽车的燃油消耗量已然成为消费者购买汽车的重要影响因素之一，甚至影响了国家政策的制定。作为降低油耗和节约能源的最重要方式，整车的轻量化优化设计技术已成为汽车开发技术发展方向。

### 1.2.1 国外汽车轻量化发展状况

早在 20 世纪初期，赛车运动协会就提出了重量上的限制，这也成为世界上最早的汽车轻量化事件。这项规定也为汽车轻量化后的快速发展提供了一个良好的开端。自此，汽车零部件开始出现钢板冲压件，以替代以前经常使用的圆管材料，底盘及车架、车身等零件的制造往往采用这些钢板冲压件。而且，更加轻量化的铸造件或冲压件也开始出现在悬架及底盘系统中的部分零件上。20 世纪中叶第二次世界大战后，为了克服战争带来的汽车用材料短缺的困难，德国大众公司开始将轻量化措施大量应用在汽车设计和制造上，更加值得一提的是，镁合金材料被第一次使用在“甲壳虫”车的发动机和变速箱壳体上，这一创举即使在今天的汽车业仍具有重大的使用价值和历史意义。

但是，直到 20 世纪 70 年代以前，汽车轻量化技术并没有能够引起人们足够的重视，甚至在第二次世界大战后，各大主要汽车厂商的设计理念都是追逐“大而安全”，使得当时的汽车重量一般都在 1.5 t 左右，典型的范例就是丰田汽车公司生产的“陆地巡洋舰”。自 20 世纪 70 年代开始，随着全世界范围石油危机的爆发，也随着汽车设计、制造工艺技术及汽车材料技术的发展，人们才开始逐渐重视汽车轻量化技术的研究，并开始逐步应用在汽车产品上，汽车的总重才开始出现逐年减少的趋势。日本汽车企业一直认为汽车轻量化在汽车整体设计中极为重要，并且在汽车轻量化上花费了大量研发投入。所以日本的汽车品牌轻量化效果较为明显，这也是日本汽车品牌畅销的一个重要的原因。PNGV（the Partnership for a new generation of vehicles）计划，是美国政府提出的新一代汽车研发制造合作计划。1993 年日本政府提出，政府每年投资 2 亿美元用于减轻乘用汽车重量的研究。另外，美国政府提出 3 L/ 每百公里的油耗目标，并投入大量资金研发。美国汽车企业在轻量化上都有明确的目标，如福特汽车公司生产的 IV150 制定的轻量化目标是 138 kg。当前，欧洲主流汽车主机厂正在开展“超轻型汽车”项目，在不增加整车生产成本前提下，将汽车重量减轻 30%。可以看出，世界上所有国家都在以各种方式实施汽车“减肥计划”。据统计，美国中型汽车的平均整车总重量，从 20 世纪 80 年代初的大约 1 520 kg 逐步下降到 90 年代末的大约 1 230 kg。到 20 世纪末 21 世纪初期，每百公里油耗仅仅 3 L 的汽车开始出现在了汽车生产制造强国，而且汽车总重量都控制在 800 kg 左右。

国外的结构优化发展历史初期主要通过准则法实现，该方法中设计变量的单步修改幅度较大，结果收敛速度快。随着数学规划法的引入，结构优化的计算过程开始趋向于严谨性、可靠性和稳定性。随着科学技术的进步和计算机软硬件的发展，结构优化的理论和方法正在被不断更新，优化设计的层次正在不断提高。

如何结合实际工程特点，对目前热门的优化方法进行改进、重组和综合，产生更符合和满足实际工程结构要求的算法是今后发展的主要方向。按照现在结构优化的发展趋势，未来的算法将主要向以下几个方面发展：

（1）寻找可靠、有效的算法，这将更多地依赖于非线性自身的发展。

（2）平行算法。随着制造业的高速发展，部件结构将会变得越来越复杂，这将带来巨大的计算量，需要计算机以更快的速度进行处理。平行处理就是提高计算机运算速度的方法之一。目前有限元方面的平行算法已获得不少成果，但结构方面的平行算法研究还不多。

（3）有限元、优化、计算机辅助设计（computer aided design，CAD）的集成化。在有限元优化和 CAD 各自的理论研究和开发都有一定基础的前提下，实现集成化的关键在于解决好它们之间的接口。

（4）高层次优化问题。目前还没有一套很有效的方法来处理拓扑、布局和离散变量方面的优化问题，还需要依赖于专家系统、人工智能及神经网络的发展及其在机构优化中的运用。

### 1.2.2 国内汽车轻量化发展状况

图 1-1 展示了中国目前汽车行业的发展路径，分为三大块：新能源汽车技术、发动机减排技术和汽车轻量化技术。其中汽车轻量化技术又

分为结构设计、制造工艺和材料技术三个方面。通过三者技术各自发展并相互结合,综合改良汽车的轻量化效果。为了促进国内汽车厂商加大轻量化研究力度,国内通过制定法规,要求重型柴油车和轻型车的排放标准必须达到国Ⅵ标准,这就迫使汽车厂家从技术角度出发降低汽车排放。而减轻汽车自身重量无疑是汽车降低燃油消耗及减少排放以达到节能、环保要求最有效的措施之一。

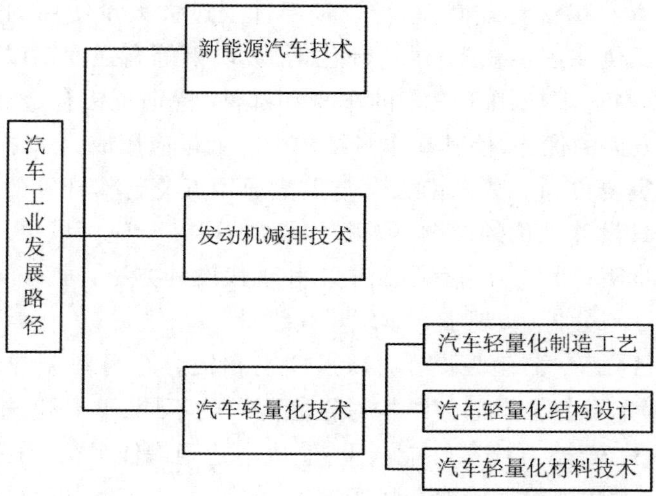


**图 1-1 中国汽车行业发展路径**

与国外相比,国内的汽车轻量化正向开发仍处于起步阶段,技术和应用程度都落后于德美日等发达国家。但是我国的许多高校以及学者在汽车轻量化设计技术方面已经进行了大量的研究,加上国内汽车企业及政府对轻量化的重视,投入大量成本去研发轻量化技术,研发进展相对较快,取得了许多成果。虽然真正的尖端技术仍然掌握在日本、欧美国家手中,但国内设计有其独特的特点。随着国内汽车发展规范和文件的逐步完善,国内的自主研发车型在碰撞性能及安全方面在逐渐进步。国内的消费者也不再盲目跟风,从过去为了纯粹追求汽车的省油轻量化而对日系车疯狂偏爱,转变为有了自己的全面认识和判断,只选购一些在保证汽车性能、强度、安全等综合方面的基础上真正轻量化设计的车型。

目前,汽车轻量化主要通过轻质材料应用、新材料的使用、零部件结构的优化及先进的制造工艺的应用来实现。在结构的优化上,可以采用优化汽车结构、优化零部件设计和优化连接方式等途径。在汽车结构的优化中确保汽车结构是合理设计的,并采用科学的加工技术。在进行结构优化设计中,大量使用夹芯板,在汽车重量减少的同时促使结构的强度提升。在优化零部件设计上,对在材料选用、结构设计及生产工艺中较为简单的零部件进行集成优化,能够降低汽车生产成本。在优化连接方式上,可以采用以铸代锻、以铸代焊等方式,减少机械加工,降低生产时间和成本。在材料方面,车身及零部件上过去大量使用的普通强度钢所占的比例在逐步减少,烘烤硬化钢、玻璃钢等高强度钢以及铝镁合金、复合材料逐渐应用于汽车的车身和部件,特别是铝合金,因为其在吸能减重方面的优势,使其在车身结构中的大量应用成为未来汽车轻量化设计的重要方向。如湖南大学与上汽通用五菱合作开发的薄板冲压工艺与模具设计理论的课题,取得了较高的研究与应用成果,获得了国家科技进步奖;北航利用有限元技术和现代设计方法,对客车结构进行了优化设计与分析,实现了客车轻量化设计。

奥迪 A4L 车身车架采用超高强度钢和铝合金材料制成车身结构部件,根据车身各个零部件结构对性能要求的不同,差异化选择应用材料,使 NVH、安全、强度等性能与重量、成本达到最佳平衡。保时捷帕拉梅拉 Tubo 的防撞梁采用超高强度钢( cultra high-strength steel, UHSS)材料设计,提高了汽车耐撞的安全性,还减轻了汽车防撞梁重量。另外,捷豹在某车型上采用全铝框架车身结构,实现车辆的关键性能提升、安全及驾驶表现。

由于不同性能材料的搭配使用,其相互之间的连接问题就成为重点。而轻量化中的制造工艺则是通过提升制造水平,改进连接和成形制造技术,是实现轻量化材料的应用前提。当前高强钢热成形、液压成形(先进的成形工艺)、激光焊接、搅拌摩擦焊、自冲铆接、胶接、CMT(冷金属过渡)等先进的成形方法和连接方法已在汽车生产中大量应用。这得益于连接工艺的提升,可实现先进的成形工艺和实现异种材料的汽车零部件生产。凯迪拉克 ATS-L 车型采用各种零件连接工艺,如电弧焊和钎焊、激光焊接、自冲铆钉等用于铝合金车身的生产。奥迪 A4L 车型的车身采用了钢、铝混合设计。铝合金零件和钢制零件物理性质不同,钢和铝部件通过自冲铆接连接,并采用结构胶、自攻螺钉、焊接螺栓、无铆钉连接、激光拼焊等工艺连接车身,实现汽车轻量化。

随着燃料消耗的增加,汽车尾气中排放的二氧化碳量也随之增加,带来的问题是对环境的污染也越来越严重。国内外为了解决这个问题,加大了对新能源汽车的开发。目前纯电动汽车、混合动力汽车已经出现在市场上,汽车电池发展正在加速。这些汽车动力驱动系统的变化也促进了轻型车辆和新能源车型的发展。

## 1.3 汽车轻量化设计的难点及存在的问题

随着汽车轻量化的快速发展,国内关于汽车轻量化的设计思路也在逐步完善,其中也存在着不少难点及问题。

第一,汽车乘用化与轻量化之间的矛盾。一方面随着汽车平均油耗政策法规越来越严苛,整车轻量化是增加动力性能及降低油耗的关键路径之一。另一方面随着汽车乘用化发展,法规、配置的完善以及乘用人员对汽车安全性、舒适性要求的提高,整备质量在不断提升。面对不断攀升的整备质量,有效的减重手段并不多。因此,如何在减轻汽车整备质量的同时满足人们对汽车安全性、NVH 性能、舒适性、动力性和平顺性等性能的要求,达到节能减排的目的,如何在中间取一个平衡值,是汽车轻量化设计所面对的难点。

第二,如何让轻量化设计及管理贯穿整车开发全流程。目前,在汽车轻量化设计的各个阶段都存在不少问题。前期研发阶段,由于缺少市场定位及对标车型的选择、性能目标定义等数据,只能粗略预估整车重量目标。在详细设计阶段,由于轻量化工程师和产品工程师之间的职责没有相互交叉,大部分由轻量化工程师提出来的减重提案受自身能力局限经常受到产品工程师的挑战和质疑。而产品工程师在对材料、结构进行选型时,轻量化工程师没有太多的介入,导致后期无法提出有效的减重建议。在设计验证阶段,由于缺乏对各阶段重量变化情况的监督,导致后面有整备质量失控、超出目标质量及公告质量的风险。在最后的批量生产阶段,因为汽车性能的提升、质量问题的解决造成的零件更改导致重量的变化,并没有知会轻量化工程师,导致存在整备质量超出公告质量的风险。

第三，汽车轻量化往往带来轻量化新材料、新制造工艺和新型结构的应用。这些轻量化措施通常会带来一系列未知的性能风险。而这些轻量化零件的试验流程欠成熟，同时国内的供应商对这些新型材料、结构、工艺的零件生产经验不足。这些风险通常难以在开发前期考虑周全，这导致轻量化方案的推进存在较大的困难。

第四，整车轻量化管控的风险。国内的整车轻量化设计尚以白车身轻量化为主，动力、底盘、内外饰等区域的轻量化涉及较少，轻量化程度不高。整车轻量化正向开发流程尚未建立，各区域重量管控机制未形成体系，重量容易失控。

第五，各区域的轻量化目标制定缺少数据支撑，缺乏整车轻量化评价体系。从整车重量目标、系统重量目标到零部件重量目标的层层分解方法更是缺乏。当前国内大部分的主机厂在新车型开发时，通过对标车拆解分析制定目标。这个方法并没有很高的科学性。这使得整车轻量化设计过程中缺少指导，整车设计开发完成后也不能有效进行轻量化效果评价。

第六，汽车平台化设计给整车轻量化带来新的问题。当前为了加快汽车设计的研发进程，缩短开发周期，加快更新换代，各大主机厂加强了汽车平台化设计。而汽车平台化设计中，为了实现零部件的共用，这些零部件的性能需覆盖从大到小的平台化车型，使得部分零件在低配置或小尺寸车型中存在过度设计、性能过剩现象。

## 1.4 汽车轻量化技术经济分析

对电动汽车而言，通过汽车轻量化设计不但可以降低汽车的消费成本，同时还可以增加其电池的续航里程，从而减少汽车电池在整个生命周期过程中的更换频率，有效地减少消费者对于电池的使用成本。所以汽车轻量化的收益成本包括两大部分，一部分是将电池的能耗消费成本降低，另一部分是使电池的使用成本减少，从而通过减少电池的更换频率降低电池价格。

参考发改委的一些相关文件可知，无论是燃油汽车还是电动汽车，在整个生命周期过程中，随着轻量化程度的不断增加，收益逐渐增大，并且电动汽车与燃油汽车的收益差距也越来越大。电动汽车实现轻量化后带来的变化是电池的更换频率减少，从而降低电池的使用成本。因此，通过对电动汽车和传统汽车的收益分析，在同等电量条件下，轻量化可以降低电池的使用成本，通过续航里程的增加和电池使用成本的降低，都可以增加消费者的购买力度，从而推动汽车轻量化发展进程。

## 1.5 汽车轻量化实施途径概述

环境保护的呼声日益高涨，节能减排是全球的一大任务，在汽车行业，应用轻量化设计也成为当务之急。各汽车企业分别从汽车总体结构设计及新材料使用上投入了大量研究，其中总体结构设计因涉及安全性等因素影响，也需要考虑原材料的性能问题，因此汽车轻量化设计归根到底在于汽车使用的原材料的创新。汽车制造业引入汽车轻量化技术，对节能减排的效果明显，也利于改善整车性能，比如操控性、稳定性、动力特性、NVH性能等，而且有利于整车安全性提升。我国轻量化技术应该加强产学研的结合，发展新兴材料和技术，争取突破轻量化技术的发展瓶颈。

不同的汽车制造企业对整车的轻量化分别会从设计与制造等多方面进行优化，总结起来主要有如图 1-2 所示几种途径。

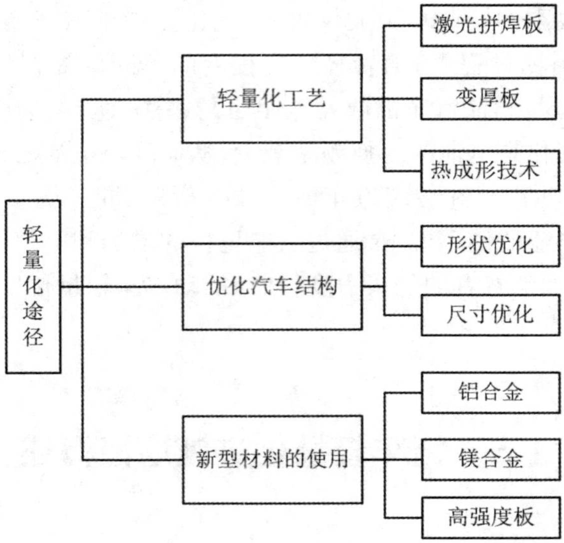


**图 1-2　轻量化途径**

### 1.5.1 采用轻量化工艺实现汽车轻量化

轻量化工艺与结构优化、新型材料的使用，在实现汽车轻量化设计方面具有相辅相成的作用：优化结构设计以达到零部件轻量化目的时，通常设计出来的零部件产品使用旧的制造工艺已经不能满足要求，而需要使用新的制造工艺或者新的加工条件；同样的，在零部件上使用新型材料，本身就需要比较特殊的成形方式或者制造、焊接要求。同时新的轻量化工艺的开发也能为轻量化结构优化设计者或者新材料的研究者提供更多的选择空间和更大的平台。如果在产品的设计初期就考虑到轻量化工艺，不仅可以有更好的结构优化或者新材料的选择余地，而且能使得结构设计和新材料的应用具有更加合理的可行性，达到缩短整个开发周期的目的。

目前轻量化工艺主要有两个方面的革新：零件成形性上的革新和零件制造工艺上的革新。成形性上的革新主要是通过充分应用 CAD/CAE/CAM 技术，提高冲压模具的设计水平及成形后零件质量（比如零件回弹量）的控制，目前出现的比较新的成形技术包括激光拼焊板（tailor welded blank，TWB）、变厚板（tailor rolled blank，TRB）及高强板的热成形技术等。制造工艺的革新的案例也有很多，其中比较典型的案例则是整体无缝式汽车驱动桥壳的制造。

1.5.1.1TWB 技术介绍

TWB 是根据车身设计的强度和刚度要求，利用激光对焊技术把不同厚度、不同表面镀层甚至是不同材料的金属薄板焊接在一起，再进行冲压，最终制得不同厚度的冲压零部件。

1.TWB 的加工工艺流程

如图 1–3 所示，为 TWB 的加工工艺流程。

（1）基于不同汽车结构件的要求，确定零件的分片情况和不同板材的厚度、形状、材料等。

（2）将全部板材焊接到一起。

（3）通过冲压成形处理，最终得到符合要求的零件。

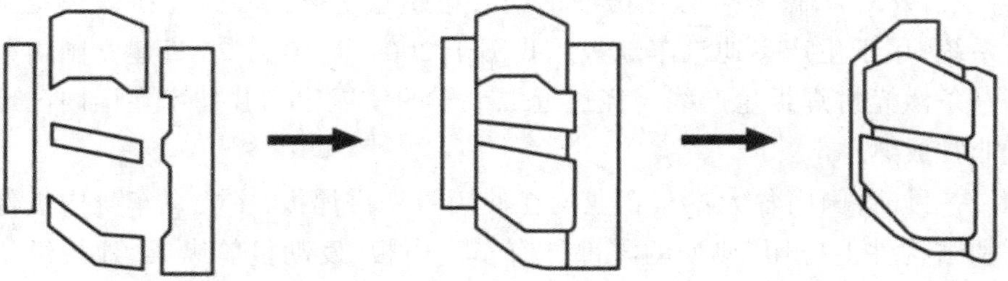

（a）分别（备）下料　　（b）焊接　　（c）冲压成形

图 1–3　激光拼焊板工艺流程

2.TWB 的特点

TWB 主要有如下优势。

（1）利用激光拼焊板技术能够将不同厚度的板材焊接为一体，这样能够减少车身使用的零部件数量，减弱车身拼焊的复杂性，提高车身的精度。

（2）能够基于车身不同部位刚度和强度的要求，设计出由不同厚度 / 强度的板材组合而成的 TWB 板，再进行冲压成形。由于是不同厚度 / 强度板材的组合，有效地进行了最优化的材料分布，不仅实现了轻量化的要求(一般而言,相对等厚板可以实现 20% 的轻量化效果),又达到了车身不同部位的性能要求。

TWB 主要有如下不足。

(1)应用成本较高。利用激光焊接工艺时,应对不同强度的板材进行精确落料预处理,使其满足激光焊接的精度要求,才可以实施激光拼焊工艺。激光拼焊工艺的复杂程度较高,并且此焊接工艺的成本远高于普通焊接工艺,极大地限制了激光拼焊板技术在车身上的全面应用。

(2)焊缝机械性能差异。因为激光拼焊板技术受厚度突变和焊缝的影响,而且进行焊接时添加的金属材料和被焊接的基材二者的材料特性不一样,这会使拼接焊缝和它附近的区域会出现显著的加工硬化现象,并且沿长度方向上的硬度也会发生跳跃式的变化,这有可能妨碍后续的成形加工。

3.TWB 的应用情况

1985 年,德国蒂森克虏伯钢铁公司建立了第一套激光拼焊板定制系统,用于生产奥迪汽车地板。我国于 2002 年 10 月 25 日建立国内第一条激光拼焊板生产线。经过近二十年的发展,TWB 技术在国内已经非常成熟。

目前,国内各大汽车企业均在使用激光拼焊板,主要在车身内板件和结构件上应用,典型的零部件有车门内板、发动机舱纵梁、地板纵梁等,其主要目的是实现汽车轻量化;也有汽车企业在某些 MPV 以及轻型客车等车型的外板上应用激光拼焊板,如侧围外护板、顶盖外板等,这类部件的主要特征是超宽、超长,以至于超过了现有的汽车板最大宽度,为确保造型效果,需要采用激光拼焊板。

#### 1.5.1.2 TRB 技术介绍

从 20 世纪 90 年代初开始,最早在德国亚琛工业大学金属成形研究所提出了 TRB。其核心是“柔性轧制技术”,也就是在钢板轧制时依靠计算机来实施调控轧辊间隙,获得沿轧制方向提前定制的变截面厚度板材。由于变厚板的厚度组合可以自由调节,因而能够依据汽车结构的承载受力方式和车身的装配要求,相对自由地选择板料厚度组合,有效地扩大了汽车零件的设计空间,通过零件合并等实现了汽车轻量化。

1.TRB 的加工工艺流程

柔性轧制技术，它的工作原理与传统轧制加工方法中的纵轧工艺有相似之处。其最明显的不同体现在，进行轧制时，能够实时地调控轧辊的间距，进而实现轧制得到的薄板在沿着初始轧制方向上具有预先定制的变截面形状。主要是通过位置跟踪、厚度测量与控制，以及张力、速度、位置周期性控制技术实现周期性变厚度柔性轧制，如图 1–4 所示。

2.TRB 的特点

除了具有与 TWB 相同的优势外，TRB 还具备如下优势。

（1）TRB 零部件的厚度变化是连续的，不存在厚度突变和焊缝的热影响区问题，从而避免了厚度突变处的应力峰值和因焊缝引起的热影响区域，因此具有良好的成形性能，且 TRB 零部件具有优良的力学性能。

（2）TRB 不存在焊缝难以掩盖的缺陷，表面质量好，可用于汽车车身外覆盖件。

（3）TRB 的制造成本不受厚度过渡区数量的影响，而 TWB 的制造成本则随着激光焊缝数量的增加而增加。

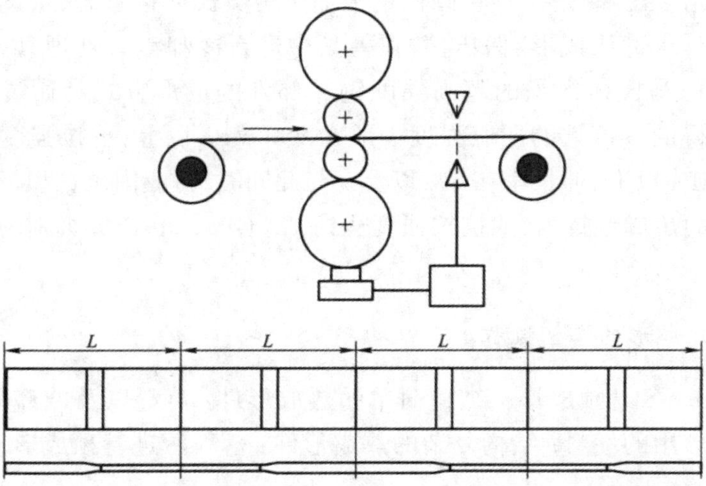


图 1–4 周期性变厚度柔性轧制示意图

TRB 的不足。

（1）TRB 的厚度变化仅能在板料的初始轧制方向发生，且仅在一定范围内可以发生。

（2）截至目前无法将不同材料的板子轧制在一块板中，在灵活性上远远不如 TWB。

3.TRB 的典型应用

TRB 可为车身不同部位的不同刚度和强度提供多种柔性的解决方案，在保证车辆安全性的同时实现轻量化，已逐渐发展为一项重要的汽车轻量化技术，受到国内外各大汽车制造厂商的注意。

国外关于 TRB 的应用技术已经从实验室的研究阶段发展到了工业生产。德国 Mubea 公司是目前行业内最大的 TRB 供应商。国外许多高档车型也开始采用 TRB，特别是德系车型，如宝马、奥迪、奔驰、大众和欧宝等。在国内，宝钢已经建立了一条冷轧变厚板生产线，能够进行批量生产。

1.5.1.3 热成形技术及应用特点

热成形技术，是一种将硼钢钢板加热至奥氏体化状态，快速转移到冲压模具中冲压成形、保压，并在模具中进行冷却淬火处理，以便获得具有均匀马氏体组织的超高强度钢零部件的成形方式。通过热冲压成形获得的零部件的屈服强度一般在 950 MPa 以上，抗拉强度一般在 1 500 MPa 以上，伸长率在 5% 以上。与此同时，行业内也在积极研发更高强度的热成形技术，如抗拉强度达到 1.8 GPa，2.0 GPa 级别的热成形技术。

1. 热成形的工艺流程。

（1）下料 / 预成形。结构简单的热成形件：落料以及冲部分孔，获得热成形用的坯料；结构复杂的热成形件：落料后进行预成形，获得热成形用的预成形件。

（2）加热。在加热炉中将坯料 / 预成形件加热到亚共析钢临界温度左右，对钢材进行充分的奥氏体化。具体的奥氏体化保温温度根据材料的性能、板料的形状、相变机理和最终零件形状进行确定，加热温度一般在 900 ~ 950 ℃。

（3）板料定位。在将板料置于模具中之前，需要进行合理的定位。

（4）装载。用特殊的不导热夹具将板料装载到模具当中。

（5）成形。压机合模，将板料加工成零件。

（6）淬火。模具合模之后，与成形同步开始淬火处理，以 27 ℃/s 的速度将零件均匀冷却到 150~200 ℃。采用热力学有限元仿真来计算准确的冷却速度和最终的淬火温度。

（7）取料。将加工好且已冷却的零件从压力机上取下来。

（8）切边与冲孔。将零件进行激光切割或者冲孔处理。

（9）喷丸。若采用裸板，则需进行喷丸处理去除零件表面氧化皮。

### 2. 热成形技术的特点

热成形技术主要有如下优势。

（1）随着钢板强度的增加，其伸长率急剧下降，越难采用冷冲压成形，而热成形技术是将板材加热到奥氏体化，此时的板材成形性更好，可生产形状复杂的零件。

（2）热成形后，零件强度高可达到 1 500 MPa 以上，尤其适合作为车身上的碰撞安全件。

（3）材料经热成形后可有效提高零件表面硬度和耐磨性。

（4）板材经热冲压成形并淬火后，尺寸稳定性好，回弹小。

（5）热成形零部件（热成形件）是目前车身上应用零部件中强度最高的零部件，相对普通钢板可实现 40% 以上的轻量化。

热成形技术主要有如下不足。

（1）热成形技术相对冷冲压成形，其生产工艺复杂，生产节拍慢，工艺影响因素也相对复杂。

（2）板材经热成形后，其强度和硬度急剧提升，需要应用激光进行后续的切割、切边及冲孔。

（3）对无镀层板会产生氧化铁皮，需要经过喷丸工艺去除。

（4）由于热成形技术的工艺复杂性，导致其成本远高于冷成形零部件。

（5）热成形零部件的伸长率仅为 5% 左右，其冲击韧性较低；且其组织为全马氏体组织，因此也具有以马氏体组织为主的零部件的问题，即冷弯性能低和延迟断裂问题。

3. 热成形件在车身上的典型应用

由于采用热成形技术能够制得超高强度的形状复杂的车身零部件，热成形技术被广泛应用于汽车车身的碰撞安全件，如前/后防撞梁、A/B/C 柱、侧围上框、中央通道、门槛、前围下加强板，以及车门内板、车门防撞梁等关键安全构件。

热成形技术在国外已应用得较为成熟，尤其是欧美系汽车的热成形零部件应用相对较多，如大众、福特、通用、宝马、奔驰、沃尔沃等知名汽车厂商的代表车型均较大比例应用热成形零件；日韩系汽车的热冲压零部件应用相对较少。随着汽车安全法规的日趋严格，热成形零件在车身上的应用呈上升趋势。沃尔沃汽车就是一个典型的代表，沃尔沃XC60 一代车型与二代车型热成形零部件应用相比较，XC60 二代车型在发舱后纵梁、A/B/C 柱、侧围上框、中央通道、门槛、后地板纵梁等部位应用热成形零部件，而 XC60 一代车型仅在 B 柱、门槛以及侧围上框部位应用热成形零部件。沃尔沃车型上热成形零部件的用量在逐年上升，2015 年发布的沃尔沃 XC90 车型的热成形零部件占白车身重量比例达到 38%。

国内最早从 2000 年左右开始研究热成形技术，在 2010 年左右国内自主品牌汽车企业开始热成形零部件的应用研究，目前也实现了热成形零部件的成熟应用，普遍应用于车身 A 柱、B 柱、门槛、A 柱加强板等关键的碰撞安全部位。

### 1.5.2 优化汽车的结构实现轻量化

优化汽车的结构，包括两方面的内容：对白车身的结构优化和对子系统零部件的结构优化。结构优化的主要任务是在满足工艺要求的前提下进行结构设计。汽车结构优化又可以分为尺寸的优化及形状的优化等。其中，尺寸优化主要针对截面及零件厚度等进行尺寸优化，其约束条件一般在满足多种性能目标的要求下。形状优化则是在以零部件轻量化为目的的同时，达到零部件内部受力的均匀化。形状优化是在借鉴生物学增长规律的基础上形成的一种数值优化方法。基本原理可以描述为：在对零件进行受力分析时，向零件主要受力位置逐渐增加材料的密度,同时渐渐减少其他非主要受力位置处的材料,通过在不同位置布置不同的材料,不仅可以减少材料的浪费,使零件的材料分布更加合理,而且由于加强了受力位置的材料分布,从而避免了局部应力高峰值的产生,最后达到减轻零件质量的目的。

汽车结构优化的优点是不仅研发成本比较少,而且往往能达到比较好的轻量化效果,这也是结构优化在许多厂家的汽车设计阶段非常受重视的原因之一。通常来说,轻量化材料的应用往往需要较长的研发周期和较多的研发成本。相比而言,汽车结构的轻量化则主要是通过对汽车的白车身及子系统零部件进行结构分析优化,改进汽车结构,使部件薄壁化、中空化、小型化和复合化,及对内饰、发动机和底盘等所有汽车零部件进行结构和工艺改进等,从而实现了汽车零部件的精简、整体化和轻质化。如果是在汽车开发的前期,比如白车身结构或者零部件结构的概念设计阶段,加大对白车身整体结构或者零件的轻量化设计优化,则可以通过较少的资金投入、较短的研发周期,达到白车身及子系统零部件的轻量化设计效果。

目前,零件设计、有限元辅助分析及计算机辅助制造等一体化技术日趋成熟。这些技术为以轻量化为目的的汽车结构优化带来很大方便性和快捷性。这些现代化的设计方法如果运用得合理,能合理地规划整车及零部件的各项性能,从而快速实现整车及零部件的结构轻量化设计。在整个汽车开发周期,通过利用 CAE 与 CAD 技术相结合的方法,可以在减少样车制造的前提下,实现对整车的各项性能进行分析计算,不仅减少开发周期,而且节约大量的开发成本。

但是,实际的整车结构及零部件结构相对比较复杂,目前轻量化优化理论本身也有一些不足,而且轻量化过程往往受到环境及加工等条件的影响,这些因素综合起来会制约汽车的结构优化设计的开展,导致在实际应用中结构优化并没有取得想象中那么乐观的成效。这时,对轻量化设计者来说,对整车结构及零部件结构进行适当的结构简化抽象,并且利用替代的近似数学模型进行优化就显得非常重要了。

关于汽车轻量化技术的应用和优化设计的理论研究较多,目前国内外轻量化涉及的车型包括大客车及轿车,涉及的零件包括白车身零件及子系统零件。研究者在汽车轻量化设计过程中,针对汽车轻量化优化设计的方法很多，总的来说，轻量化优化设计方法中比较重要的技术有以下几种。

1.5.2.1 多学科轻量化技术

汽车轻量化优化设计涉及众多学科的研究领域，涉及力学、空气动力学、控制工程、人机工程等专业。仅仅从汽车整车结构上来讲，就包含整车、白车身、零部件等不同层次上的分析内容。如图 1–5 所示，在汽车轻量化优化设计时，单纯的整车结构分析范畴内就包含耐撞性、NVH疲劳寿命等多个性能方面的分析需求。汽车轻量化的多学科交叉特性需要运用多学科融合方法，以便综合、系统地对汽车轻量化优化设计进行研究。

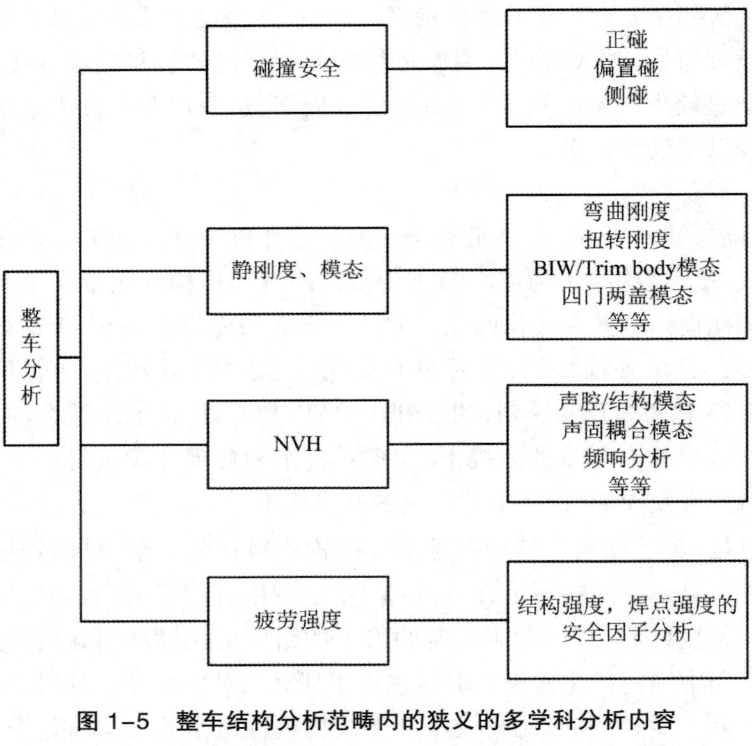


**图 1–5　整车结构分析范畴内的狭义的多学科分析内容**

但是在目前汽车轻量化研发体系下，各个研发机构或者团队往往只注重单个技术的研发，很少开展各技术间的交叉与融合。汽车多学科轻量化优化技术是汽车现代设计的一种新的技术途径。尤其是国内的汽车的多学科轻量化优化技术还处于起步阶段,还有大量的后续工作要做。

#### 1.5.2.2 多目标优化设计

汽车是一个复杂的系统,在进行轻量化设计时,除了要考虑到多个学科的影响之外,还必须对轻量化设计时遇到的多种可能存在互相矛盾的目标的方案进行优劣评价,也即多目标优化设计。比如,在选择新材料进行轻量化设计时,达到了较好的减轻质量的目标,但是有可能导致新材料的价格较高,减重后成本反而增加,这种质量减轻成本增加的效果对如今非常讲究成本控制的生产企业来说,肯定不是一个好的选择,因而就需要在质量与成本之间选择一个比较合理的平衡点;再比如,汽车的内部空间大小是一个非常重要的指标,如果轻量化设计时,为了达到整车轻量化的目的,部分零件的设计可能不利于汽车内部空间的大小,这个时候,就需要平衡汽车轻量化和内部空间大小的问题。

考虑到多目标优化问题的轻量化设计,其实际上就是在进行轻量化设计的同时,综合考虑到其他目标性能问题,以免一味地实施轻量化设计导致其他性能变差,以至于最终的轻量化设计不具有实际的意义,不能被生产厂家所接受。

#### 1.5.2.3 近似模型及寻优算法

汽车轻量化的方案设计常常需要计算零件或者整车多个方面的性能参数,比如考虑到多学科的影响时,不仅各个学科都有各自的计算分析模型,而且还存在多个耦合变量,通常需要优化迭代步骤较多,如果每次迭代都调用原始模型进行分析,会导致整个计算过程非常复杂,从而影响寻找最优解的效率,甚至得不到最优解。因而汽车轻量化优化设计时常常采用近似模型的方法对多个性能目标进行替代,这样优化时,只要调用近似模型进行优化就可以大大提高优化效率。近似模型有很多种,常用的是多项式响应面模型、克里金响应面模型、移动最小二乘响应面模型等。

在轻量化设计时将各个性能参数建立相应的近似模型后,接下来就需要对近似模型进行优化。考虑多学科优化的轻量化设计时,常用的优化方法有多学科可行方法、协同优化算法、双层集成系统综合(bi2level interated systerm synthesis,BLISS等。考虑多目标优化的轻量化设计时,常用多目标遗传算法等进行寻优。

### 1.5.3 采用多种新型材料实现汽车轻量化

采用新型材料实现汽车轻量化就必须要进行材料的优化设计,即对整车中各个零件的材料进行合理的匹配。由于各种材料具有不同的多种属性,这些属性对不同材料来说,可能是共有的属性,也有可能是单独材料特有属性。因而在优化时,在保证结构应有的结构性能的前提下,如何设计不同材料的多种属性变量来进行快速有效的优化就是轻量化材料优化设计的重点。如果将每种材料的所有属性,包括弹性模量、屈服强度、应力–应变曲线等都作为单独的变量来设计的话,这样,当对多种零件进行材料优化的时候,由于变量过多会导致优化计算非常繁杂,如果变量较少的话则有可能导致优化出来的材料属性变量所指代的材料类型不具有唯一性。

在整车中使用轻量化的轻质材料是目前汽车轻量化设计中减少汽车及零部件质量的主要途径之一。尤其是随着 20 世纪 90 年代材料加工技术的进步,汽车材料在追求实现零部件轻量化的同时,还朝着高性能方向发展。汽车轻量化材料分为两种:轻质金属材料和非金属材料。其中,铝合金、镁合金及高强度钢等属于轻质金属材料,塑料、陶瓷及复合材料等属于非金属材料。实际上,由于受到非金属材料及新材料在汽车零部件上的大量应用的影响,传统的金属钢板材料也日益朝着厚度更薄、成形性更好及强度更高的方向发展。据统计,现代轿车中占自重 90% 的六类主要材料大体分布为钢材约占 55%~60%,铸铁约占 12%~15%,塑料约占 8%~12%,铝约占 6%~10%,复合材料约占 4%,陶瓷及玻璃约占 3%,除此六类以外的其他材料如油漆等约占车重的 10%。某车在顶盖及侧围骨架处大量应用了镀锌或者电镀锌的高强度板材料,比如材料 CR380X(HSLA)HD(即屈服强度大于 380 MPa 的镀锌低合金高强板 HSLA),在保证这些关键受力部件强度的同时,可以使零件的厚度降低,达到轻量化的目的;发动机罩板及部分悬架零件大量使用铝合金,比如镁铝合金,这些部位大多数不是车身主要受力部件,因而可以采用这些密度更低的轻质材料,实现大幅度轻量化设计;在翼子板等处采用了树脂材料,同样能起到较大幅度轻量化的效果。

#### 1.5.3.1 轻质金属材料

轻质金属材料包括铝合金、镁合金、高强度板等。

1. 铝合金

铝合金的特点是密度较小,耐锈蚀性能好及可回收,其作为汽车轻量化的轻质材料目前已经在汽车上得到了大量的应用,甚至出现了全铝车身。像德国大众公司生产的奥迪 A2 轿车,其整车总质量比原来减少 895 kg,这都归功于采用了铝合金外覆盖件和全铝骨架的车身。美国和日本为了生产更轻的发动机,将铝合金材料应用到发动机缸体缸盖上,从而大幅度实现了发动机轻量化。奔驰 S 级轿车中的铝合金材料应用率也非常的高:前桥整体支承结构就使用了铝铸造合金材料,横向导臂和前桥拉杆也是用铝合金材料制成。不过铝合金在冲压成形和力学性能、焊接性能上也存在着一些问题:深冲压时铝合金材料的延伸率不够,而且由于其弹性模量较低,导致成形后零件容易回弹起皱,这也是至今没有大批量冲压铝合金零件的原因;由于铝合金材料的承载能力不够,导致铝合金零件抗凹性能差,将其作为外覆盖件的材料时在外力的作用下零件容易出现表面凹坑、凸起等缺陷,从而影响零件表面质量;由于铝合金材料具有比较好的导热性,铝合金零件的焊接性能较差。

早在 20 世纪 80 年代,德国保时捷汽车在其 928 sports 车型的概念车身上采用了全铝车身方案,车身采用 6016 铝合金板制造而成,车身重量为 161 kg,相对其钢制车身实现减重 106 kg。1985 年,奥迪汽车推出了其首款全铝车身概念车型奥迪 100,该车型同样采用铝合金板制造而成,实现了极大的车身轻量化,其车身甚至可以由两名女性正常搬动。

鉴于全铝车身相对钢制车身极大的轻量化效果,全球各大汽车企业纷纷关注全铝车身,研发其全铝车身车型并量产。本田汽车于 1989 年推出了其量产全铝车身车型——阿库拉 NSX,相对钢制车身减重近 200 kg,减重率达到 40%。随后全球各大汽车企业纷纷推出其全铝车身车型,如福特 P2000、捷豹 XJ220、通用汽车 EV1、奥迪 A8 等。

目前,国外汽车行业的全铝车身技术成熟,代表车型有捷豹 XJ、特斯拉 Model S、奥迪 R8 等;在国内,已有汽车企业推出其全铝车身车型,如蔚来汽车 ES8 等。随着对汽车车身材料研究的不断深入,“合适的材料应用到合适的部位”的理念已深入人心，汽车车身用材已经发展到混合材料阶段，钢铝混合车身、铝塑混合车身、钢铝塑混合车身等形式车身纷纷出现。图 1-6 为行业内公认的汽车车身发展趋势图。

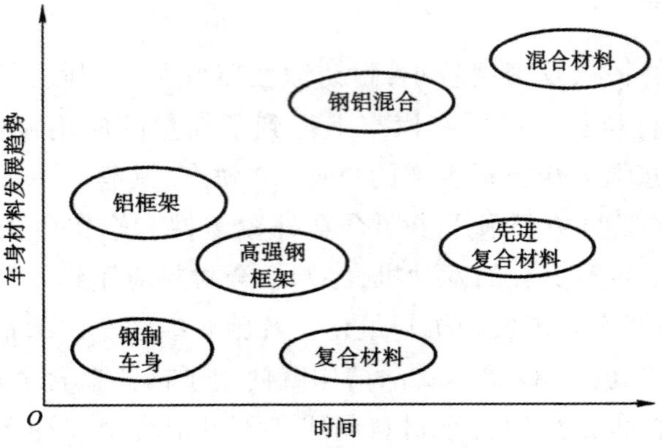


图 1-6　汽车车身发展趋势图

奥迪汽车推出的铝合金空间框架（audi space frame，ASF）是目前行业内认可度较高的铝合金车身结构形式，其 ASF 车身也从之前的全铝车身发到钢铝混合车身，再到钢铝塑混合车身。以奥迪汽车的 A8 车型为例，奥迪 A8 经过 5 代车身技术的演化，于 2017 年推出了钢铝塑混合版的车身。

基于铝合金在车身的应用比例，对应用铝合金的车身做以下定义。

（1）全铝车身。铝合金占比大于 60%。

（2）钢铝混合车身。铝合金占比为 20%~60%，其中，轻度钢铝混合车身中铝合金占比为 20%~40%，重度钢铝混合车身中铝合金占比为 40%~60%。

（3）钢制车身：铝合金占比为 6%~20%。下文所述的全铝车身、钢铝混合车身、钢制车身等均依照此定义。

下面将以行业内典型的铝合金车身为对象进行分析，阐述各类铝合金车身的特点以及代表车型等。

（1）全铝车身技术及特点。

目前，市场上典型的全铝车身车型有：奥迪 A8、特斯拉 Model S、蔚来汽车 ES8、捷豹 XJ、奇瑞 EQ1、东风 E30 等。这些车型的车身根据应用铝合金材料形式的不同，大致可以分为冲压式全铝车身、挤压框架式全铝车身以及复合式全铝车身三类。冲压式全铝车身是指以铝合金冲压件为主,辅以少量的铝合金铸件以及铝合金挤压件的车身,冲压式全铝车身的铝合金铸件和铝合金挤压件的合计占比一般在 10% 左右;挤压框架式全铝车身指的是以铝合金挤压件为主,应用极少量(或不用)铝合金铸件,内板蒙皮件采用铝合金冲压件,外覆盖件通常会采用塑料件(或铝合金冲压件)的车身;复合式全铝车身指的是采用铝合金挤压件 + 铝合金铸造件构成的下车体框架,其余部件采用冲压铝合金件的车身,通常复合式全铝车身的铝合金铸造件占比达到 15% 左右。

(2)钢铝混合车身技术及特点。

目前,基于汽车安全法规日趋严格、汽车用高强铝合金暂不具备批量应用条件等因素,越来越多的汽车企业选择在汽车车身上的碰撞安全区域应用超高强度钢、热成形钢等零部件,在其他部位仍然采用全铝车身的铝合金方案,实现高安全性和高轻量化兼具。如前所述,根据铝合金材料在车身用材比例不同,钢铝混合车身分为轻度钢铝混合车身和重度钢铝混合车身两大类。通过对行业典型的钢铝混合车身进行分析,不难看出:轻度钢铝混合车身的铝合金主要应用于闭合件、防撞梁、翼子板、发舱纵梁、减振器塔及顶盖等;而重度钢铝混合车身则在轻度混合的基础上,增加地板、门槛、侧围等处的应用。

(3)钢制车身(铝合金占比 <20%)技术及特点。

现阶段,汽车企业在钢制车身上应用少量的铝合金主要目的是实现一定的轻量化,或者提升车身的性能。从轻量化的角度来看,采用铝合金冲压件来替换原钢制车身的大型外覆盖件或者内蒙皮件,整个车身制造还是沿用原钢制车身的生产工艺。目前,汽车企业通常会在翼子板以及四门两盖上采用铝合金方案,尽量减少对原钢制车身生产工艺的变动,这种钢制车身设计思路也称为替换式设计。从提升车身的性能角度来看,采用铝合金挤压件或者铝合金铸件来替换车身上的梁或者减振器塔等部件,以此提升车身的碰撞吸能能力、局部刚度等性能。目前,汽车企业通常会在发舱纵梁前部吸能段以及减振器塔部位分别应用铝合金挤压件和铝合金铸件,这种钢制车身设计思路称为重新设计。

2. 镁合金

镁合金材料的显著特点是:密度低、阻尼减振性能好、易加工、可回收、良好的导热性能和耐腐蚀性能。镁合金目前已经成为国内外积极开发的轻量化材料。镁合金已经被誉为“21 世纪绿色工程材料”。由于镁合金的阻尼性能好，弹性模量低，具有良好的能量吸收能力，适合制造承受剧烈震动的零件。而且镁合金特别容易加工，与铝合金相比，镁合金的加工能耗仅为铝合金的 50%。在工业用材料中，镁合金是密度最低最轻的一种材料，目前世界汽车制造强国都将镁作为 21 世纪的重要战略物资，并且出台了相关的镁材料研究计划。20 世纪 90 年代，各大汽车厂商先后在汽车压铸件上也都使用了镁合金。但是，目前镁合金在汽车轻量化设计上的应用并没有像铝合金材料那样大量普及，其作为轻量化的材料在汽车上的应用并不广泛，原因之一是镁合金的价格较昂贵，另外一个原因就是镁的制造技术及再生技术比不上铝。

3. 高强度钢板

高强度钢板的特点是强度高、经济性好。而且对厂家来说，采用高强度钢板料后，可以沿用原有的冲压设备及焊接设备，因而目前在汽车上高强度钢板已经得到了大量的应用，而且开始应用到汽车的各个不同部位的零件上。据统计，高强度钢板在汽车总钢材中的使用量普遍占到 50% 以上，而且呈现愈来愈上升的趋势。不同部位的零件对高强度钢板的屈服强度需求是不一样的，屈服强度从 180 MPa 到 1 500 MPa 的高强度板材料都可以应用到汽车的零件上，车身侧围、地板、内板件、前隔板等零件使用抗拉强度相对较低、延伸率（断后延伸率）较大的材料，前防撞梁、门防撞梁等使用抗拉强度高、延伸率低的材料。

高强度钢板由于本身的属性在冲压时也具有优势：冲压时，由于高强板料的屈服强度较高，比较薄的板料也不易出现被拉裂的情况，因而为了达到轻量化的目的，可以设计出厚度较薄的汽车零件。高强度钢板零件在使用时由于其耐撞性较好，碰撞时吸能能力强，可以有效改善汽车的安全性能，因而在汽车前大梁等关键零件上的应用越来越广泛。另外，高强度钢板零件的耐侵蚀性好，这对汽车零件的使用寿命有利。

钢板按照屈服强度进行分类，可分为软钢、高强度钢板和超高强度钢板，如图 1–7 所示。高强度钢又可以分为：普通高强度钢（conventional high strength steel，CHSS）、先进高强度钢（advanced high strength Steel，AHSS）、超高强度钢（ultra high strength steel，UHSS）、热冲压成形钢（也称热成形钢）等。

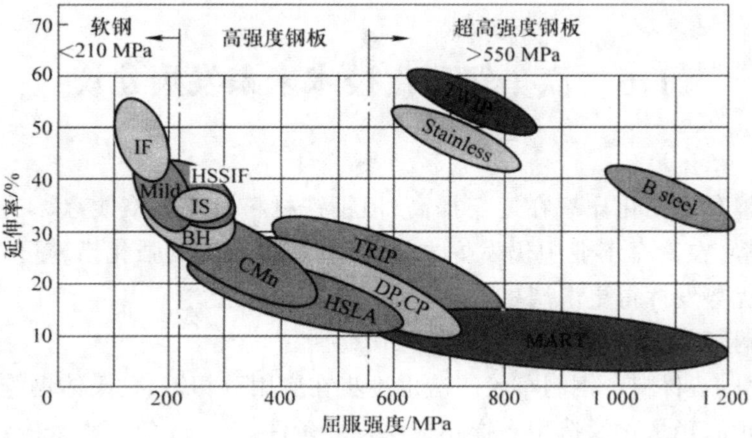


图 1-7 汽车车身用钢板分类

某种型号的斯柯达科迪亚克全钢车身的高强度钢使用比例如下：在A柱、B柱以及乘员舱承受撞击载荷的关键位置使用了热成形钢，使用占比达到20.3%，超高强度钢使用占比达2.1%，先进高强度钢使用占比达到7.9%。

1.5.3.2 非金属材料

塑料、复合材料等汽车用非金属材料都有各自的特点。塑料广泛应用在汽车的内外饰件上，比如顶衬、仪表台、遮阳板以及汽车上经常触摸使用的手柄及支架上。这一方面由于塑料的密度小、成形性能好，而且塑料件还具有良好的隔热、隔声和隔振性能，另一方面由于塑料件具有良好的外观和触感。塑料件还大量用作前后保险杠的材料。最近几年，复合材料在汽车上也逐渐开始使用起来，像有机纤维增强复合材料由于具有高强度性能，使用时甚至可替代钢板材料，能大大减轻零部件质量；碳纤维增强复合材料可以用来制作悬架系统的零件，这与其良好的刚度性能是分不开的。

## 1.6 汽车轻量化技术未来发展建议

整车的铝化比率在逐年提高，但钢铁材料由于价格便宜、工艺成熟等优势，在汽车工业中仍发挥主导作用，通过有效的强化措施可以使其强度优势发挥得更淋漓尽致。

钢制车轮轻量化的主要途径如下。

（1）新材料。钢制车轮制造也逐步在应用双相钢、贝氏体钢等钢种，为车轮的轻量化及造型多样化提供良好条件。

（2）新工艺。近几年，钢轮的轮辐旋压工艺普遍地被应用在客车车轮上（无内胎）。轮辋制造过程使用的旋压工艺也开始应用在乘用车轮辋上，但此工艺还处在技术摸索的阶段，主要不足是所需装备的投资比较大，效率比较低。采用整体旋压工艺制造的轮辋与使用高强度钢制造的轮辐进行组合生产的车轮应用于乘用车车轮，质量可减轻 20%，再对轮辋进行结构合理优化后质量甚至可以与铝车轮相当。

（3）新款式。钢轮行业开发了半表面、全表面等新技术的车轮，在外观方面有很大创新。大通风孔的车轮在轻量化和款式方面有很大的技术改进，且其外观上与铝轮非常相似，并且可以灵活地组合，尤其配以不锈钢、铝合金、各种颜色的塑料盖时变化可以更多。

Magneto Wheel（马格尼托）、Hayes Lemmerz、ArvinMeritor（阿文美驰）、Topy 等都开发了类似的车轮品种。传统制造过程使用的滚压工艺所制造的钢材质车轮在细节上已经无法完全与铝合金材质车轮相提并论，但因钢材质车轮拥有明显的成本优势，在低端市场可以取代一部分的铝材质车轮。按实际企业成本核算估计，单个钢轮相对铝轮可减低约 15 美元，按市场轿车每辆整车 4 个装机车轮及 1 个全尺寸备胎，每辆整车可以降低成本约 75 美元左右，对降低整车成本贡献巨大。

（4）新工具。近几年产品设计、模拟和仿真的软件工具获得很大发展，利用软件工具设计师可以更加精确和快速地进行设计，大幅度提升产品设计的精确度，减少研发及试验的成本，缩短新车型研发时间周期。在车轮设计研发中软件工具的作用更加明显,仿真试验基本可替代台架试验,其理论分析的精确度在90%以上。

铝轮本身就是汽车轻量化的技术之一,铝密度小,延展性好,通过热处理可以提高机械性,能满足车轮的强度要求。进一步的铝轮轻量化主要手段如下。

(1)新工艺的应用。铝车轮的新工艺主要有挤压铸造、半固态模锻、旋压成形等技术。旋压成形工艺是一种特殊的利用母材塑性变形的加工技术。车轮的旋压成形即对锻造铝质毛坯件进行旋压形成车轮形状。采用旋压成形的车轮的力学性能能有一定幅度提升,相对于低压铸造的车轮,能提高18%以上,同时还可减轻约20%的重量。

(2)新工具。使用CAE分析软件将零件结构设计得更合理,去除强度冗余材料,进行冗余减重。如轮辐的设计形状采用正三角形状;在满足铸造工艺的基础上,尽量将轮辐设计得更薄;在确保强度的前提下,将车轮与制动鼓安装面减重窝的设计做到最大;在轮辐与轮辋交界处增加挖槽,对车轮强度有提升,同时还可以减重;考虑使用辐条中空设计等。

# 第 2 章　汽车的稳定性能设计

汽车稳定性一直是汽车安全技术理论研究的热点，本章主要从汽车的制动性、汽车的操纵稳定性、汽车的行驶平顺性三方面对汽车的稳定性进行探讨。

## 2.1　汽车的制动性

### 2.1.1 基于 AMESim 的液压助力转向系统仿真研究

随着汽车行业的发展，助力转向系统的应用越来越普遍。目前国内市场较多地采用液压助力转向系统，而液压助力转向系统因其助力大、成本低、维修方便等优点也一直是研究的热门。大部分学者采用传递函数法对液压助力转向系统的动态特性进行了分析，该方法只适用于线性或可线性化的系统，具有局限性，尤其表现在液压子模型的建立上。笔者采用液压仿真软件 AMESim 建立机液耦合仿真模型，并对其进行动态性能分析。

#### 2.1.1.1 HPS 系统的基本组成及工作原理

液压助力转向系统（hydraulic power steering，HPS）系统是由转阀、转向轴、扭杆、转向器、液压缸、液压泵、油管、贮油罐等部分组成。扭杆的前端与转向齿轮连接，后端与转阀的阀芯连接，而阀芯又与转向轴的末端固定在一起，弹性的扭杆能调节转阀的阀口开度。当转动转向盘时，阀芯与阀套相对转动，产生的液压力推动液压缸动作，从而产生转向的助力。

如图 2-1 所示，阀芯处于中间位置，HPS 系统工作时，发动机皮带轮带动液压泵转动，为系统供油。当转向盘处于中间位置时，由油罐、液压泵、安全阀组成的供能装置输出的油液流入转阀进油口进入阀腔后再流回贮油罐。

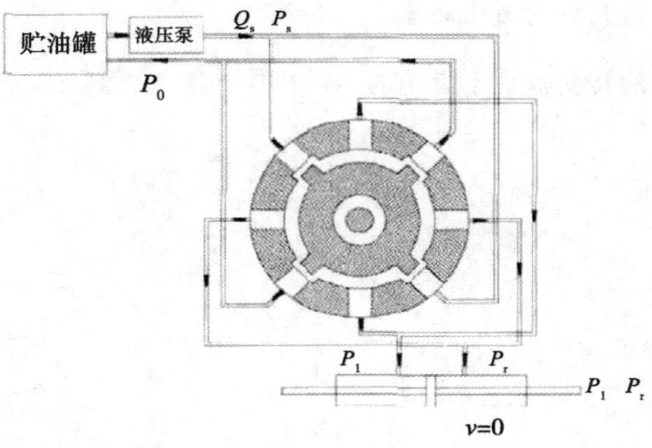


图 2-1　HPS 系统转阀基本结构

当驾驶员操纵转向盘左转时，阀芯与阀套的相对位置如图 2-2 所示。此时，经液压泵泵出的高压油进入液压缸左腔，而液压缸右腔与贮油罐相连通，从而在液压缸左右腔形成压力差，推动液压缸向右运动，实现转向盘左转时的助力。

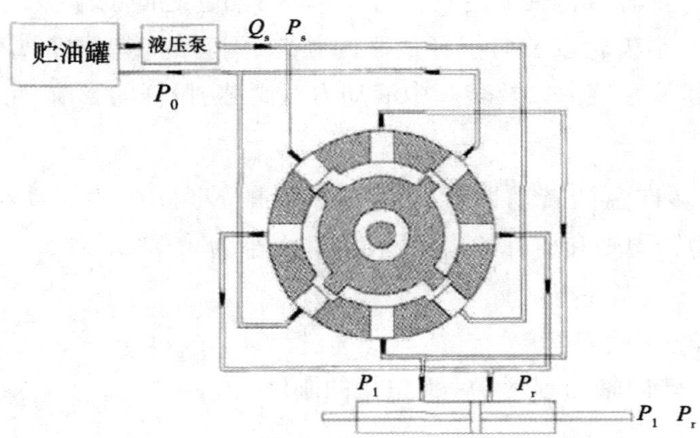


图 2-2　转阀阀芯左转时的示意图

2.1.1.2 HPS 系统建模

HPS 系统由液压部分和机械部分组成,因此采用 AMESim 仿真软件对 HPS 系统进行机液耦合建模。

1. 转向盘到转向齿轮的建模

简化后的转向盘到小齿轮的传动机构如图 2-3 所示。

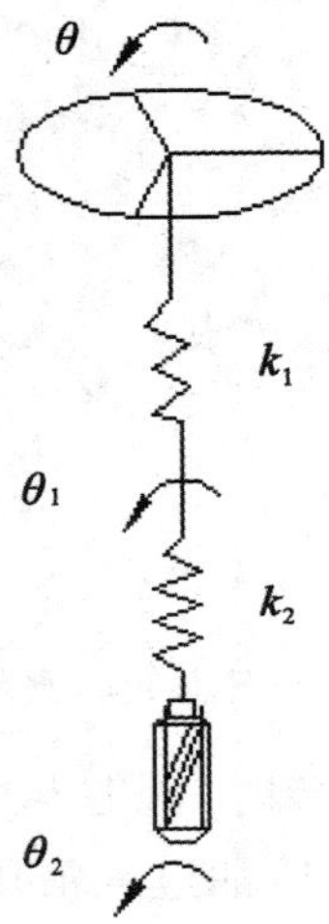


图 2-3　转向盘到齿轮的机构示意图

忽略转向盘与转轴的传动间隙,转轴与轴套之间的摩擦,还忽略转向轴、扭杆、小齿轮以及与扭杆销联的阀芯、阀套的转动惯量,不考虑阀芯与阀套间的摩擦力以及转阀中液动力对阀芯、扭杆的影响,可得到

$$I\ddot{\theta} = T - k_{\mathrm{d}}\left(\theta - \theta_2\right)$$

式中:$I$ 为转向盘的转动惯量;$\theta$ 为转向盘的转角;$\theta_2$ 为主动小齿轮的转角;$k_{\mathrm{d}}$ 为转向轴和扭杆的串联刚度,其大小为

$$k_{\mathrm{d}} = \frac{k_1 k_2}{k_1 + k_2}$$

其中:$k_1$ 为转向轴的刚度;$k_2$ 为扭杆的刚度。

2. 转阀建模

笔者采用具有 16 个变节流口的转阀,由于转阀的构造较为复杂,可以根据其对称性，把 16 个节流口等效成 4 个特性相同的节流阀组成的桥式回路。

通过 AMESim 软件建立的等效模型如图 2-4 所示，其原理等同于三位四通阀，但输入信号为角度。节流阀的过流面积是由扭杆的变形量决定的。使用具有一定刚度的扭转弹簧来模拟扭杆，并在扭杆上下端分别安装一个角位移传感器，以测得的两个角位移之差作为转阀的输入信号。转阀的过流面积与扭杆变形角的关系如下：

$$A_1 = A_3 = \begin{cases} W_1L_1 + W_2L_1 + L_1R(\theta_1 - \theta_2), -(W_1 + W_2)/R \le \theta_1 - \theta_2 \le -W_2/R \\ W_1L_1 + W_2L_2 + L_2R(\theta_1 - \theta_2), -W_2/R \le \theta_1 - \theta_2 \le (W_1 + W_2)/R \end{cases}$$

$$A_2 = A_4 = \begin{cases} W_1L_1 + W_2L_2 - L_2R(\theta_1 - \theta_2), -(W_1 + W_2)/R \le \theta_1 - \theta_2 \le -W_2/R \\ W_1L_1 + W_2L_1 - L_1R(\theta_1 - \theta_2), -W_2/R \le \theta_1 - \theta_2 \le (W_1 + W_2)/R \end{cases}$$

式中，$A_i$（$i$=1,2,3,4）为第 $i$ 个阀口的过流面积；$R$ 为阀芯与阀套的配合半径；$W_1$ 为短切口的宽度；$L_1$ 为短切口的轴向长度；$W_2$ 为中位时阀口预开间隙宽度；$L_2$ 为阀口的轴向长度。

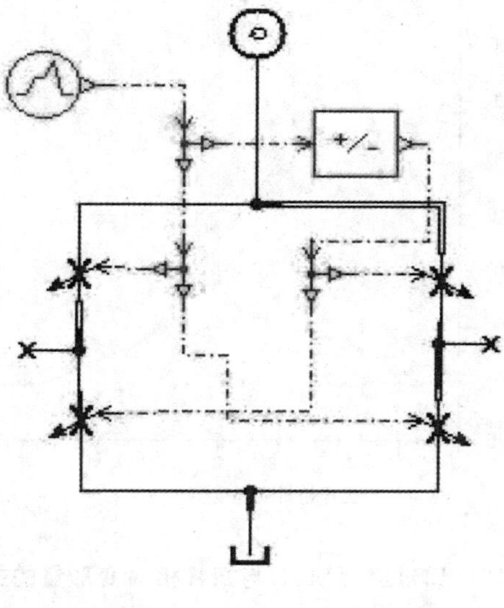


图 2-4　转阀的等效模型

转阀最大相对转角是阀芯限位槽接触时的位置，一般控制在单向60°~ 80°，阀口全关闭位置应在最大相对转角的80% ~ 90%范围内。取最大相对转角为7°，可得节流阀过流面积与扭杆相对变形量的关系如图2-5、图2-6所示。

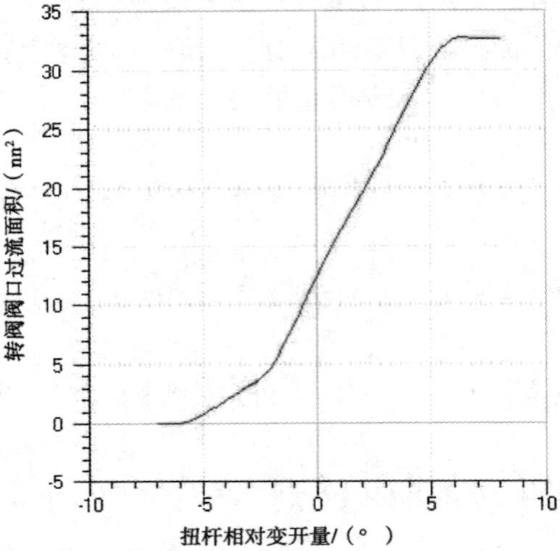


图2-5　阀口过流面积 $A_1$ 与扭杆相对变形量的关系图

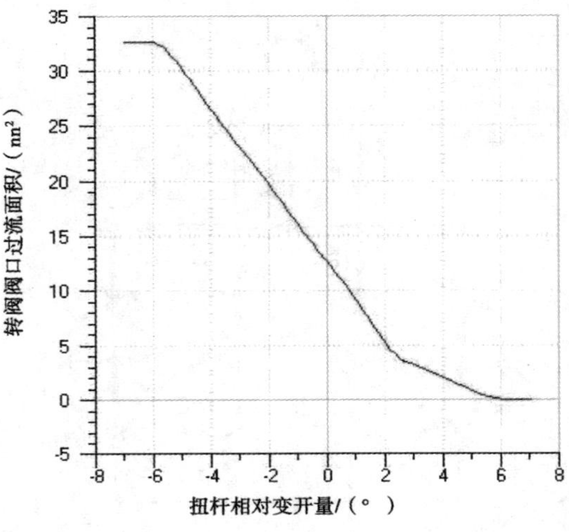


图2-6　阀口过流面积 $A_2$ 与扭杆相对变形量的关系图

3. 轮胎建模

忽略悬架对转向系统的影响,对轮胎模型进行简化,仅考虑轮胎的质量,使用 AMESim 固有的摩擦模块和弹簧阻尼系统对轮胎的摩擦力和刚度进行等效替换。等效图如图 2-7 所示。

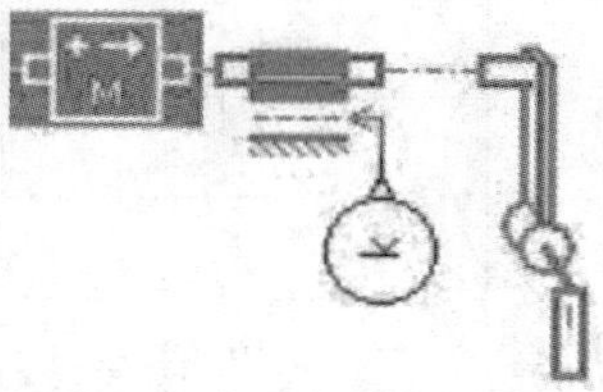

图 2-7 轮胎的等效模型

2.1.1.3 HPS 系统的仿真及结果分析

1. 仿真模型

根据以上 HPS 系统中的机械子模型和液压子模型,利用 AMESim 仿真软件建立 HPS 系统仿真模型如图 2-8 所示,仿真参数如表 2-1 所示。

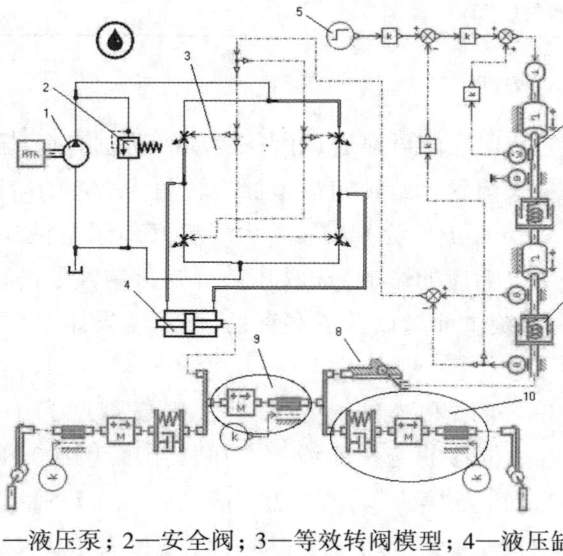

1—液压泵;2—安全阀;3—等效转阀模型;4—液压缸;
5—转向盘转角输入;6—转向轴;7—扭杆;8—齿轮齿条机构;
9—齿轮齿条机构的质量及摩擦模型;10—轮胎模型

图 2-8 HPS 系统的仿真模型

表 2-1　HPS 系统仿真参数

| 参数说明 | 符号 | 单位 | 参数值 |
|---|---|---|---|
| 转向柱刚度 | $k_1$ | Nm/rad | 1 987.36 |
| 转向盘的转动惯量 | $I$ | $kg\cdot m^2$ | 0.1 |
| 扭杆刚度 | $k_2$ | Nm/rad | 100 |
| 小齿轮的基圆半径 | $r$ | mm | 12.33 |
| 齿条的齿形角 | $a$ | rad | 0.349 |
| 齿条、活塞及当量负载总质量 | $m$ | kg | 20 |
| 活塞直径 | $d$ | mm | 38 |
| 液压缸容积 | $V$ | L | 5 |
| 液压油密度 | $\rho$ | $kg/m^3$ | 900 |
| 阀芯与阀套的配合半径 | $R$ | m | 0.011 1 |
| 短切口的宽度 | $W_1$ | m | 0.000 6 |
| 短切口的轴向长度 | $L_1$ | m | 0.006 |
| 中位时阀口预开间隙宽度 | $W_2$ | m | 0.000 5 |
| 阀口的轴向长度 | $L_2$ | m | 0.018 |

2. 仿真结果分析

HPS 系统的转向性能可以通过齿条运动的动态响应、振幅大小以及超调量等参数量来衡量。给转向盘施加一转角为 20° 的阶跃信号，设置仿真时间为 5 s，仿真步长为 0.01 s。为了更好地了解液压助力转向系统中各参数对系统响应的影响，选取几个重要影响参数进行仿真分析：改变扭杆刚度、系统供油量以及活塞直径，仿真结果如图 2-9 ~ 图 2-11 所示。

在图 2-9 中，实线和虚线分别表示了扭杆刚度为 100 Nm/rad 和 80 Nm/rad 时齿条位移的变化曲线。在扭杆刚度为 100 Nm/rad 时，齿条位移在 0.25 s 时达到第一峰值 7.28 mm，在 2.4 s 时达到最终稳态值 4.26 mm；在扭杆刚度为 80 Nm/rad 时，齿条位移在 0.22 s 时达到第一峰值 7.8 mm，在 2.6 s 时达到最终稳态值 4.23 mm。由此可见，扭杆刚度的大小对齿条运动的动态响应、最终稳态值、最大超调量等影响不大。

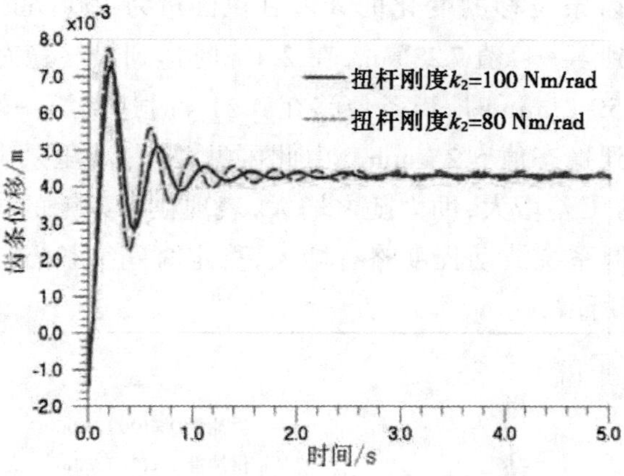


图 2-9　不同扭杆刚度下的齿条位移曲线

在图 2-10 中，实线和虚线分别表示了活塞直径为 38 mm 和 45 mm 时齿条位移的变化曲线。在活塞直径为 38 mm 时，齿条位移在 0.25 s 时达到第一峰值 7.28 mm，在 2.4 s 时达到最终稳态值 4.26 mm；在活塞直径为 45 mm 时，齿条位移在 0.32 s 时达到第一峰值 8.56 mm，在 1.4 s 时达到最终稳态值 5.07 mm。由此可见，随着活塞直径的增大，液压助力增大，齿条位移也随之增大，但系统响应时间略有增加，且系统波动程度有所增大，稳定时间变长。

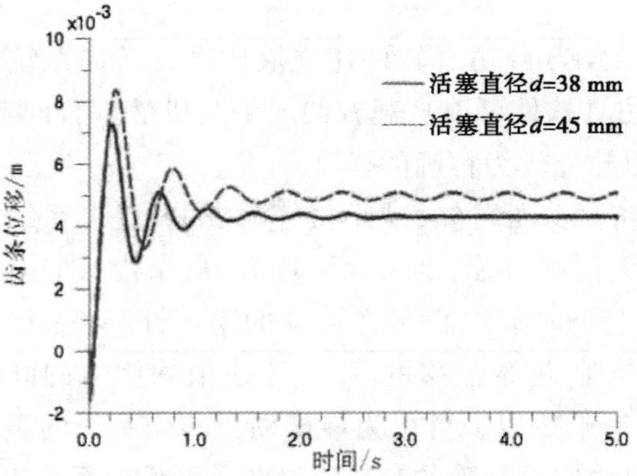


图 2-10　不同活塞直径下的齿条位移曲线

在图 2-11 中,实线和虚线分别表示了系统供油量为 100 L/min 和 150 L/min 时齿条位移的变化曲线。在供油量为 100 L/min 时,齿条位移在 0.25 s 时达到第一峰值 7.28 mm,在 2.4 s 时达到最终稳态值 4.26 mm;在供油量为 150 L/min 时,齿条位移在 0.21 s 时达到第一峰值 9.48 mm,在 4.1 s 时达到稳态值 5.25 mm。由此可见,随着液压泵供油量的增大,活塞缸两腔的压差增大,助力随之增大,表现在齿条上的位移也增大,系统响应加快,但系统波动程度略有增大,稳定时间变长,最终稳态值和最大超调量均有所增大。

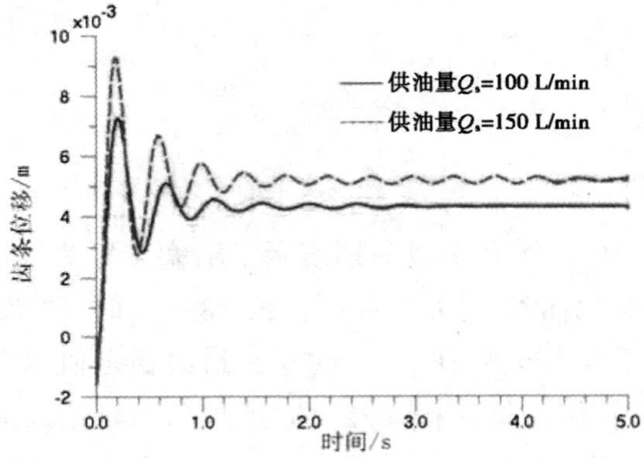


图 2-11　不同供油量下的齿条位移曲线

2.1.1.4 结论

（1）通过 AMESim 仿真软件建立液压助力转向系统的仿真模型可知, AMESim 仿真软件可以直观方便地解决机液耦合问题,尤其在液压建模方面,可以建立较为精确的模型。

（2）通过仿真分析可知,减小扭杆刚度,对提高系统动态性能几乎没有影响;增大活塞直径,助力油压增大,齿条位移的峰值和稳态值明显增大,响应时间也增大,但齿条运动的稳定性降低;增大液压泵供油量,助力明显增强,齿条位移的峰值、稳态值均增大的同时对齿条运动的稳定性稍有影响。以上可以为液压助力转向系统的设计工作提供参考,设计者可以设定更精确的参数值以获得更优的系统工作性能。

### 2.1.2 基于 AMESim 的真空助力器输入 – 输出特性曲线仿真研究

#### 2.1.2.1 概述

随着我国经济的发展,汽车出行成为人们日常出行的首选,随着汽车行驶速度的提高,公共交通安全面临巨大挑战,刹车系统对于汽车驾驶安全的重要作用显得尤为重要。国内外对助力器性能优化如下:FORTINA A 等人[102]利用 AMESim 建立了真空助力器模型并通过台架试验进行了验证,该模型能够较好地反映出制动盘直径以及真空度对真空助力器特性的影响; Sorniotti A 等人[103]建立了双助力比真空助力器模型,分析了助力器弹簧刚度和预紧力对制动性能的影响,并进行了系统调优; 封万程等人[104]建立了双膜片真空助力器模型,分析了踏板力、踏板位移、管路油压和制动减速度之间的关系,并对制动系统进行了优化; Meng D J 等人[105]考虑到乘用车的制动系统是一个复杂的系统,建立了助力器和主缸的仿真模型,该模型不仅考虑了助力器和主缸的内部摩擦力、弹簧预紧力,还考虑了反作用盘的特性以及制动液的体积模量的变化,将踏板行程作为输入时,严格定义了制动系统组件的动力学方程的边界条件; 柳恩芬等人[106]优化了智能汽车电子真空助力器系统,通过对助力器工作原理的深入研究,建立了满足自动紧急刹车系统要求的智能车辆控制系统。

以上学者主要研究了助力器加载作用阶段各因素对特性曲线的影响,对于助力器释放作用阶段的特性曲线研究较少。

本节将建立适用于加载与释放全过程的真空助力器仿真模型,通过数值仿真与理论计算相结合来验证模型的正确性,利用数值仿真工具研究反馈盘刚度、柱塞与反馈盘间隙和柱塞刚度对助力器加载与释放阶段完整回路的特性曲线的影响,为助力器的优化设计提供参考。

#### 2.1.2.2 真空助力器结构和工作原理

1. 助力器结构

助力器关键结构部件是建模仿真的重点,因此在进行数值仿真之前需要了解真空助力器的结构组成。

真空助力器结构如图 2-12 所示。

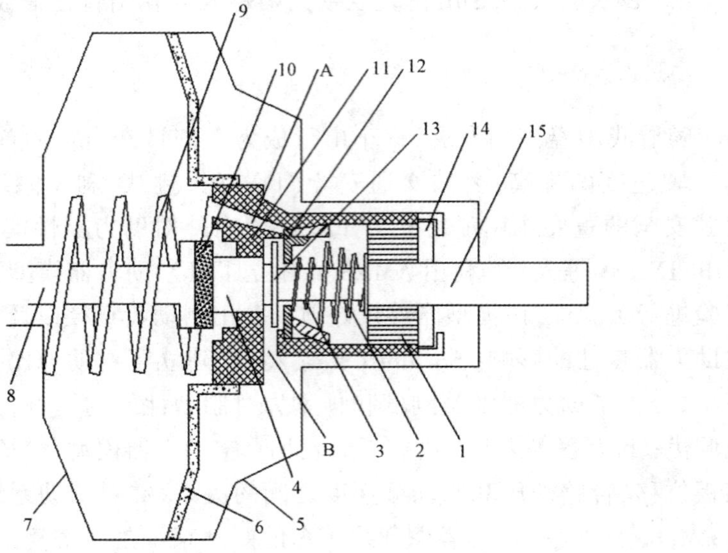


1—过滤网；2—控制阀推杆弹簧；3—阀门弹簧；4—控制阀柱塞；5—后壳体；6—膜片；7—前壳体；8—主缸推杆；9—膜片回位弹簧；10—橡胶反作用盘 11—伺服气室膜片座；12—橡胶阀门；13—大气阀座；14—防尘罩；15—控制阀推杆

A—真空通道；B—大气通道

**图 2-12　真空助力器结构**

2. 助力器工作原理

通过对真空助力器的结构和工作原理的了解，可为助力器关键仿真部件相互连接提供理论指导。反作用盘式真空助力器加载曲线的形成过程如下。

首先，在自然状态下，真空阀打开，使大气腔保持真空状态，输入力作用于控制阀推杆，推杆克服弹簧预紧力和空行程，关闭真空阀，使前后腔分离。

其次，输入力增大，空气阀打开使得空气进入后腔，前后腔形成压差，形成作用于反馈盘外圈的伺服力小于作用于反馈盘内圈的推杆力，此时使助力器产生助力的最小阀杆输入力即为动力 $F_a$。

再次，输入力持续增大，空气持续进入大气腔，使得反馈盘内、外圈压强相同，空气阀关闭，此时有双阀关闭平衡方程：

$$F_{out}=F_{in}+p_0(A_1-A_3)+p(A_3-A_2)+(p-p_0)A_4-F_1 \quad (2-1-1)$$

式中：$F_{out}$ 为助力器输出力；$F_1$ 为膜片回位弹簧预紧力；$F_{in}$ 为输入力；$A_4$ 为空气阀密封面积；$p_0$ 为真空腔与大气腔的压差；$A_1$ 为膜片有效面积；$A_2$ 为主缸推杆柄部面积；$p$ 为真空度；$A_3$ 为柱塞柄部面积。

最后，输入力增大，空气阀再次打开，大气进入后腔，破坏平衡状态，反复作用产生随动平衡现象，形成助力特性线。当后腔气压与外界大气气压相等时，助力器伺服力达到最大值 $F_1$，输入力和输出力增量比为 1 的直线保持不变。

最大伺服力时 $p=p_0$，此时有

$$F_E=F_{in}+p\left(A_1-A_2\right)-F_1 \quad (2-1-2)$$

$$I_t=\left(\frac{D_0}{d}\right)^2$$

式中：$I_t$ 为真空助力器助力比；$D_0$ 为橡胶反馈盘直径；$d$ 为柱塞柄部直径。

此时，式（2-1-1）与式（2-1-2）的差值为（$p-p_0$）（$A_3+A_4$），随着真空度的下降，其差值变化是一个减函数，而膜片回位弹簧的作用力 $F_1$ 是随助力变化的增函数，因此可将 $F_1$ 视为定值。

反作用盘式真空助力器释放曲线的形成过程如下所示。

首先，输入力减小，空气阀座在膜片回位弹簧抗力作用下迅速回位，真空阀打开使得前、后腔相通；其次，输入力继续减小，作用于反馈盘内、外圈的压强相等，此时达到回程最大助力点，形成双阀关闭的平衡状态；再次，输入力继续减小，真空阀打开，打破平衡状态，反复作用产生随动平衡现象，直至输出力降为零时作用于推杆输入力即为释放力；最后，阀体在回位弹簧抗力的作用下，回到非工作状态位置。

在万能试验机上，笔者利用圆盘形夹具对助力器关键部件橡胶反馈盘进行压缩试验，测量了非线性条件下反馈盘受力情况和变形值，上方夹具直径 34 mm，下方夹具直径远大于反馈盘，测得试样直径为 34.5 mm，厚度为 10.4 mm。

反馈盘试验图如图 2-13 所示。

(a) 反馈盘试验前、后外观

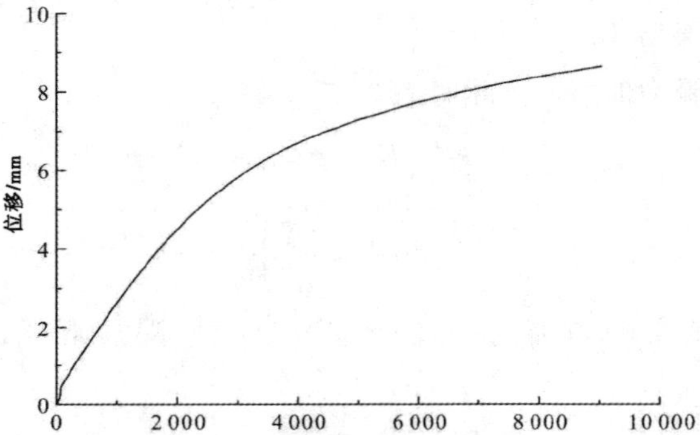


(b) 反馈盘力与位移曲线

**图 2-13　反馈盘试验图**

由图 2-13 可知：①试验前反馈盘表面光滑且无压痕，试验完成取下放置 5 min 后，反馈盘表面有明显的压痕；②反馈盘刚度曲线呈非线性变化，受力 9 kN 时，变形值为 8.630 1 mm；受力 1 kN 时，变形值为 2.700 mm。

仿真模型中，当输入力为 800 N，取反馈盘模型弹簧刚度为 370.37 N/mm。

### 2.1.2.3 真空助力器仿真建模

利用数值仿真软件 AMESim 中的气动元件库（PCD）和信号元件库，笔者建立了助力器前后腔模型，利用液压元件库（HCD）和机械元件库建立了反馈盘模型，利用机械元件库建立了控制阀模型，用信号元件模拟输入力数值为 0 ~ 800 N 的加载与释放作用，用气动元件模拟真空度为 -66.7 kPa 的真空泵，用机械元件模拟各部件的位移情况和外接负载。

笔者以真空助力器的结构和工作机理为立足点，将包含控制阀模型、反馈盘模型和助力器前后腔模型的各仿真部件合理地连接起来，建立汽车真空助力器仿真模型，如图 2-14 所示。

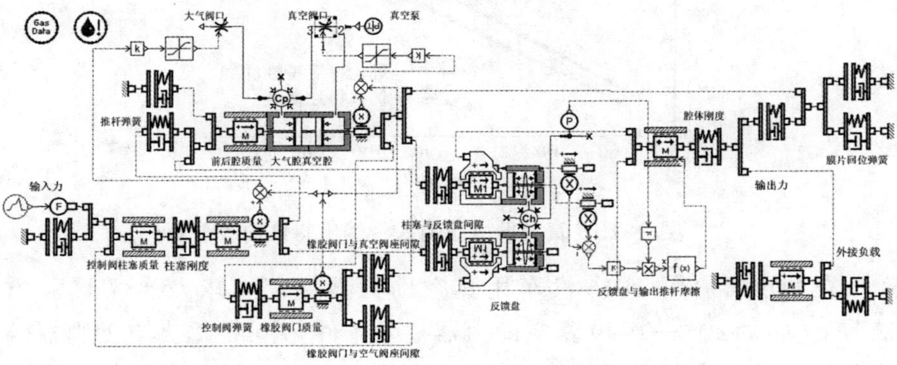


图 2-14　汽车真空助力器仿真模型

真空助力器主要参数如表 2-2 所示。

表 2-2　真空助力器参数

| 参数 | 数值 | 单位 |
|---|---|---|
| 柱塞柄部直径 $d$ | 13.72 | mm |
| 膜片有效直径 $D_1$ | 254 | mm |
| 主缸推杆柄部直径 $D_2$ | 9.5 | mm |
| 活塞柄部直径 $D_3$ | 38.5 | mm |
| 橡胶反馈盘刚度 $K_0$ | 370.37 | N/mm |
| 橡胶反馈盘直径 $D_0$ | 34.5 | mm |
| 膜片回位弹簧刚度 $K_1$ | 7.5 | N/mm |
| 膜片回位弹簧预紧力 $F_1$ | 150 | N |
| 推杆回位弹簧刚度 $K_2$ | 2.5 | N/mm |
| 推杆回位弹簧预紧力 $F_2$ | 60 | N |

所建真空助力器模型仿真及理论计算的真空助力器输入 - 输出特性曲线如图 2-15 所示。

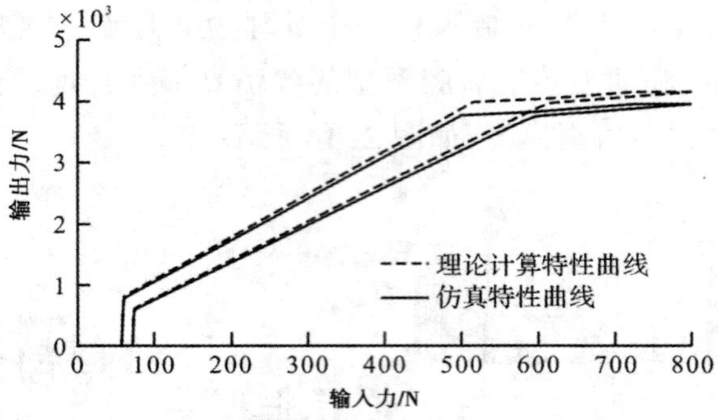


图 2-15 真空助力器输入 - 输出特性曲线

在《QC/T307—2016 汽车用真空助力器性能要求及台架试验方法》和《QC/T307—1999 真空助力器技术条件》中，根据真空助力器输入 - 输出特性曲线的要求：真空助力器始动力 $F_a$=72.8 N 小于 110 N；释放力 $F_{a1}$=56.5 N ≥ 30 N；跳跃值 $F_j$=578.71 N；最大助力点输出力 $F_E$=3 757.93 N 小于理论最大助力输出力 4 023.51 N，且满足 $F_E$ 点时输出力不超过理论设计的 ±10%，同时加载段仿真特性线斜率 $K$=6.05，理论助力比 $I_t$=6.32，$K>0.95I_t$。

由此可知，本节所建立的真空助力器模型，能较好地反映出加载与释放阶段真空助力器输入 - 输出特性曲线。

#### 2.1.2.4 影响特性曲线的参数

以往的研究中，研究人员已研究了真空助力器加载阶段反馈盘刚度对踏板特性的影响，也对真空助力器模型加载段的影响因素做了研究分析。本节对真空助力器中各部件参数与助力器输入 - 输出曲线的关系进行详细研究，并基于加载与释放的一个完整真空助力器作用回路，分析曲线变化程度，得出显著和略微影响助力曲线的参数。

1. 真空助力器推杆弹簧预紧力

不同真空助力器推杆弹簧预紧力下助力器输入 - 输出特性曲线如图 2-16 所示。

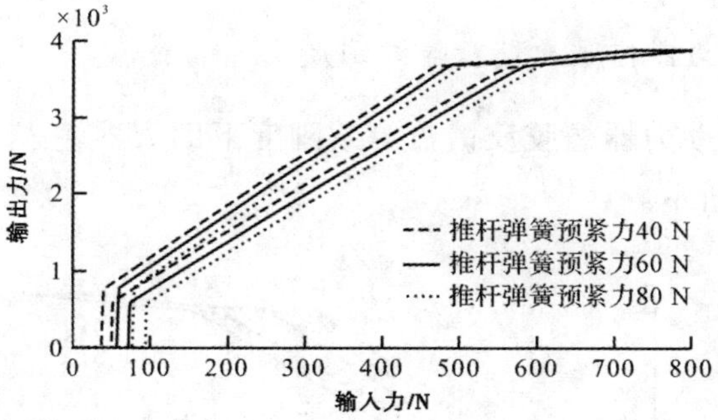


图 2-16　不同推杆弹簧预紧力下助力器输入 - 输出特性曲线

由图 2-16 可知，推杆弹簧预紧力增大时，跳跃值和跳减值略微减小，加载与释放阶段的始动力和释放力均明显增大，而助力特性线不变，助力最大点对应输出力略微增大，输入力和输出力增量比为 1 的直线保持不变。

2. 真空助力器柱塞与反馈盘间隙

不同真空助力器柱塞与反馈盘间隙下助力器输入 - 输出特性曲线如图 2-17 所示。

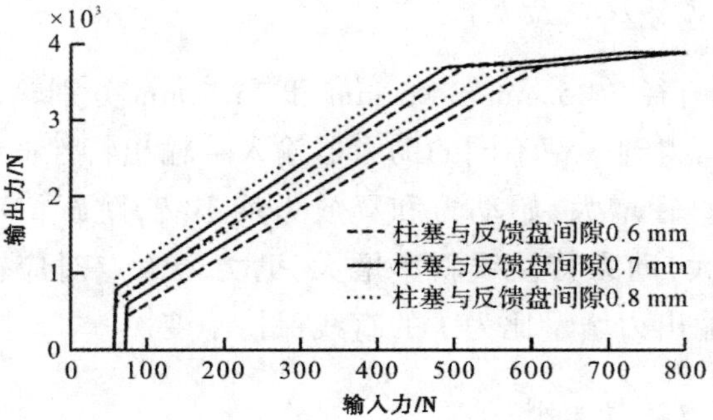


图 2-17　不同间隙下助力器输入—输出特性曲线

由图 2-17 可知，间隙增加，加载与释放段的始动力和释放力均不变，跳跃值和跳减值均逐渐增大，而助力特性线斜率不变，助力最大点对应输出力略微减小，输入力和输出力增量比为 1 的直线保持不变。

3. 真空助力器橡胶反馈盘等效刚度

不同真空助力器橡胶反馈盘等效刚度下助力器输入 – 输出特性曲线如图 2–18 所示。

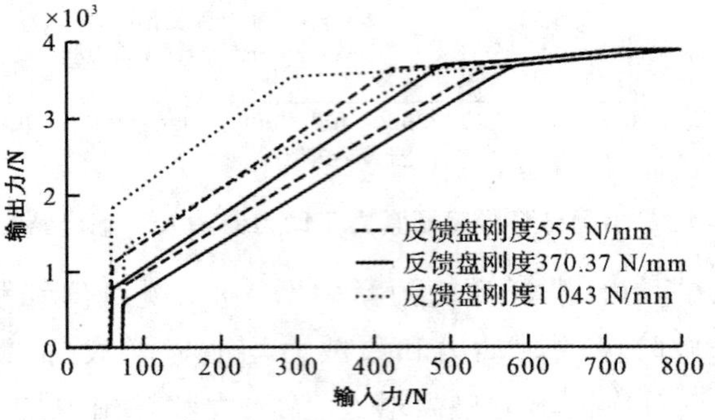


**图 2–18　不同反馈盘等效刚度下助力器输入 – 输出特性曲线**

由图 2–18 可知，反馈盘等效刚度增大，加载与释放阶段特性线斜率不变，始动力和释放力不变，跳跃值和跳减值均明显增大，最大助力点输出力减小，输入力和输出力增量比为 1 的直线保持不变。

4. 真空助力器反馈盘直径

将反馈盘直径 33.5 mm、34.5 mm 和 35.5 mm 分别输入到真空助力器仿真模型中，得到 3 种不同的助力器输入 – 输出特性曲线。对比曲线可知，反馈盘直径增大，始动力和释放力均不变，跳跃值和跳减值均不变，助力比增大，助力特性线斜率增大，助力最大点对应输出力略微减小，输入力和输出力增量比为 1 的直线保持不变。

5. 真空助力器柱塞刚度

在助力器输入 – 输出特性曲线中，在规定位置处加载和释放过程中相同输出力所对应的输入力的差值即为滞后力。不同柱塞刚度下助力器输入 – 输出特性曲线如图 2–19 所示。

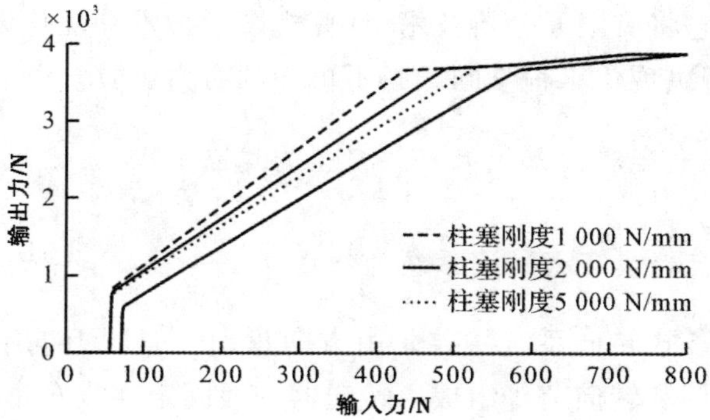


图 2–19　不同柱塞刚度下助力器输入 – 输出特性曲线

由图 2–19 可知：柱塞刚度增大，始动力和释放力均不变，跳跃值和跳减值均不变，加载特性线不变，释放特性线斜率减小，滞后力明显减小，助力最大点对应输出力略微增大，输入力和输出力增量比为 1 的直线保持不变。

综上所述，可以得到如下结论：①当推杆弹簧预紧力增大时，始动力和释放力明显增大；②当柱塞与反馈盘间隙增大时，跳跃值和跳减值明显增大；③当反馈盘刚度增大时，跳跃值和跳减值明显增大；④当反馈盘直径增大时，助力比与助力特性线斜率明显增大；⑤当柱塞刚度增大时，滞后力明显减小。因此，真空助力器输入 – 输出特性曲线是多种因素共同作用的结果，通过对上述因素参数的合理设置，可以得到更符合预期的仿真曲线。

### 2.1.3 汽车转向系统动态特性分析

汽车转向系统是汽车上用来改变或恢复行驶方向的专设机构，其功能就是按照驾驶员的意愿控制汽车的行驶方向。它承受来自路面的冲击，同时传递来自方向盘的转向力和力矩，对汽车的行驶安全性、舒适性和操纵稳定性至关重要。通过对其进行模态分析，了解其频率和振型，可以避免共振现象的产生，也可以为其结构的优化设计提供数据参考及理论指导。

ANSYS 软件是融结构、流体、电磁场、声场和耦合场分析于一体的大型通用有限元分析软件。它包含了预处理、解题程序以及后处理和优化等模块。它将有限元分析技术、计算机图形技术和优化设计技术相结合,已成为解决现代工程学问题必不可少的有力工具。

2.1.3.1 汽车转向系统有限元模型的建立

1. 汽车齿轮齿条式转向系统的组成

齿轮齿条式转向系统主要是由方向盘、转向柱、万向节、传动轴、齿轮、齿条、拉杆和转向节等组成。转向器一般固定在汽车车架或车身上。如图 2-20 所示。

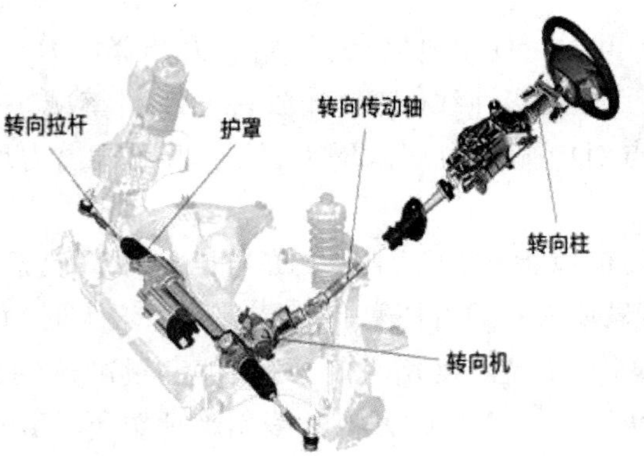


图 2-20 转向系统实体模型

2. 汽车转向系统的简化

建立模型过程中,通常以方便有限元分析又保持其力学特性为基本尺度,对模型的结构进行简化,简化过程应满足以下要求。

(1)足够的准确性。模型必须要能反映工程中需要的主要力学特性、转向系统构架的受力状况、形状和结构的一致性、支撑情况和边界约束条件的一致性。

(2)良好的经济性。一般来说,较复杂的模型会有较好的准确性,但复杂模型会花费更多的时间、人力、物力进行数据处理,从而使计算费用大大增加。选用三维建模功能强大的 PROE5.0 软件作为几何模型建模工具。遵循简化要求,建立转向系统的三维模型,在建模过程中去掉一些复杂的导角、圆角、孔和一些对模型力学性能影响不大的零部件。其简化后的模型如图 2-21 所示。

3. 汽车转向系统有限元模型的建立

利用 ANSYS 软件与 PROE 软件的数据接口，将简化三维模型导入到 ANSYS 中，如图 2-22 所示。转向系统简化模型主要由两种材料组成，材料特性如表 2-3 所示，网格划分采用自由网格划分方法，采用 solid 45 单元类型。

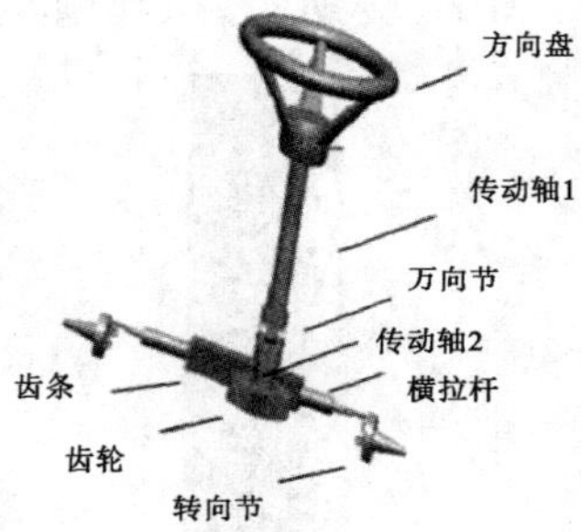


图 2-21　转向系统模型

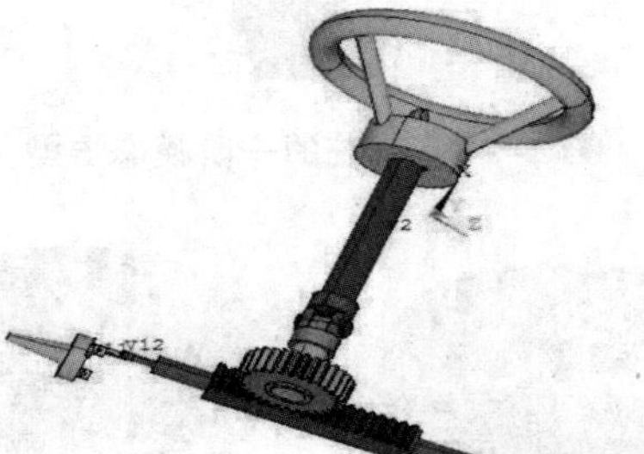

图 2-22 导入 ANSYS 后的转向系统模型

表 2-3　各部件材料特性

| 特征 | 材料 | 弹性模量 /MPa | 泊松比 | 材料密度 / g/mm$^3$ |
|---|---|---|---|---|
| 传动轴、万向节、方向盘骨架（低档车） | 45 | $2.08 \times 10^5$ | 0.27 | 7.89 |
| 齿轮、齿条、转向节 | 45Cr | $2.0 \times 10^5$ | 0.3 | 7.8 |

2.1.3.2 动态分析

在对转向系统进行模态分析时，根据转向系统的工作原理，对转向节的上下主销孔全约束，限制齿条 $X$、$Y$ 两方向的位移。计算频率范围为 0~10 000 Hz。系统的模态提取数和扩展模态的数目设置为 3。由于对运动起主导作用的只是前几阶模态，且阶数越高，误差越大。所以在分析时，只选取系统结果的前三阶固有频率及其对应的振型。转向系统的模态振型如图 2-23~ 图 2-25 所示，振动频率如表 2-4 所示。

图 2-23　系统的一阶模态振型

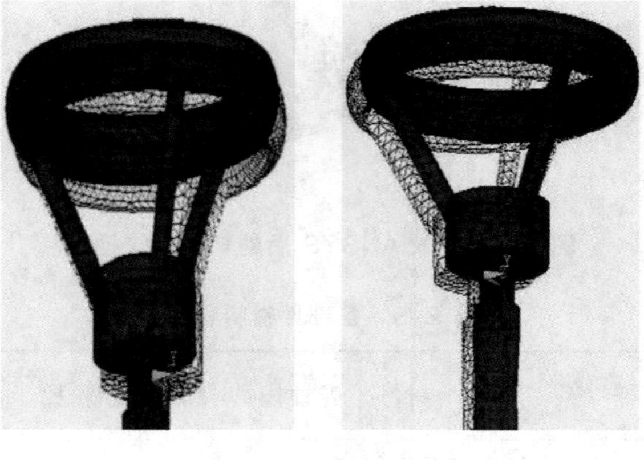

（a）　　　　（b）

图 2-24　系统的二阶模态振型

（a）前后振动；（b）左右振动

图 2-25　系统的三阶模态振型

表 2-4　模态频率表

| 阶数 | 第一阶 | 第二阶 | 第三阶 |
|---|---|---|---|
| 模态频率 /Hz | 25.52 | 31.34 | 40.92 |

从振型图和表 2-4 中可以看出,转向系统在第一阶振型中振动幅度较小,只有部小幅度的振动,称之为局部模态,其频率为 25.52 Hz。在第二阶振型中,方向盘及传动轴发生了前后或左右的振动,其频率为 31.34 Hz。在第三阶振型中,方向盘及传动轴发生扭转,其频率为 40.92 Hz。

路面激励、车轮不平衡激励和发动机激励是汽车激励的主要形式。当汽车在正常路面上行驶时,路面对汽车的垂直路面激励频率一般为 11 Hz,在较好的路面上低于 3 Hz 以下,在不好的起伏路面可能会达到 20 Hz,对照表 2-4 可知该转向系统一般不会与路面发生共振;因车轮不平衡引起的激振频率一般低于 11 Hz,对照表 2-4 可知该转向系统一般也不会与车轮发生共振;汽车在怠速、正常行驶和加速等不同情况下的发动机转速不同,发动机的激振频率也不一样。怠速工况下发动机的激振频率为 20 Hz 左右,正常行驶工况下发动机的激振频率为 100 Hz 左右,对照表 2-4 可知该转向系统的一阶振动频率与发动机在怠速工况下的激振频率相接近,可能会对转向系统的结构造成破坏,这种情况可以通过调整转向系统的支架宽度或对转向系统进行结构优化来增加该转向系统的一阶振动频率。

2.1.3.3 结论

(1)通过 PROE5.0 和 ANSYS 软件相结合,建立了汽车转向系统的三维模型和有限元模型。

(2)通过有限元法对转向系统进行了模态分析,提取它们的前三阶固有频率和振型。结果发现,该转向系统前三阶固有频率的范围为25.52~40.92 Hz。

第一阶阵型的振动幅度较小,第二阶振型为方向盘和转向轴左右或前后抖动,第三阶固有振型为方向盘和转向轴扭转变形。

(3)研究结果显示该转向系统的一阶固有频率过低与发动机怠速下的激振频率相近,使转向系统在怠速下容易发生转向系统与发动机的共振。

### 2.1.4 基于负载敏感技术的液压助力转向系统研究

液压助力转向系统以其助力大、助力缸尺寸小、质量轻、结构紧凑、油液具有不可压缩性、灵敏度高,以及油液的阻尼作用可以吸收路面冲击等优点成为目前汽车上较多采用的助力转向系统。但传统液压助力转向系统的液压泵由发动机直接驱动,车辆在行驶过程中,无论车辆是否需要转向,液压泵一直处于高速运转中,消耗了很多不必要的能量。随着科学技术的发展,汽车节能技术得到人们的普遍关注,而在液压助力转向系统中如何控制液压系统中流量和压力两个变量,使得系统的功率得到最大利用是亟须解决的问题。

近年来,负载敏感技术因其出色的节能特点已被广泛应用于工程机械上。负载敏感技术是指系统负载敏感阀能根据负载所需压力调节泵出口压力,使其随负载的变化而变化,并向系统提供与负载所需相近的液压功率,从而在泵源上降低系统的压力损失。基于此,笔者建立了基于负载敏感技术的液压助力转向系统。该系统能够实现在汽车不转向时,仅向系统提供较小的压力和流量以维持液压系统中正常的能量损失;在汽车发生转向时,根据转向需求提供相应的压力和流量,并达到预期的助力效果。

2.1.4.1 负载敏感控制原理

负载敏感控制原理如图 2-26 所示。

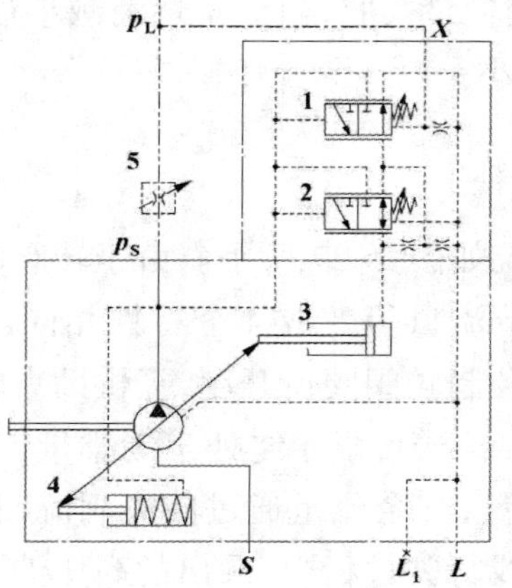


图 2-26　负载敏感控制原理图

图 2-26 中，$p_L$ 为负载压力，$p_s$ 为泵出口压力。负载敏感阀的弹簧设定压力为一定值，恒压阀的弹簧设定压力为变量泵的最大工作压力。通过控制阀 5 的进出口压差 $\Delta p$ 来调节泵的排量，达到泵输出流量与驱动负载所需流量的匹配，其中 $\Delta p=p_s-p_L$。

系统处于正常工作状态时，恒压阀在弹簧力的作用下处于右位。当负载压力减小时，流量控制阀 5 的开口减小，此时泵出口流量大于负载所需流量，阀 5 的两侧压差 $\Delta p$ 增大，且与负载敏感阀 1 的有效面积 $A$ 的乘积大于弹簧预紧力，推动负载敏感阀 1 向右运动，左位处于工作状态。泵出口的高压油经负载敏感阀 1 左腔，恒压阀 2 右腔流进变量缸大腔 3，使变量泵的斜盘角减小，同时泵出口流量减小，直至与负载所需流量匹配为止；相反，当负载压力增大时，负载敏感阀，右位工作，变量缸大腔的油液经恒压阀 2 右腔，负载敏感阀 1 右腔流回油箱，斜盘角增大，泵出口流量随之相应增大。

当系统处于低压待机状态时，流量控制阀 5 完全关闭，油液推动负载敏感阀阀芯向右运动，经负载敏感阀左腔、恒压阀右腔流进变量缸大腔 3，斜盘角减小，泵以最小排量输出。此时泵出口压力为负载敏感阀的弹簧设定压力，仅产生供内部泄漏需求的流量，功率消耗很小，实现负载敏感控制节能的目的。当系统处于过载状态时，负载敏感阀 1 在负载和弹簧预紧力的共同作用下右位工作，此时变量缸大腔与油箱连通，斜盘角增大，泵出口压力 $p_s$ 增大，直至大于恒压阀弹簧设定压力，致使恒压阀左位工作，油液进入变量泵大腔，斜盘角逐渐减小近至 0，此时泵的排量几乎为 0，功率消耗最小。

### 2.1.4.2 液压助力转向系统

传统的液压助力转向系统如图 2-27 所示。由于转阀的构造较为复杂，根据其对称性，把 16 个节流口等效成 4 个特性相同的节流阀组成的桥式回路。扭杆的变形量控制转阀阀口开度，提供助力转向所需的流量。但在传统液压助力转向系统中，泵始终处于满排量工作状态，只在转向时向助力缸提供部分流量，其余流量通过溢流阀流回油箱，存在很大的溢流损失。而在汽车直线行驶过程中，泵出的高压油几乎全部通过溢流阀流回油箱，存在很大的能量损失。

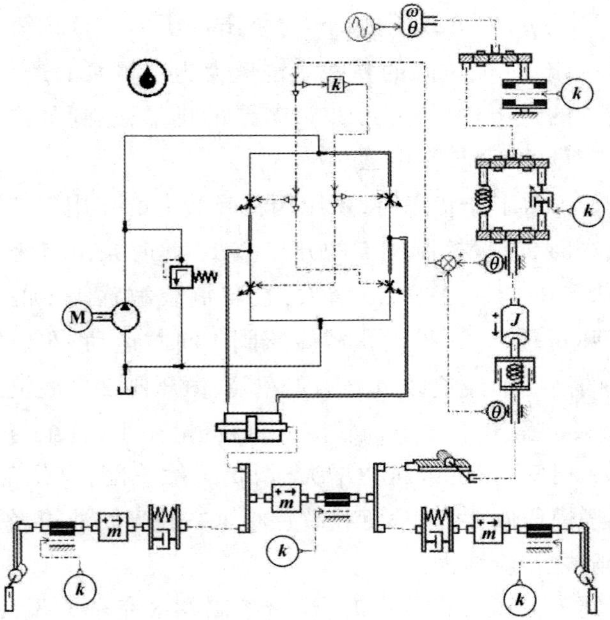


图 2-27 传统液压助力转向系统

2.1.4.3 基于负载敏感特性的液压助力转向系统 AMESim 建模

基于负载敏感特性的液压助力转向系统的 AMESim 模型如图 2-28 所示。

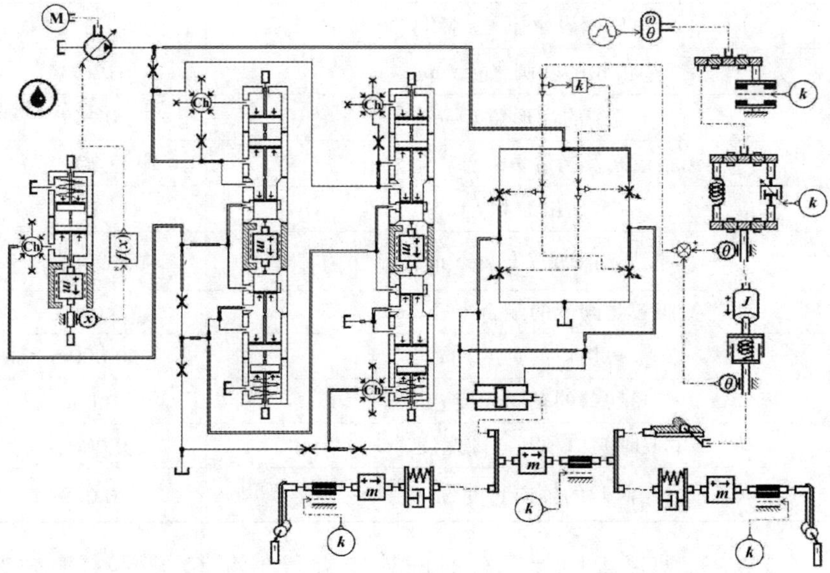

图 2-28　基于负载敏感特性的液压助力转向系统 AMESim 模型

为解决传统液压助力转向系统中泵流量损失问题，使用负载敏感泵代替原系统中的定量泵。利用仿真软件 AMESim 中液压元件设计库（HCD）建立负载敏感泵的负载敏感阀、恒压阀、变量缸。

2.1.4.4 仿真及结果分析

设置仿真时间为 2 s，步长为 0.01 s，各仿真参数如表 2-5 所示。

表 2-5　AMESim 仿真参数

| 参数 | 数值 |
|---|---|
| 变量泵排量 /（ $mL \cdot r^{-1}$ ） | 20 |
| 变量泵最大转速 /（ $r \cdot min^{-1}$ ） | 1 500 |
| 电机转速 /（ $r \cdot min^{-1}$ ） | 1 000 |
| 负载敏感泵弹簧刚度 /（ $N \cdot m^{-1}$ ） | 10 |

续表

| 参数 | 数值 |
| --- | --- |
| 恒压阀弹簧刚度 / （ $N \cdot m^{-1}$ ） | 100 |
| 负载敏感阀设定压差 / MPa | 1 |
| 恒压阀设定压差 / MPa | 3 |
| 小齿轮的基圆半径 / mm | 12.33 |
| 齿条的齿形角 / rad | 0.349 |
| 齿条活塞及当量负载总质量 / kg | 20 |
| 液压缸容积 / L | 5 |
| 液压油密度 / （ $kg \cdot m^{-3}$ ） | 900 |
| 阀芯与阀套的配合半径 / m | 0.0111 |
| 短切口的宽度 / m | 0.000 6 |
| 短切口的轴向长度 / m | 0.006 |
| 中位时阀口预开间隙宽度 / m | 0.000 5 |
| 阀门的轴向长度 /m | 0.018 |

车辆在行驶过程中大部分时间处于直行工况下，即不需要转弯。图 2-29 为车辆在直行时（转向盘转角为 0），泵出口压力的变化曲线，图 2-30 为对应泵出口流量的变化曲线。可以看出：在直行工况下，系统处于待机状态，负载敏感泵的出口压力维持在一个很小的数值 1MPa 下，相应的泵出口流量也很小，仅维持系统的内部泄漏需求。由系统液压功率等于压力与流量的乘积可得：车辆在直行工况下，基于负载敏感特性的液压助力转向系统的泵的输出特性为低压、小流量，功率消耗较小，避免了传统恒流式、恒压式液压助力转向系统的流量和压力损失。

如图 2-31 所示给转向盘一个转角为 45° 的阶跃输入。图 2-32 为转向盘转角为 45° 时负载敏感泵出口压力和助力液压缸压力。可以看出：当转向盘转角输入时，泵开始以较大压力输出，直到转阀开启，负载敏感阀感应到助力液压缸的压力需求，在 0.2 s 时间内快速调节泵出口压力，随后泵出口压力平稳且始终比助力液压缸需求压力高出 1 MPa 左右，匹配性较好。液压助力与驾驶员力矩的对比结果如图 2-33 所示，可以看出：在转阀刚开启时，助力较大，能够快速实现转向，随后助力减小,保持转向平稳。

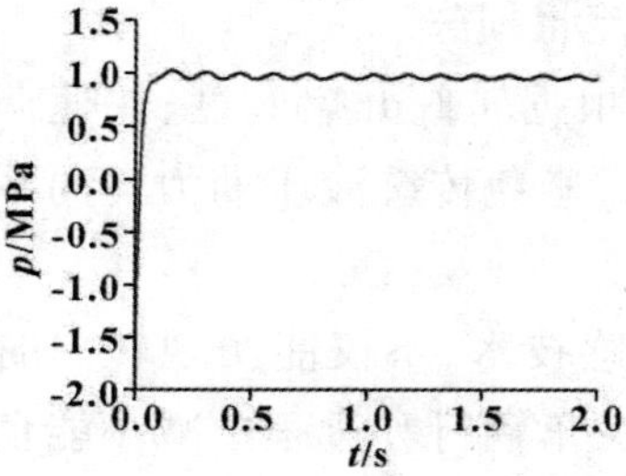


图 2-29　直行工况下泵出口压力曲线

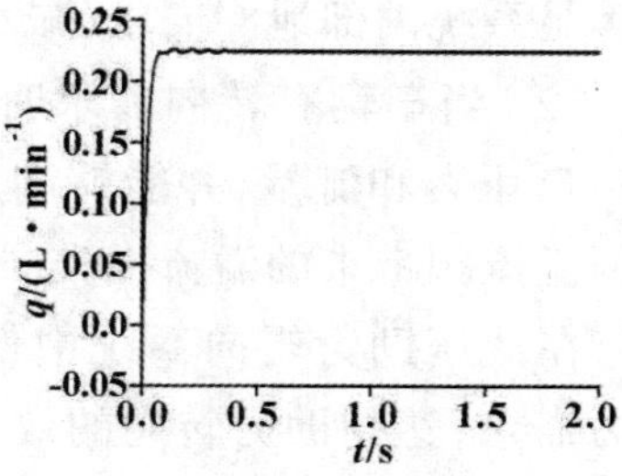


图 2-30　直行工况下泵出口流量曲线

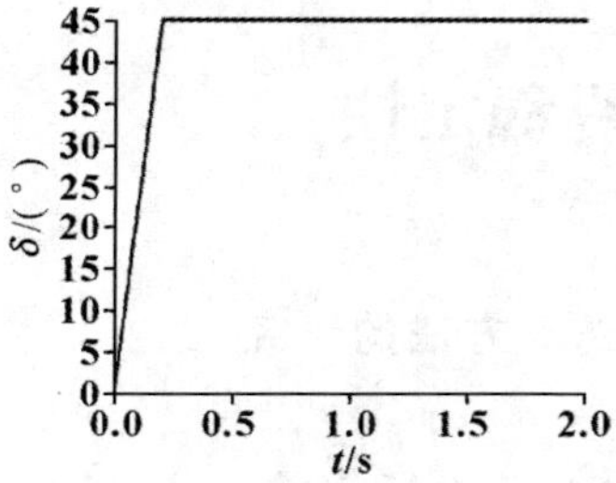


图 2-31　转向盘转角输入

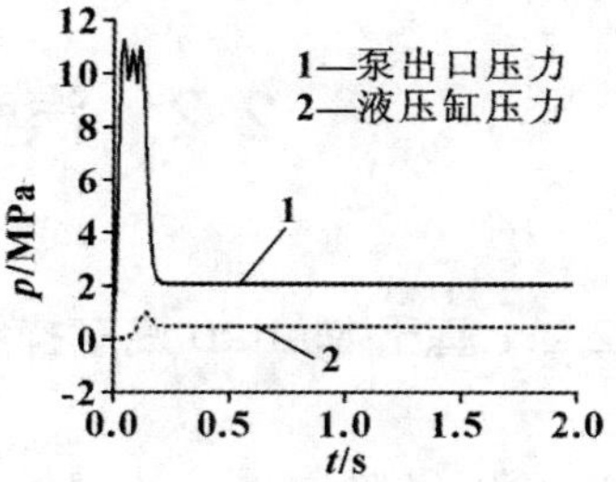


图 2-32　泵与液压缸压力对比

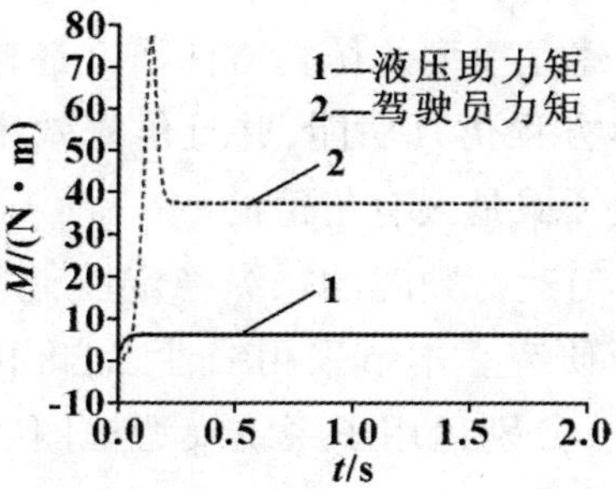


图 2-33　液压助力与驾驶员力矩对比

2.1.4.5 结论

针对传统液压助力转向系统在车辆直线行驶工况下的压力和流量损失问题,设计了一种基于负载敏感技术的液压助力转向系统。利用仿真软件 AMESim 对负载敏感泵和液压助力转向系统进行了建模以及仿真,结果如下。

（1）当车辆在直线行驶工况下，该系统的输出特性为低压、小流量，仅满足系统内部泄漏需求，减小了压力和流量损失。

（2）当车辆有转向需求时，该系统能根据转阀开启阀度，快速调节泵出口压力和流量，并能够满足助力需求，避免传统液压助力转向系统中因溢流阀带来的溢流损失。

在液压助力转向系统中使用负载敏感技术，不仅能实现转向时的助力需求，达到助力转向的效果，而且能在车辆行驶过程中减小能量消耗，达到了节能的目的。

## 2.2 汽车的操纵稳定性

### 2.2.1 基于 Matlab 汽车操纵稳定性仿真方法的研究

汽车操纵稳定性一直是汽车安全技术理论研究的热点，而汽车操纵稳定性研究大多着重于建立更为复杂的汽车模型，以寻求更高的计算精度。

如今用于分析所建立模型的仿真方法研究还略显欠缺，Simulink 软件具有强大的动力学方程仿真功能，并且仿真效率很高，将其充分地应用于汽车操纵稳定性领域是很有价值的。

汽车在平直路面匀速行驶时的操纵稳定性，主要通过转向盘的角输入或者力输入的响应研究。本节采用线性二自由度车辆模型前轮转角阶跃输入的仿真形式，分别运用子系统模型框图、状态空间模型框图与 Matlab Fcn 函数模型框图三种方法，对车辆模型进行不同车速工况下的仿真分析。

#### 2.2.1.1 线性二自由度车辆模型

为了研究操纵稳定性的基本特性，汽车可被简化为只有侧向运动和横摆运动两个自由度的单轨模型。对汽车模型做受力分析，如图 2-34 所示，将沿 $y$ 轴方向的侧向运动和绕质心的横摆运动列出以下方程为

$$
\begin{cases}
k_1\left(\beta+\dfrac{a\omega_r}{u}-\delta\right)+k_2\left(\beta-\dfrac{b\omega_r}{u}\right)=m\left(\dot{v}+u\omega_r\right)\\
ak_1\left(\beta+\dfrac{a\omega_r}{u}-\delta\right)-bk_2\left(\beta-\dfrac{b\omega_r}{u}\right)=I_z\dot{\omega}_r
\end{cases}
\tag{2-2-1}
$$

式中：$m$ 为汽车质量；$\delta$ 为前轮转角；$I_z$ 为汽车绕 $z$ 轴的转动惯量；$\omega_r$ 为横摆角速度；$\beta$ 为质心侧偏角；$k_1$，$k_2$ 分别为前、后轮侧偏刚度；$v$ 为汽车行驶速度。因为 $\dot{v}=u\tan\dot{\beta}$，而 $\beta$ 的值很小，所以取 $\dot{v}=u\dot{\beta}$。

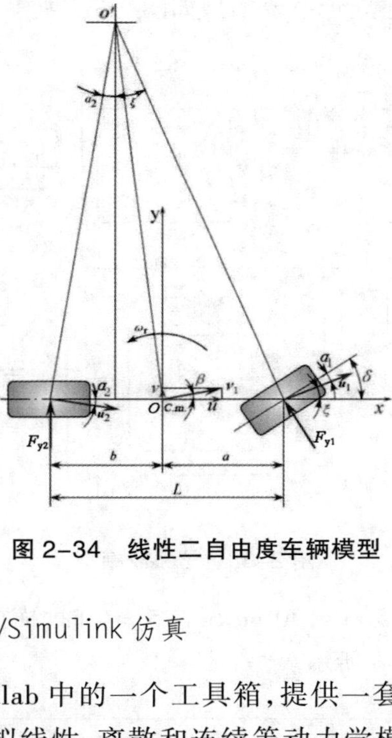


图 2-34　线性二自由度车辆模型

2.2.1.2 Matlab/Simulink 仿真

Simulink 是 Matlab 中的一个工具箱，提供一套图形动画的处理方法，适用于线性、模拟线性、离散和连续等动力学模型的仿真。运用子系统仿真框图、状态空间模型仿真框图与 Matlab Fcn 函数仿真框图三种方法对线性二自由度模型做前轮转角阶跃输入仿真分析。三种仿真方法均具有普遍性，这里根据中型汽车规格取一组参数：$m$=1 820 kg，$a$=1.46 m，$b$=1.586 m，$I_z$=3 900 kg · m$^2$，$k_1$=−61 943 N/rad，$k_2$=−109 172 N/rad。

1. 子系统模型及仿真结果

对于复杂系统的 Simulink 仿真模型，可以把模型中完成特定功能的部分模块组合起来，创建一个新的模块，即子系统。子系统减少了 Simulink 框图中模块的数量，使模型的层次、结构及功能更加清晰，应用性强，降低了建模难度。将式（2-2-1）化简整理为

$$\begin{cases}\dot{\omega}_{\mathrm{r}}=\dfrac{ak_1-bk_2}{I_z}\beta+\dfrac{a^2k_1+b^2k_2}{I_zu}\omega_{\mathrm{r}}-\dfrac{ak_1}{I_z}\delta\\ \dot{\beta}=\dfrac{k_1+k_2}{mu}\beta+\left(\dfrac{ak_1-bk_2}{mu^2}-1\right)\omega_{\mathrm{r}}-\dfrac{k_1}{mu}\delta\end{cases}$$

在 Simulink 中建立子系统模型如图 2-35 所示。

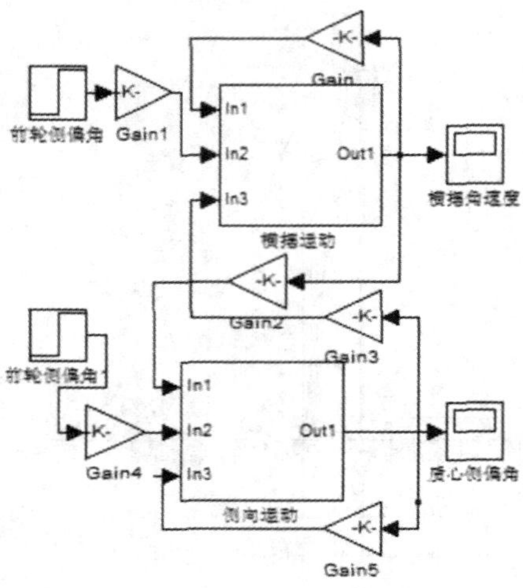


图 2-35　子系统模型

当车速分别取 15 m/s，20 m/s 和 25 m/s 时，横摆角速度与质心侧偏角仿真结果如图 2-36 所示。

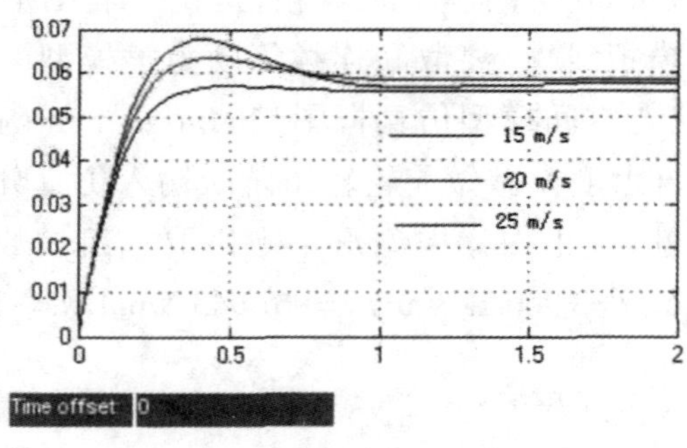


图 2-36　横摆角速度与质心侧偏角响应曲线

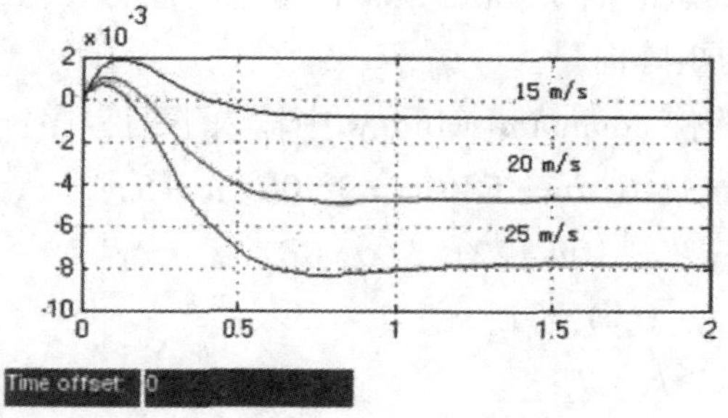


图 2-36　横摆角速度与质心侧偏角响应曲线(续)

2. 状态空间模型及仿真结果

状态空间模型由状态方程和输出方程组成,适用于线性与非线性动力学系统。线性系统的状态空间方程为

$$\begin{cases} \dot{x}=A(t)x+B(t)u \\ y=C(t)x+D(t)u \end{cases} \tag{2-2-2}$$

将式(2-2-1)转化为状态空间方程(2-2-2)形式

$$\begin{cases} \begin{bmatrix} \dot{\omega}_{\mathrm{r}} \\ \dot{\beta} \end{bmatrix}=\begin{bmatrix} a_{11} & a_{12} \\ a_{21} & a_{22} \end{bmatrix}\begin{bmatrix} \omega_{\mathrm{r}} \\ \beta \end{bmatrix}+\begin{bmatrix} b_{11} \\ b_{21} \end{bmatrix}\delta \\ \begin{bmatrix} \omega_{\mathrm{r}} \\ \beta \end{bmatrix}=\begin{bmatrix} 1 & 0 \\ 0 & 1 \end{bmatrix}\begin{bmatrix} \omega_{\mathrm{r}} \\ \beta \end{bmatrix}+\begin{bmatrix} 0 \\ 0 \end{bmatrix}\delta \end{cases}$$

式中

$$a_{11}=\frac{a^2k_1+b^2k_2}{I_zu},\ a_{12}=\frac{ak_1+bk_2}{I_z},\ a_{21}=\frac{ak_1+bk_2}{mu^2}-1,\ a_{22}=\frac{k_1+k_2}{mu}$$

$$b_{11}=-\frac{ak_1}{I_z},\ b_{21}=-\frac{k_1}{mu}$$

状态空间模型如图 2-37 所示。

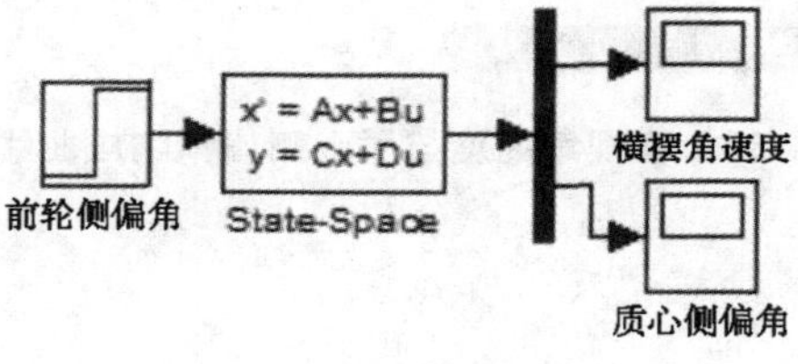


图 2-37　状态空间模型

在状态空间模型中的 State-Space 模块包含的 A、B、C 和 D 四项中分别输入对应的矩阵向量。

在 Matlab 软件 command window 中输入下列程序：

$m$=1 820；$a$=1.46；$b$=1.586；$I_z$=3 900；$u$=15；

$k_1$=−61 943；$k_2$=−109 172；

$a_{11}$=（$a^2*k_1+b^2*k_2$）/（$I_z*u$）；

$a_{12}$=（$a*k_1-b*k_2$）/$I_z$；

$a_{21}$=（$a*k_1-b*k_2$）/（$m*u^2$）−1；

$a_{22}$=（$k_1+k_2$）/（$m*u$）；

$b_{11}$=$-a*k_1/I_z$；

$b_{21}$=$-k_1$/（$m*u$）；

当车速 $u$ 取 15 m/s、20 m/s 和 25 m/s 时，汽车横摆角速度与质心侧偏角的仿真结果如图 2-38 所示。

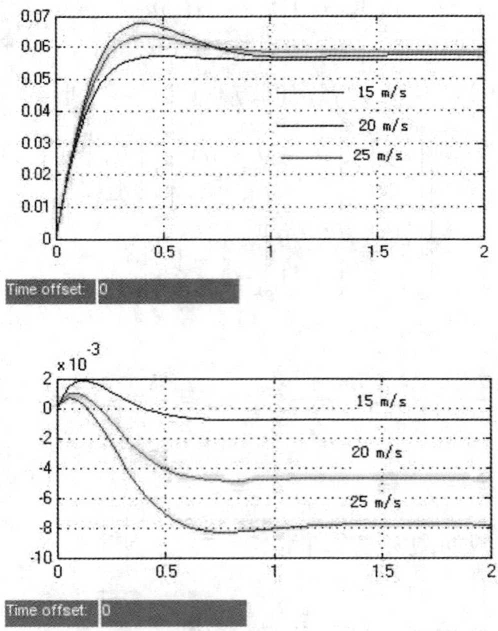


图 2-38 横摆角速度与质心侧偏角响应曲线

3. Matlab Fcn 函数模型及仿真结果

在 Simulink 中，Matlab Fcn 函数模块用于调用 Matlab 中现有的函

数求取信号的函数值，也可以直接在模块中编写程序。方程（2-3）移项变形为

$$\begin{cases}\dot{\omega}_r = a_{11}\omega_r + a_{12}\beta + b_{11}\delta \\ \dot{\beta} = a_{21}\omega_r + a_{22}\beta + b_{21}\delta\end{cases}$$

在 Matlab Function 模块中写上函数过程文件名：erdof，建立 m 脚本文件如下：（函数子程序）

```
Function[y1 y2]=erdof ( u1, u2, u3 ); %%[y1 y2] 输出，( u1, u2, u3 ) 输入
%% 参数说明：u1 前轮侧偏角；u2 横摆角速度；u3 质心侧偏角；
%%y1 横摆角速度一阶导数；y2 质心侧偏角一阶导数；
m=1 820; a=1.46; b=1.586; Iz=3 900; u=15;
k1=-61 943; k2=-109 172;
a11= ( a^2k1+b^2*k2 ) / ( Iz*u );
a12= ( a*k1-b*k2 ) /Iz;
a21= ( a*k1-b*k2 ) / ( m*u^2 ) -1;
a22= ( k1+k2 ) / ( m*u );
b11=-a*k1/Iz; b21=-k1/ ( m*u );
y1=a11*u2+a12*u3+b11*u1;
y2=a21*u2+a22*u3+b21*u1;
```

当车速 $u$ 取 15 m/s/20 m/s 和 25 m/s 时，汽车横摆角速度与质心侧偏角的仿真结果如图 2-39 所示。

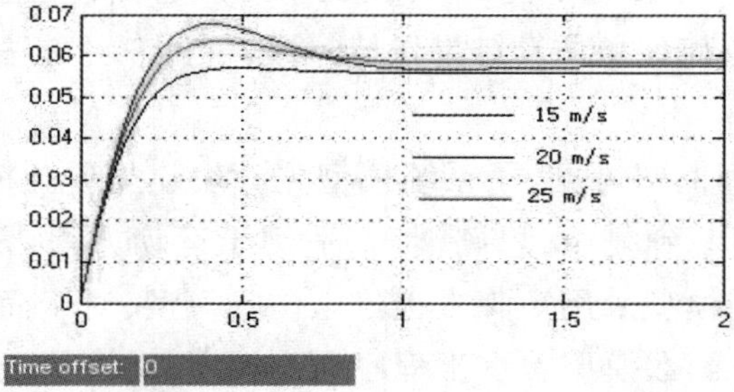


图 2-39　横摆角速度与质心侧偏角响应曲线

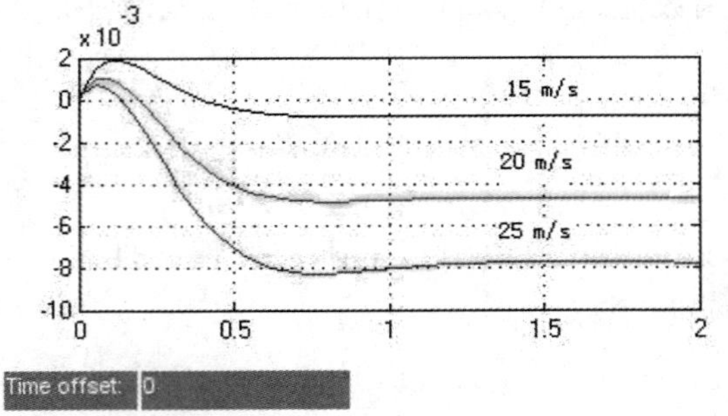


**图 2-39　横摆角速度与质心侧偏角响应曲线(续)**

为了清晰地对比观察三种方法的仿真结果,列出车速工况为 35 m/s 下的横摆角速度和质心侧偏角随时间变化的响应值,如表 2-6 和表 2-7 所示。

4. 仿真结果分析

子系统模型、状态空间模型和 Matlab Fcn 函数模型三种方法的仿真结果分别如图 2-36、图 2-38 和图 2-40 所示。车速工况为 35 m/s 时,横摆角速度和质心侧偏角随时间变化的响应值如表 2-6 和表 2-7 所示。

从三个仿真结果图可以看出,横摆角速度与质心侧偏角在低速时均具有较高的稳定性,并且随着车速的增加而降低,说明三种方法均具有较高的可行性。

从三个仿真结果图和表 2-6、表 2-7 可以看出,上述三种方法的横摆角速度和质心侧偏角仿真结果保持一致,可见三种方法的仿真能力具有较高的一致性。

由仿真原理框图可见,子系统模型先分块建立单独模块,再耦合为整体系统,由简单到复杂,思路清晰,适用于运动方程诸多的复杂车辆模型;状态空间模型采用矩阵方程建立仿真模型,对于简洁模型应用性强;Matlab Fcn 函数模型着重于程序语言编写,适合擅于纯汇编语言编写的学者使用。在一些拥有高自由度的复杂车辆模型中,也可以将三种方法交叉使用。

表 2-6　横摆角速度响应值

| 模型<br>时间 /s | 0.11 | 0.18 | 0.3 | 0.4 | 0.73 | 1 | 1.16 | 1.46 | 1.64 | 1.8 |
|---|---|---|---|---|---|---|---|---|---|---|
| 子系统 | 0.0002 | 0.0061 | 0.0451 | 0.0727 | 0.0630 | 0.05 | 0.048 | 0.0502 | 0.0512 | 0.051 4 |
| 状态空间 | 0.0002 | 0.0061 | 0.0451 | 0.0728 | 0.0628 | 0.0499 | 0.0479 | 0.0501 | 0.0511 | 0.051 3 |
| Fcn 函数 | 0.0002 | 0.0061 | 0.0451 | 0.0726 | 0.0628 | 0.0498 | 0.0479 | 0.0501 | 0.0511 | 0.051 3 |

表 2-7　质心侧偏角响应值

| 模型<br>时间 /s | 0.12 | 0.18 | 0.36 | 0.51 | 0.62 | 0.83 | 0.98 | 1.1 | 1.3 | 1.8 |
|---|---|---|---|---|---|---|---|---|---|---|
| 子系统 | 0.0002 | −0.002 | −0.0046 | −0.0097 | −0.0123 | −0.0137 | −0.0131 | −0.0128 | −0.0119 | −0.012 |
| 状态空间 | 0.0002 | −0.002 | −0.0046 | −0.0098 | −0.0128 | −0.0136 | −0.013 | −0.0126 | −0.0117 | −0.012 |
| Fcn 函数 | 0.0002 | −0.002 | −0.0046 | −0.0097 | −0.0126 | −0.0136 | −0.013 | −0.0128 | −0.0118 | −0.012 |

### 2.2.2 基于负载敏感技术的 HPS 操纵稳定性分析

HPS 已成为目前汽车上较多采用的助力转向系统，但是传统 HPS 的液压泵由发动机直接驱动，使得车辆在直线行驶时，液压泵仍然在发动机的带动下处于高速工作状态，泵出的大量高压油经过溢流阀回到储油罐，造成了相当大的能量损失。因此，在 HPS 中如何控制液压系统中流量和压力两个变量，使系统的功率得到最大利用是我们亟须解决的问题。

负载敏感技术是指系统负载敏感阀能根据负载所需压力调节泵出口压力，使其随负载的变化而变化，并向系统提供与负载所需相近的液压功率，从而在泵源上降低系统的压力损失。以此为基础，本节设计了基于负载敏感技术的 HPS 操纵系统，并使用瞬态横摆响应、双移线两种仿真试验分析了带有负载敏感技术的 HPS 的操纵稳定性。

#### 2.2.2.1 整车操纵稳定性仿真与分析

评价一个助力转向系统的优与劣，不仅要看在车辆转弯时能否给驾驶人一个合适的助力，使驾驶人感到轻松的同时又不失路感，而且还要看助力转向系统是否满足整车操纵稳定性的要求。因此，我们需要对带有负载敏感技术的 HPS 进行操纵稳定性试验。

但由于本节考虑的是带有负载敏感技术的 HPS 的操作稳定性，所以不考虑发动机与电气设备部分，仅考虑底盘、轮胎、路面、驱动系统、制动系统、悬架系统和转向系统，以及各传感器。我们采用 AMESim 软件中 Vehicle Dynamics 设计库来进行模块化建模，进行了瞬态横摆响应、双移线仿真试验，并做了相应的分析。

1. 瞬态横摆响应仿真试验与分析

目前通常用转向盘的转角阶跃输入来表征汽车的瞬态横摆响应特性，即所谓的阶跃转角试验。首先被测试验车在平整的路面以最高车速的 70% 的速度直行，然后以不小于 200 °/s 的速度给转向盘一个转角输入，并使转向盘保持该转角不变，油门开度亦不变，此时汽车做圆周运动，观察车辆由直行到转弯的瞬态响应特性。该试验主要测量转向盘转角、横摆角速度、侧向加速度、侧倾角等。

按照标准设置整车模型的车速为 80 km/h，以 200° /s 的速度给转向盘的输入角度为 45°，如图 2-40 所示。设仿真时间为 10 s，横摆角速度、侧向加速度、侧倾角的变化曲线分别如图 2-41、图 2-42、图 2-43 所示；泵出口压力和液压缸助力对比曲线如图 2-44 所示。

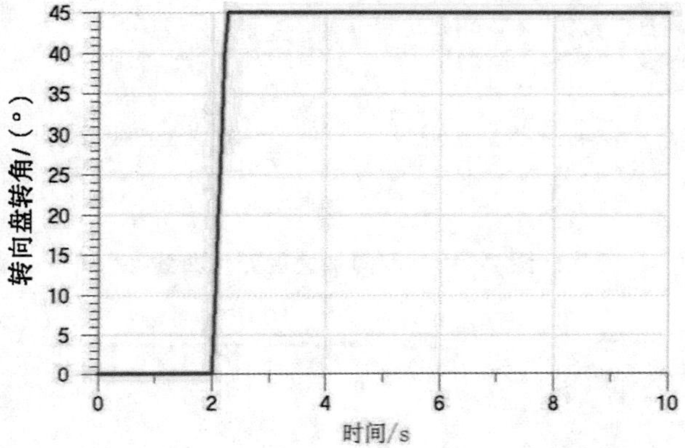


图 2-40　转向盘转角变化曲线

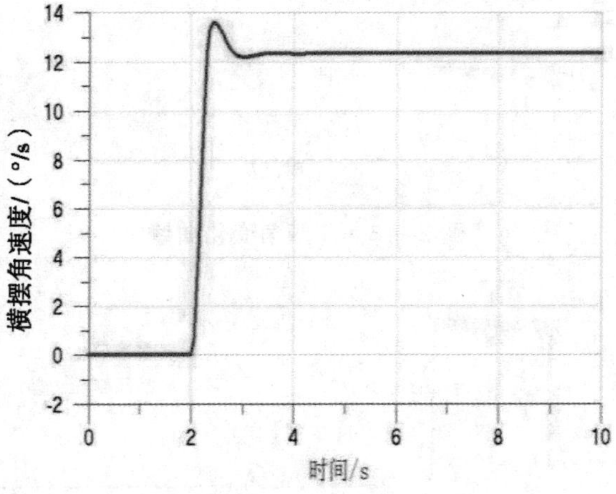


图 2-41　横摆角速度变化曲线

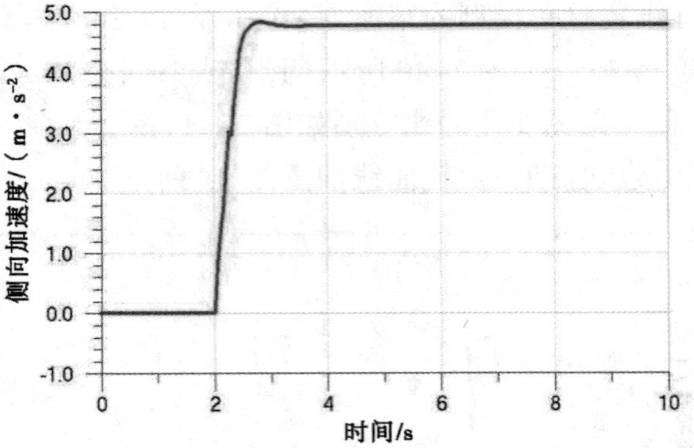


图 2-42　侧向加速度变化曲线

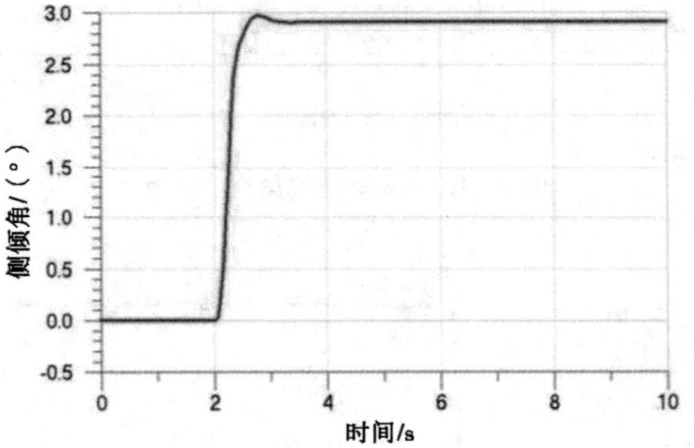


图 2-43　侧倾角变化曲线

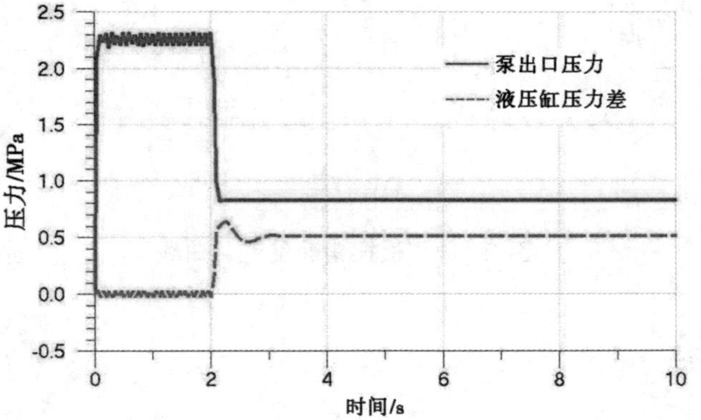


图 2-44　泵出口压力和液压缸助力对比曲线

根据角阶跃试验可以得到:

①从图 2-41 至图 2-43 中可看出在 0~2 s 内,汽车直行,所以其他参数输出均为 0,在 2 ~ 2.23 s 内转向盘转角达到 45°,此时横摆角速度、侧向加速度、侧倾角急剧增大,且有振荡。

②从图 2-41 可看出横摆角速度在 2.4 s 时达到峰值 13.8 ° /s,0.6 s 后达到稳态值 12.2° /s,超调量为 13.1%。

③从图 2-42 可看出侧向加速度在 2.8 s 时达到峰值 4.8 m/s$^2$,0.3 s 后达到稳态值 4.75 m/s$^2$,超调量为 1.05%。

④从图 2-43 可看出车身侧倾角仅在非常小的范围内波动。

由以上分析可以看出整车在瞬态横摆响应仿真试验中满足操纵稳定性要求。

⑤通过图 2-44 的泵出口压力与液压缸助力对比看出,车在 45° 的输入下,HPS 中液压泵出口压力能根据助力的需求大小进行迅速调节匹配,将负载敏感特性较好地体现出来。

2. *双移线仿真试验与分析*

双移线试验主要是用来评价被测车辆回避障碍的性能,现在被广泛用于闭环操纵稳定性的评价试验之中。双移线试验要求试验场地为干燥、平坦且清洁的水泥或柏油路面,并且道路任意方向上的坡度不大于 2%,因此在路面模型上设置为水平路面,车速为 80 km/h,进入通道后保持车速不变。双移线试验转向盘转角变化曲线如图 2-45 所示,车速、横摆角速度、侧向加速度、侧倾角变化曲线分别如图 2-46 至图 2-49 所示,泵出口压力与液压缸助力对比曲线如图 2-50 所示。

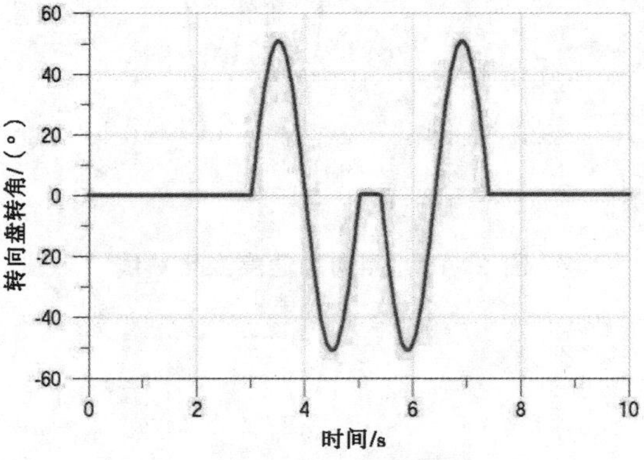


图 2-45　转向盘转角变化曲线

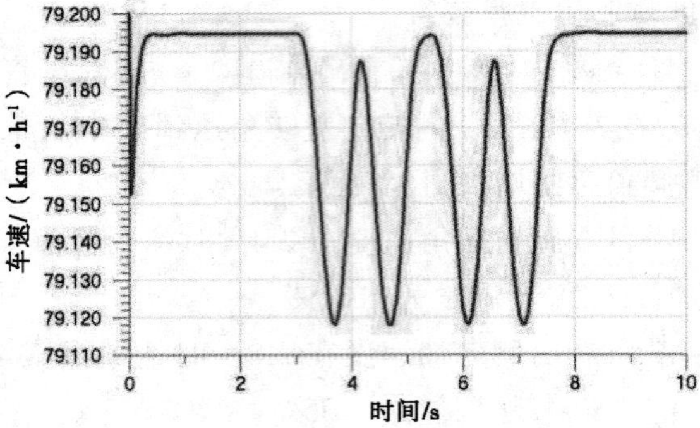


图 2-46　车速变化曲线

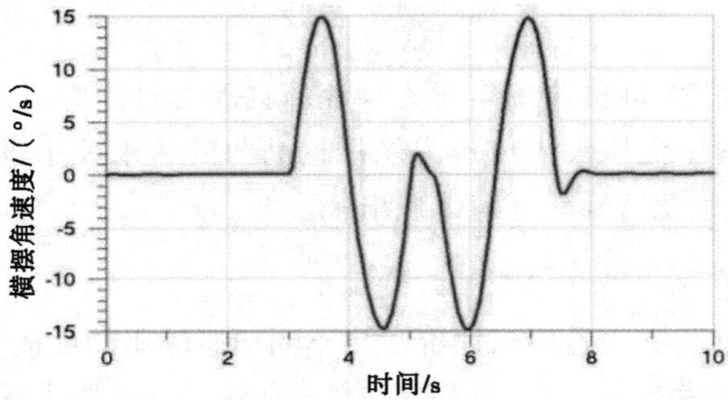


图 2-47　横摆角速度变化曲线

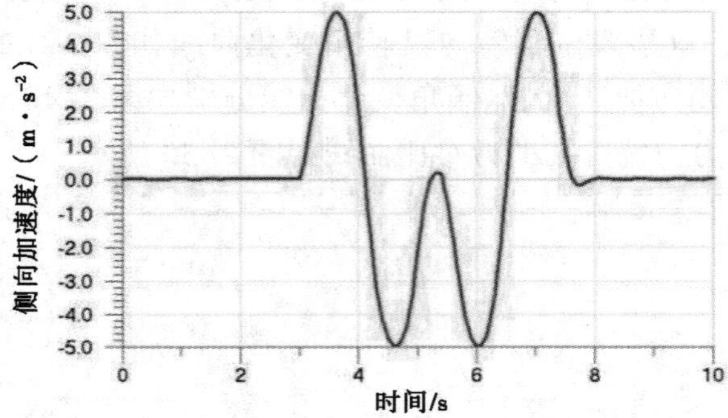


图 2-48　侧向加速度变化曲线

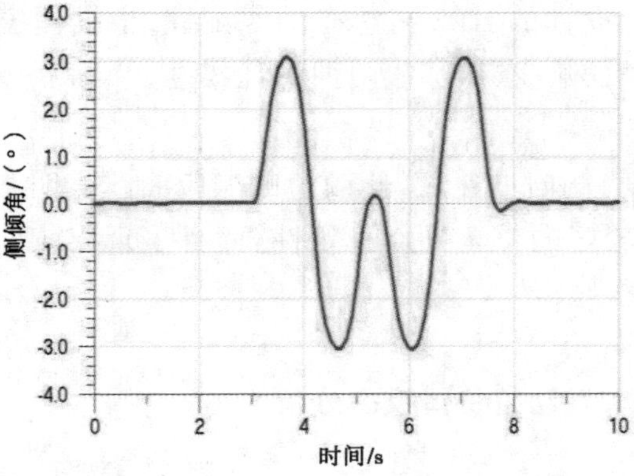


图 2-49　侧倾角变化曲线

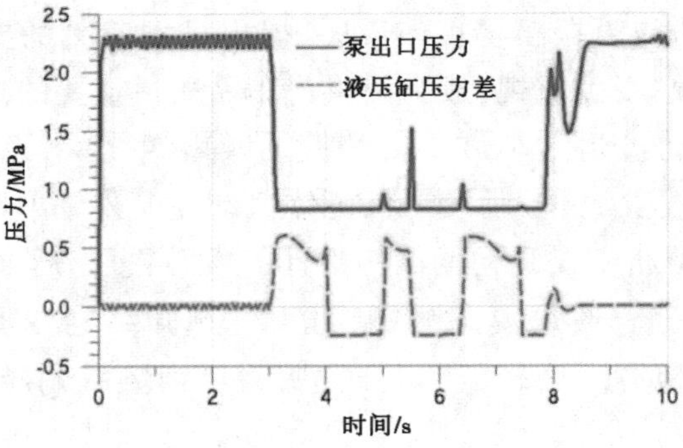


图 2-50　泵出口压力与液压缸助力对比曲线

根据规定，以通过通道的最高车速或最短通过时间作为双移线试验的评价标准，较小的转角和横摆的时间滞后会得到较好的操纵稳定性。

由图 2-45 至图 2-49 可以得到双移线试验的仿真结果：通过通道的最高车速为 79.19 km/h，最低车速在 79.12 km/h，误差在 ±1 km/h 内，满足要求；同时横摆角速度的响应滞后很小，车身侧倾角始终在 ±3°内波动，有较好的抗侧倾能力；横摆角速度、侧向加速度在汽车通过双移线后能较快地恢复到正常行驶状态，说明该车有较好的躲避障碍的性能，满足操纵稳定性要求。同时从图 2-50 也可看出所设计的基于负载敏感技术的 HPS 的泵能根据转向需求提供相应压力的液压油。

2.2.2.2 结论

为解决传统 HPS 的能量损失问题，设计了基于负载敏感技术的

HPS。为探究所设计的HPS与整车的匹配性,根据国家标准进行了试验样车的瞬态横摆响应、双移线两种仿真试验。

结果表明:

横摆角速度、侧向加速度、侧倾角的响应曲线表明基于负载敏感技术的HPS具有较好的整车操作稳定性,而且表现出较好的匹配性和负载敏感特性。

### 2.2.3 某汽车发动机机体模态分析

随着科技的飞跃,机械工业得到高速发展,中国汽车产业已进入稳健增长期,车型品质的提升已取代产能的增长成为发展的主流,这对汽车的噪声、振动与声振粗糙度(NVH)提出日益苛刻的要求,使得汽车NVH性能越来越受到重视,成为衡量汽车品质最重要的指标之一。

而汽车发动机是汽车最主要的振动噪声源之一,发动机内部振源(燃烧激励、机械激励)激励发动机机体振动并向外辐射噪声,而对机体结构进行模态分析不仅是初期结构设计的核心,也是后期进行结构振动噪声分析的基础。通过模态分析,可事先预知结构变形趋势,可分析得出结构哪些地方刚度较低需要改进,为后续频率响应的计算提供基础条件。

以往的产品结构设计,常常采用实验的方法来获取结构的模态参数,但是实验成本较高,周期也长,而且在产品设计阶段无法进行。因此,现在一般在设计初期采用仿真软件来代替实验,不仅缩短产品研发周期、节约研发经费,而且在设计阶段能对产品有一定的预估,保证产品质量。本节采用有限元方法,利用Workbench建立某车型发动机机体有限元模型,进行模态分析。

#### 2.2.3.1 发动机机体结构有限元建模

1. 发动机机体三维模型建立

建立发动机机体三维模型是进行分析的基础,同时,为提高之后有限元建模计算效率,需要对三维模型进行合理的简化。发动机机体主要由缸盖、缸体、气缸盖罩、油底壳组成,根据其实际装配,在Catia中建立了发动机机体装配模型，并对其中的油孔、水道以及较小的倒角、圆角进行合理的简化。建立的三维装配体模型如图 2-51 所示。

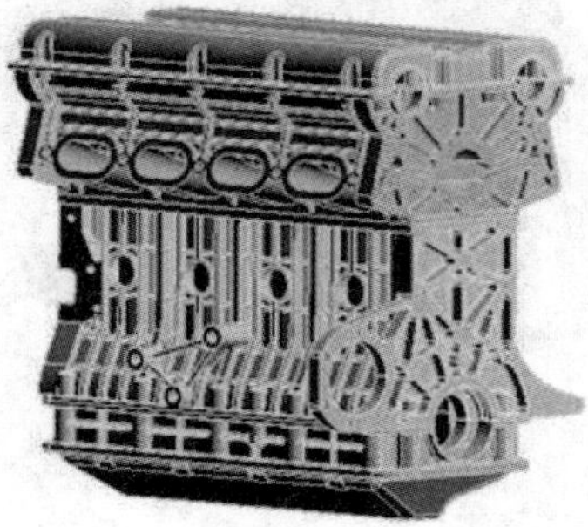

图 2-51　发动机机体三维模型

2. 发动机机体有限元模型建立

将建立好的发动机机体三维装配体模型导入到 Ansys Workbench 中进行有限元模型的建立。

首先设置各部分的材料参数。由于发动机缸盖、缸体、气缸盖罩、油底壳分别承担不同的作用，有不同的工作环境，因此材料是不同的。发动机机体各部分材料参数如表 2-8 所示。

表 2-8　材料参数

| 部位 | 材料 | 密度（$kg \cdot m^{-3}$） | 弹性模量（$N \cdot m^{-2}$） | 泊松比 |
|---|---|---|---|---|
| 气缸盖罩 | 铝合金 | $2.65 \times 10^3$ | $7.2 \times 10^{10}$ | 0.29 |
| 缸盖 | 铝合金 | $2.65 \times 10^3$ | $7.2 \times 10^{10}$ | 0.29 |
| 缸体 | HT250 | $7.2 \times 10^3$ | $1.2 \times 10^{11}$ | 0.23 |
| 油底壳 | 冲压钢板 | $7.8 \times 10^3$ | $2.1 \times 10^{11}$ | 0.3 |

然后进行网格划分。现今很多研究人员在进行复杂结构的网格划分时经常采用网格智能划分（smart size）来进行有限元网格划分，但它划分出来的网格很不均匀，产生大小不一的单元。而机体的模态分析主要是想得到机体各部分的振型，这就要求网格划分要均匀。因此采用自由网格划分，十分快捷。单元尺寸设置为 10 mm，得到的发动机机体有限元模型如图 2-52 所示。建立的有限元模型有 557 631 个单元，979 585 个节点。

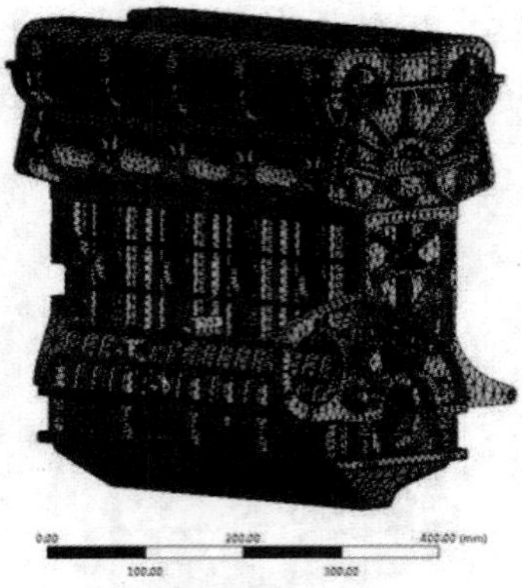

图 2-52 发动机机体有限元模型

2.2.3.2 发动机机体模态分析

1. 模态分析概述。

结构模态是由结构本身的特性与材料特性所决定的，与外载荷等条件无关。模态分析的实质就是求解具有有限个自由度的无阻尼及无外载荷状态下的运动方程的模态矢量。将物理模型转化为模态模型，即用已知结构的几何形状、材料参数和边界条件，将结构的质量分布、刚度分布和阻尼分布分别通过质量矩阵、刚度矩阵和阻尼矩阵表示出来，从而得到系统的模态参数。系统的无阻尼自由振动方程为

$$[M]\{x''\}+[C]\{x'\}+[K]\{x\}=0$$

式中：$[M]$ 为系统质量矩阵；$[K]$ 为刚度矩阵；$[C]$ 是阻尼矩阵；$\{x\}$ 为位移矢量；$\{x'\}$ 为速度矢量；$\{x''\}$ 为加速度矢量。

设定：

$$\{u\}=\{\varphi_i\}\sin\omega_i t$$

式中：$\{\varphi_i\}$ 是系统特征向量，是第 $i$ 阶自然振动频率。

由以上两方程求解发动机机体的模态振型和固有频率。

2. 机体模态分析

模态是机械结构固有振动特性，每一个模态具有特定的固有频率振

型。但理论与实践均指出，当结构体在动载荷激励下产生共振时，一般只是低阶共振情况比较危险。因此在模态分析时，一般不需要求出结构所有模态的振型和固有频率，主要关注前几阶模态振型和固有频率。本小节对发动机机体进行自由模态分析，除去前六阶刚体模态，提取之后的八阶模态进行分析。计算的固有频率值如表 2-9 所示，八阶模态振型如图 2-53 所示。

表 2-9　发动机机体的前八阶固有频率值

| 阶数 | 1 | 2 | 3 | 4 | 5 | 6 | 7 | 8 |
|---|---|---|---|---|---|---|---|---|
| 频率 /Hz | 699.65 | 977.47 | 1 094.5 | 1 260.5 | 1 445.5 | 1 457.4 | 1 538.4 | 1 651.1 |

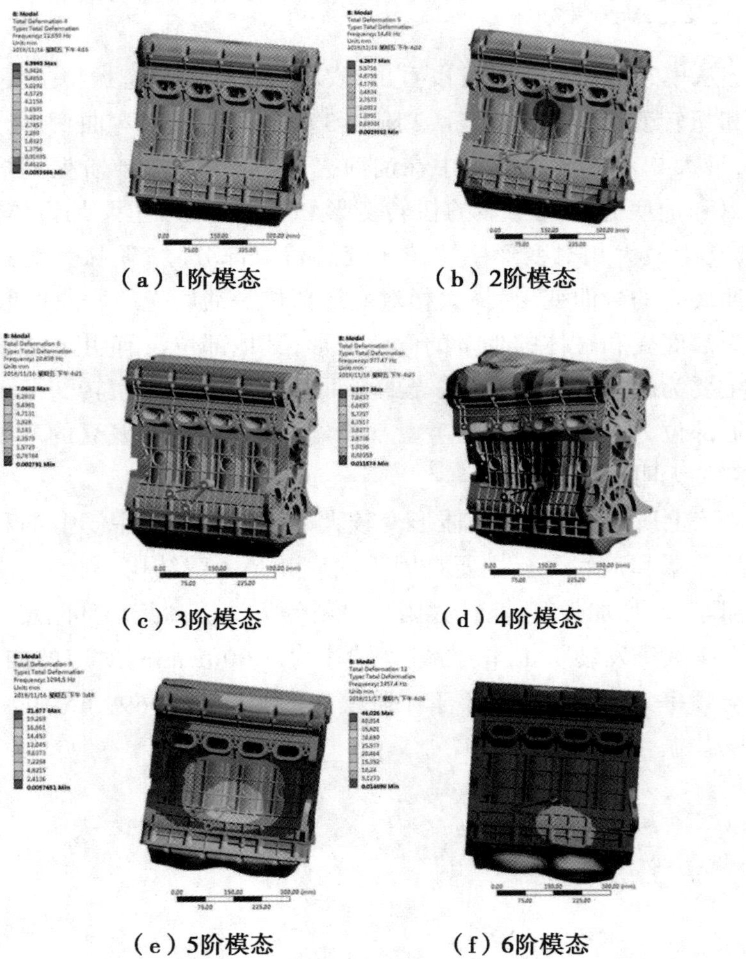

（a）1阶模态　（b）2阶模态

（c）3阶模态　（d）4阶模态

（e）5阶模态　（f）6阶模态

图 2-53　发动机机体前八阶模态振型

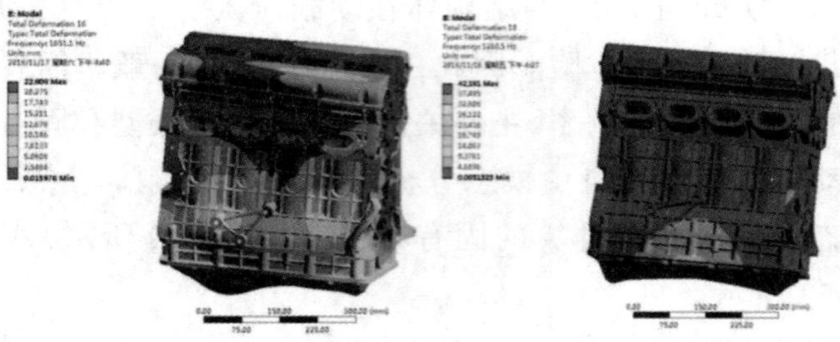

（g）7阶模态　　（h）8阶模态

图 2-53　发动机机体前八阶模态振型(续)

2.2.3.3 结果分析

从模态分析的结果可以看出,发动机机体的模态振型主要表现为弯曲和扭转变形。其中,1 阶、2 阶和 3 阶振型主要为弯曲变形,形变量较小,最大相对变形主要集中在油底壳右下端部分。4 阶振型缸体、气缸盖罩和油底壳出现明显的扭转变形和弯曲变形,主要是机体整体的扭振,其中最大相对变形主要位于气缸盖罩部分。5 阶振型为缸盖、缸体和油底壳的弯曲变形,最大相对变形部位是油底壳的弯曲变形。6 阶振型为油底壳和缸体的少量的弯曲变形,其他部位没有明显变形。7 阶振型主要为缸盖、缸体及油底壳的弯曲变形和轻微的扭转变形,最大相对变形部位为缸体外侧的法兰盘部位。8 阶振型为油底壳的弯曲变形,其他部位无明显变形。

综上所述,发动机机体形变较大的部位主要集中于上部和底部,即气缸盖罩和油底壳。主要是因为油底壳是薄壁结构,刚度较小,可以通过加厚壁、加加强筋、涂抹大阻尼材料等方法提高其局部刚度。

该汽车发动机工作时,最大转速为 6 000r/min,对应的四个缸燃烧振动频率为 200 Hz,远小于 1 阶模态的固有频率 699.65 Hz,因此不会激发共振。

# 2.3　汽车的行驶平顺性

## 2.3.1 汽车平顺性理论研究

### 2.3.1.1 汽车平顺性的机理

车辆行驶在不平道路时，由于道路的不平度及车辆运动部件随机振动使得车辆产生噪声和振动，过大的噪声和振动会损害驾驶员及乘客的驾乘舒适性及身心健康，可能会损坏随车物品及加快零部件的损坏，还会增加车轮与路面脱离的概率，从而降低车辆的操纵稳定性。

通常情况下，汽车平顺性研究的频率范围约为 0.5~25 Hz。汽车行驶在不平路面时，其激励会经由车轮、悬架、座椅等弹性及阻尼元件、簧下重量、簧上重量组成的多自由度系统传到身体。车速及路面不平度作为振动系统的输入，身体及物品的加速度响应作为输出。汽车平顺性的评价指标主要是传递至人体的加权加速度均方根值 WARMS（weighted acceleration root mean square）、撞击悬架限位的概率等。汽车平顺性的基本理论研究的目的是匹配悬架系统参变量、系统阻尼、零部件质量及模态，对振动传递路径进行阻断或减小振动强度，使得驾驶员及乘员所承受的振动与冲击在可接受的范围内，从而保证驾驶员及乘员的乘坐舒适性。汽车平顺性研究机理如图 2-54 所示。

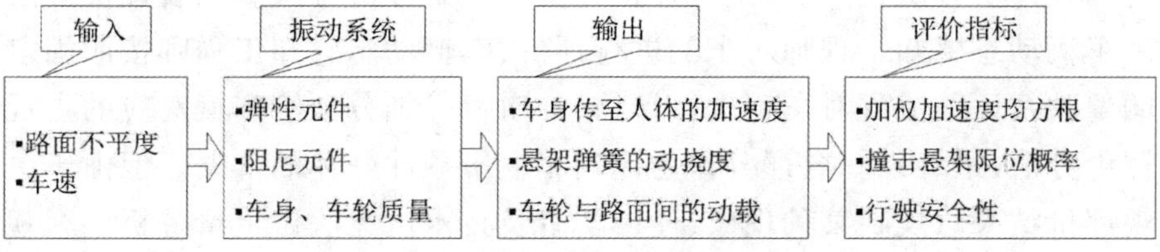


图 2-54　汽车平顺性研究机理导图

### 2.3.1.2 振动与人体关联性

如果是由制动踏板、油门踏板、转向盘、换挡杆等部件传递至手部、脚部、头部等的局部振动通常不会损害到人体的健康。如果是由座椅或靠背传递到臀部、腰部、背部的振动可能会损害到人体的健康。如果车辆振动与人体相应部位产生共振现象,会使人体有不舒适的感受,振动过大时甚至会损害人体的健康。车辆振动带来人体的不舒适度跟振动大小及频率相关。当振动频率小于 10 Hz 时,主要会引起腹部及胸部不舒适,当振动频率大于 10 Hz 时,会引起头部的不舒适。车辆振动还会影响人体各个器官的功能。

人体的构造可以看成一个由不同质量及模态的器官组成的振动系统,对人体不同频率的振动输入,人体所产生的生理变化也不同,所以,车辆的振动频率是评价对人体舒适性影响的关键参数之一。经研究数据表明:人体在车辆振动垂向频率为 4~8 Hz 时最为敏感,其对人体的伤害也是比较大的。一般情况下,车辆的共振频率在 3~4.5 Hz 范围内,与人体的体内器官的固有频率接近,容易让驾驶员及乘客感觉到不舒适。所以,需要对车辆行驶在不同路况下的振动响应进行研究,才可以使车辆振动频率与人体的固有频率错开,保证驾乘人员的乘车舒适性。

### 2.3.2 汽车平顺性评价方法

汽车平顺性研究的内容主要是研究评价方法及评价指标,最终以人体的主观感受来检验汽车行驶平顺性好坏,而人体的主观感受是主观因素,由于人体的身体构造存在差异,每个人对相同车辆的平顺性的感受及评价也会存在差异,使得车辆的平顺性评价也变得错综复杂。通常,有两种评价方法,分别为主观评价方法及客观评价方法。主观评价方法由车辆动态感知工程师对车辆进行评价,车辆动态感知工程师按照固定的驾驶及评估流程对车辆进行评估,针对每一细分项给车辆对应的主观评价分值,最终以综合评分作为评判车辆平顺性好坏的依据。但由于主观评价结果只反映某种现象,使得学者及技术员无法做定量分析。客观评价方法基于客观试验数据进行评价,除去了人体差异产生的主观因素,使得平顺性的评价更加准确。

#### 2.3.2.1 乘坐舒适性系数法

20 世纪 50 年代,Janeway 进行了大量的科学实验研究工作,建立了基准容许临界曲线理论,并基于该理论研究总结得出振动与人体生理反映的对应关系可以用 RCL 系数(振动输入与基准值的比例)来表示，RCL 系数对应人体的感受关系如表 2-10 所示。

表 2-10　RCL 系数对应人体的感受关系

| 体位 | RCL 系数 | 评价结果 |
|---|---|---|
| 站位 | <5 | 好 |
| | 5~10 | 不感到不愉快 |
| | 10~20 | 长时间连续振动时感到痛苦 |
| | >20 | 短时间受振时也感到痛苦 |
| 坐位 | <5 | 不感到不愉快 |
| | 5~10 | 长时间连续振动时感到不愉快 |
| | >10 | 短时间受振时也感到不愉快 |

2.3.2.2 吸收功率法

20 世纪 70 年代,美国装甲兵司令部研究员 Pradko 及 Leed 在进行人体传递特性研究的基础上,对承受振动的人体的主观反应做了一系列的实验,提出了吸收功率法。吸收功率法将人体看成是一个质量阻尼系统,在一定范围内是线性系统,外界对人体进行振动输入时,人体在一定的时间内将振动能量传递至全身,平均传递的振动功率称之为平均吸收功率。

时域内,平均吸收功率表示为

$$AP_{av}=\text{lin}\frac{1}{T}\int_0^T F(t)V(t)\mathrm{d}t$$

式中：$AP_{av}$ 为平均吸收功率；$F(t)$ 为输入力；$V(t)$ 为输入速度。

频域内,平均吸收功率表示为

$$AP_{av}=\sum_{i=0}^{N}K_i\left(Airms\right)^2$$

式中：$AP_{av}$ 为平均吸收功率；$K_i$ 为频响函数,为不同研究人员多次实验的平均值；$(Airms)^2$ 为各频率段的加速度均方根值。

吸收功率法是用瓦特这个物理单位来表征,对多通道的振动输入可以直接叠加为一个数值,有利于工程技术工作人员进行评价及设计。该方法没有制定一个与人体舒适性对应关系的标准,所以该方法只能对现有车辆进行评价，无法对新产品的开发进行预测并提出改进建议。

2.3.2.3 ISO 标准

1. 振动与人体关系

ISO2631-1（1997）在 ISO2631-1（1991）的基础上进行完善，其频率适用范围扩大为 0.5~80 Hz，该标准规定在座椅底板上全部 6 个方向（3 个平移方向：$x$，$y$，$z$，3 个旋转方向：$r_x$、$r_y$、$r_z$）产生的周期的、随机的和瞬态的振动，同样也适用于坐姿情况下人体座椅靠背处和放脚处的 3 个平移方向的振动。4~12.5 Hz 是座椅垂直方向 $z_s$ 的敏感频率段，因为该频率段人体内部组织产生共振。0.5~2 Hz 是座椅纵向 $x_s$ 及横向 $y_s$ 的敏感频率。将 0.5~80 Hz 的频率制定相应的轴加权系数。

2. 评价方法。

当峰值系数小于 9 时采用基本的评价方法对人体舒适性进行评价。纵向、横向及垂向的 WARMS 计算如下：

方法一，采用频率加权函数 $W(f)$ 的滤波网络计算，计算公式如下：

$$a_{\mathrm{w}}=\left(\frac{1}{T}\int_0^T a_{\mathrm{w}}^1(t)\right)^{\frac{1}{2}}$$

式中：$T$ 为振动的分析时间，一般取 120 s。

频率加权函数 $W(f)$ 可由下面的式子表示。

$$W_{\mathrm{k}}(f)=\begin{cases}0.5, 0.5<f<2\\ f/4, 2<f<4\\ 1, 4<f<12.5\\ 12.5/f, 12.5<f<80\end{cases}$$

$$W_{\mathrm{d}}(f)=\begin{cases}1, 0.5<f<2\\ 2/f, 2<f<80\end{cases}$$

$$W_{\mathrm{c}}(f)=\begin{cases}1, 0.5<f<8\\ 8/f, 8<f<80\end{cases}$$

$$W_{\mathrm{e}}(f)=\begin{cases}1, 0.5<f<1\\ 1/f, 1<f<80\end{cases}$$

方法二，通过对加速度时域进行频谱分析获得，计算公式如下：

$$a_w=\left(\int_{0.5}^{80}W^2(f)G_a(f)\mathrm{d}f\right)^{\frac{1}{2}}$$

纵向、横向及垂向的总 WARMS 计算如下：

$$a_w=\left[\left(1.4a_{xw}\right)^2+\left(1.4a_{yw}\right)^2+a_{zw}^2\right]^{\frac{1}{2}}$$

表 2-11 给出了 WARMS 对应人体的感受关系。

**表 2-11　WARMS 对应人体的感受关系**

| WARMS $\overline{a}_w$（$m/s^2$） | 人体的感受 |
|---|---|
| <0.315 | 感觉不到不舒适 |
| 0.315~0.63 | 有点不舒适 |
| 0.5~1 | 相当不舒适 |
| 0.8~1.6 | 不舒适 |
| 1.25~2.5 | 非常不舒适 |
| >2 | 极不舒适 |

当峰值系数大于 9 时采用辅助评价方法对人体舒适性进行评价，其计算公式如下：

$$\mathrm{VDV}=\left[\int_0^T a_w^4(t)\mathrm{d}t\right]^{\frac{1}{4}}$$

式中：$a_w(t)$ 为加权加速度时域数据；$T$ 为作用时间。

#### 2.3.2.4 国标标准

我国作为 ISO 国际标准组织的成员国之一，国标 GB/T4970—2009 标准是参考了 ISO2631-1：1997 制定的，与 ISO2631-1：1997 的一致性程度为非等效。

该标准对汽车平顺性试验的试验条件、试验方法、评价指标、数据处理要求做了详细的规定，人体坐姿坐标系综合评估了座椅坐垫上方、座椅靠背和脚部地板的三个方向上的线振动，同时还评估了座椅坐垫上方三个方向上的角振动。试验时以座椅坐垫上方、座椅靠背及脚部地板作为测点，同时测量测点三个方向的振动。

以三轴向 WARMS 的振动总量作为评价指标。

1. 脉冲输入行驶评价方法

（1）基本评价方法。

当峰值系数小于 9 时，用座椅坐垫上方、座椅靠背及脚部地板、车厢地板的最大加速度 $\ddot{Z}_{max}$ 进行评价，计算式如下：

$$\ddot{Z}_{max} = \frac{1}{n}\sum_{j=1}^{n}\ddot{Z}_{max\,j}$$

式中：$n$ 为试验次数，$n \geqslant 5$。

（2）辅助评价方法。

当峰值系数大于 9 时，基本评价方法不能完全评价人体的感受，需要采用辅助评价方法进行评价，由 $\mathrm{VDV}=\left[\int_0^T a_w^4(t)\mathrm{d}t\right]^{\frac{1}{4}}$ 计算。

2. 随机输入行驶评价方法

对驾驶员（或乘员）人体及脚部地板位置的舒适性采用 WARMS 进行评价，并分别用 $\bar{a}_{wx}$、$\bar{a}_{wy}$、$\bar{a}_{wz}$ 表示纵向、横向及垂向 WARMS。人体及脚部地板位置的振动以总 WARMS 进行评价。货车车厢以 WARMS 进行评价。

（1）单轴向 $\bar{a}_w$ 的计算。

1/3 倍频 WARMS 的表达式如下：

$$\bar{a}_j = \left[\int_{f_{uj}}^{f_{ij}} G_a(f)\mathrm{d}f\right]^{\frac{1}{2}}$$

式中：$\bar{a}_j$ 为中心频率为 $f_i$ 的第 $j$（$j=1,2,\cdots,23$）个 1/3 倍频 WARMS；$f_{ij}$、$f_{uj}$ 分别是 1/3 倍频中心频率为 $f_i$ 的上、下限频率（见表 2-12）；$G_a(f)$ 为加速度 PSD。

**表 2-12　1/3 倍频率分布**

| 1/3 倍频率中心频率 $f_i$/Hz | $f_i$ 的下限频率 $f_{ij}$/Hz | $f_i$ 的上限频率 $f_{uj}$/Hz |
|---|---|---|
| 0.50 | 0.45 | 0.57 |
| 0.63 | 0.57 | 0.71 |
| 0.80 | 0.71 | 0.90 |

续表

| 1/3 倍频率中心频率 $f_i$/Hz | $f_i$ 的下限频率 $f_{ij}$/Hz | $f_i$ 的上限频率 $f_{uj}$/Hz |
|---|---|---|
| 1.00 | 0.90 | 1.12 |
| 1.25 | 1.12 | 1.40 |
| 1.60 | 1.40 | 1.80 |
| 2.00 | 1.80 | 2.24 |
| 2.50 | 2.24 | 2.80 |
| 3.15 | 2.80 | 3.55 |
| 4.00 | 3.55 | 4.50 |
| 5.00 | 4.50 | 5.60 |
| 6.30 | 5.60 | 7.10 |
| 8.00 | 7.10 | 9.00 |
| 10.00 | 9.00 | 11.20 |
| 12.50 | 11.20 | 14.00 |
| 16.00 | 14.00 | 18.00 |
| 20.00 | 18.00 | 22.40 |
| 25.00 | 22.40 | 28.00 |
| 31.50 | 28.00 | 35.50 |
| 40.00 | 35.50 | 45.00 |
| 50.00 | 45.00 | 56.00 |
| 63.00 | 56.00 | 71.00 |
| 80.00 | 71.00 | 90.00 |

然后，再按下式计算 $\overline{a}_{\mathrm{w}}$ ：

$$\overline{a}_{\mathrm{w}} = \left[\sum_{j=1}^{23}\left(\omega_j a_j\right)^2\right]^{\frac{1}{2}}$$

式中：$\omega_j$ 为轴加权系数，对应位置测点的加权系数分别表示为 $\omega_{\mathrm{k}}$、$\omega_{\mathrm{d}}$、$\omega_{\mathrm{c}}$，见表 2–13。

**表 2–13　对应位置测点的加权系数**

| 位置 | 坐标轴名称 | 频率加权函数 $\omega_j$ |
|---|---|---|
| 座椅上方 | 纵向 | $\omega_{\mathrm{d}}$ |
| | 横向 | $\omega_{\mathrm{d}}$ |

续表

| 位置 | 坐标轴名称 | 频率加权函数 $\omega_j$ |
|---|---|---|
| | 垂向 | $\omega_k$ |
| 靠背 | 纵向 | $\omega_c$ |
| | 横向 | $\omega_d$ |
| | 垂向 | $\omega_d$ |
| 脚 | 纵向 | $\omega_k$ |
| | 横向 | $\omega_k$ |
| | 垂向 | $\omega_k$ |

对于采集了加速度时域数据，可由表 2-14 的系数进行频率加权滤波网络计算 $\overline{a}_w$：

$$\overline{a}_w=\left[\frac{1}{T}\int_0^T a_w^2(t)\,\mathrm{d}t\right]^{\frac{1}{2}}$$

式中：$a_w(t)$ 为加权加速度时域数据；$T$ 为作用时间。

（2）总 WARMS 计算。

座椅坐垫上方、座椅靠背及脚部地板处的 WARMS 表达式如下：

$$\overline{a}_{vj}=\left(k_x^2\overline{a}_{wx}^2+k_y^2\overline{a}_{wy}^2+k_z^2\overline{a}_{wz}^2\right)^{\frac{1}{2}}$$

式中：$\overline{a}_{wx}$ 为纵向 WARMS；$\overline{a}_{wy}$ 为横向 WARMS；$\overline{a}_{wz}$ 为垂向 WARMS；$k_x, k_y, k_z$ 为各轴轴加权系数；$\overline{a}_{vj}$ 为某点总 WARMS。

总 WARMS 计算参照表 2-14。

**表 2-14　座椅坐垫上方、座椅靠背及脚部的加权系数**

| 位置 | 坐标轴名称 | 频率加权函数 $\omega_j$ |
|---|---|---|
| 座椅坐垫上方 | 纵向 | $k_x$ =1.00 |
| | 横向 | $k_y$ =1.00 |
| | 垂向 | $k_z$ =1.00 |
| 靠背 | 纵向 | $k_x$ =0.80 |
| | 横向 | $k_y$ =0.50 |

续表

| 位置 | 坐标轴名称 | 频率加权函数 $\omega_j$ |
|---|---|---|
| | 垂向 | $k_z$ =0.40 |
| 脚 | 纵向 | $k_x$ =0.25 |
| | 横向 | $k_y$ =0.25 |
| | 垂向 | $k_z$ =0.50 |
| $\overline{a}_{\mathrm{v}}=\left(\sum\overline{a}_{\mathrm{v}j}^{2}\right)^{\frac{1}{2}}$ | | |

该标准建议用座椅坐垫上方、座椅靠背及脚部地板的总 WARMS 来评价。

WARMS 对应人体的感受关系如表 2-15 所示。

**表 2-15　WARMS 对应人体的感受关系**

| 总 WARMS $\overline{a}_{\mathrm{v}}$ /（$\mathrm{m/s^2}$） | 人的主观感受 |
|---|---|
| <0.315 | 感觉不到不舒适 |
| 0.315~0.63 | 有点不舒适 |
| 0.5~1 | 比较不舒适 |
| 0.8~1.6 | 不舒适 |
| 1.25~2.5 | 非常不舒适 |
| >2 | 极不舒适 |

### 2.3.2.5 烦恼率评价法

国内的科研人员为了更加准确地评估车辆振动对人体的影响，经过近年来的研究工作，提出了一种基于烦恼率的汽车平顺性评价方法。

烦恼率是指无法接受一定强度的振动的人数占比。在进行数据统计时通常出现离散型分布和连续型分布两种情况。离散型分布的烦恼率计算如下式：

$$A(a_{\mathrm{w}i})=\frac{\sum_{j=1}^{m}v_j n_{ij}}{\sum_{j=1}^{m}n_{ij}}=\sum_{j=1}^{m}v_j p(i,j)$$

式中：$v_j$ 为第 $j$ 种“无法接受”的隶属度；$n_{ij}$ 为第 $i$ 个振动第 $j$ 类主观感受人数；$m$ 为主观感受的级别，通常 $m$=5；$\sum_{j=1}^{m} n_{ij}$ 为统计的总数量；$p(i,j)=\dfrac{n_{ij}}{\sum_{j=1}^{m} n_{ij}}$ 为人体感受差异度。

连续型分布的烦恼率计算如下式：

$$A(a_{wi})=\int_{\mu_{\min}}^{\infty}\frac{1}{\sqrt{2\pi}\sigma_{\ln}\mu}\exp\left[\frac{-\left(\ln\dfrac{\mu}{a_w}+0.5\sigma_{\ln}^2\right)^2}{2\sigma_{\ln}^2}\right]v(u)\mathrm{d}u$$

式中：$a_w$ 为加权振动强度；$\sigma_{\ln}=\sqrt{\ln\left(1+\delta^2\right)}$，$\delta$ 为变异系数，一般取 0.1~0.5；$v(u)$ 为隶属度函数。$v(u)$ 由下式表示：

$$\begin{cases} v(u)=0, u<u_{\min} \\ v(u)=a\ln u+b, u_{\min}<u\le u_{\max} \\ v(u)=1, u<u_{\max} \end{cases}$$

式中：$u_{\max}$ 为人体“未感受到”的振动上限值；$u_{\min}$ 为人体“无法接受”的振动下限值；$a$、$b$ 可由

$$\begin{cases} a\ln u_{\min}+b=0 \\ a\ln u_{\max}+b=1 \end{cases}$$

计算获得。

# 第3章　汽车座椅舒适性设计

本章主要对汽车座椅骨架的模态、汽车座椅骨架的拓扑优化、汽车座椅骨架的动态特性、基于ANSYS有限元分析的座椅建模与计算、汽车驾驶座椅的人机工程学设计进行了研究与分析，探讨汽车座椅的舒适性。

## 3.1　某汽车座椅骨架的模态分析

汽车座椅是汽车内饰的重要组成部分，也是人体直接与车身相连接的重要部件，它直接影响乘坐的舒适性和安全性，其中汽车座椅骨架是汽车座椅的主要承载结构，对汽车座椅的性能有着重要的影响。

对汽车座椅骨架的模态分析可以预测座椅与乘坐者之间发生动态干扰的可能性，通过整车的动态特性优化，可以延缓汽车座椅骨架的疲劳破坏，降低振动噪声等，解决了通常静态分析难以解决的问题。

在实际应用中常常用仿真软件来替代实验，这不仅可以节约大量的研发和实验经费，还能缩短产品的开发周期。同时随着Workbench的应用越来越广泛，需要处理的模型也更加烦琐复杂，其自身的建模功能有许多不足之处，而Proe可以建立非常复杂的三维实体模型，具有强大的参数化建模能力，因此本节利用三维建模软件Proe和有限元软件Workbench联合仿真分析。

### 3.1.1 汽车座椅骨架有限元模型的建立

在建立几何模型时应该尽量精确,以保证计算结果的准确性,但汽车座椅骨架通常会由上百个零件组成,如对所有零件建模,建模所用的时间与计算量都会增加,因此本节在不影响仿真精度的前提下,对汽车座椅骨架的主要支撑部件进行精确建模与定位,其他部件进行简单建模或忽略。

利用三维建模软件 Proe 建立某汽车座椅骨架模型,模型主要分为三个部分:靠背骨架、坐垫骨架和调角器。靠背骨架主要部件包括:靠背骨架钢管、靠背连接板、靠背加强板。坐垫骨架主要包括座盆、坐垫骨架钢管和坐垫连接板。其中靠背骨架的高为 520 mm,宽为 500 mm,坐垫骨架的长和宽都为 480 mm。靠背骨架钢管与坐垫骨架钢管材料均为 Q235 钢,靠背连接板与坐垫连接板等部件的材料为冷轧钢 ST12。材料参数如表 3-1 所示。

表 3-1　材料参数

| 名称 | 密度 / ( $kg/m^3$ ) | 泊松比 | 弹性模量 /GPa | 屈服极限 /MPa |
|---|---|---|---|---|
| ST12 | 7 860 | 0.3 | 210 | 275 |
| Q235 | 7 860 | 0.3 | 210 | 235 |

将建立好的三维几何零件模型进行装配后,通过 Workbench 中内置接口,导入 Workbench 中进行网格划分,单元类型以 Soild186 单元为主。Soild186 单元是高阶 20 节点固体结构单元,它具有二次位移模式,可以更好地模拟不规则的几何形状,使仿真更加精确。汽车座椅骨架共划分总节点数为 133 115,单元总数为 61 418。汽车座椅骨架的有限元模型如图 3-1 所示。

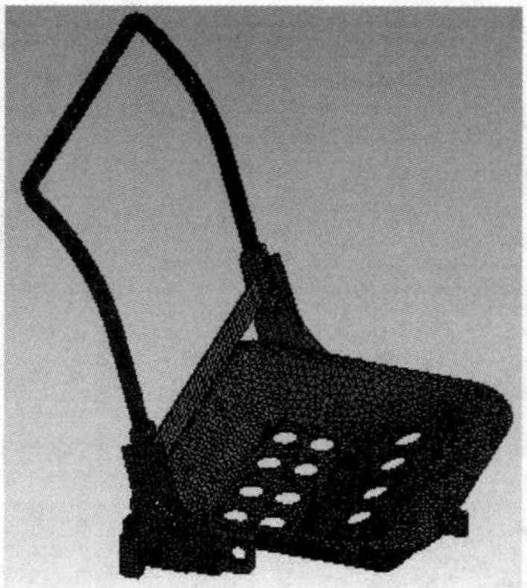

图 3-1　汽车座椅骨架的有限元模型

### 3.1.2 汽车座椅骨架的模态分析

模态分析是工程计算中的常用工具，常被用来分析给定结构的振动特性，它的本质是将物理模型转化为模态模型。模态分析需要已知结构的材料特征、几何形状和边界条件，将结构的刚度分布、质量分布和阻尼分布，分别用刚度矩阵、质量矩阵和阻尼矩阵表示出来，通过这些信息来获取系统的模态参数。

根据实际情况将汽车座椅骨架底部的固定板进行约束，在 Workbench 中的约束类型中选择“Fixed Support”。在进行模态分析时，一般不需要求出结构的所有固有频率和振型，本节提取汽车座椅骨架的前十阶固有频率值和振型。汽车座椅骨架的前十阶模态振型如图 3-2 所示，固有频率值如表 3-2 所示。

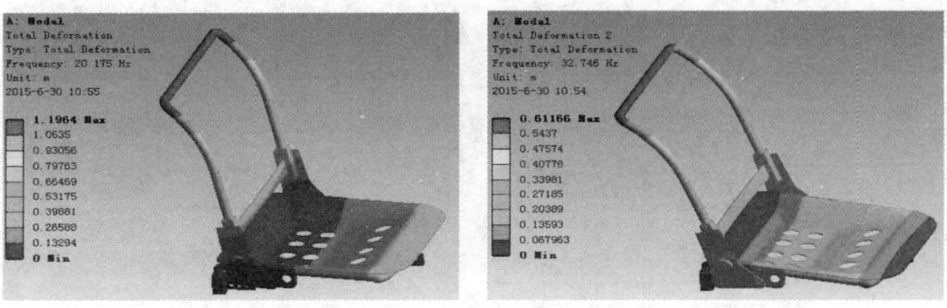


（a）1 阶模态　　（b）2 阶模态

图 3-2　汽车座椅骨架的前 10 阶模态振型

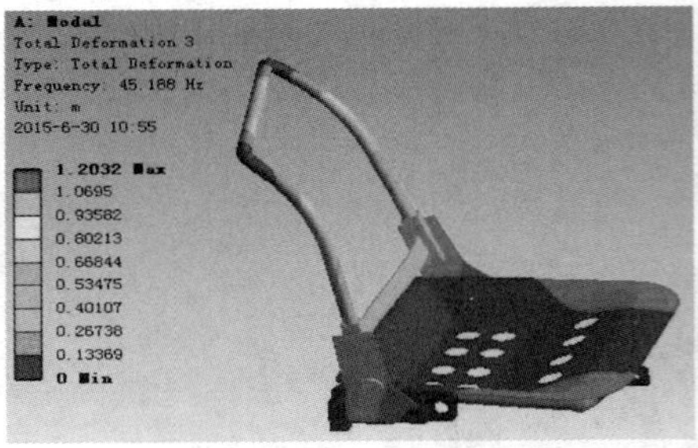


(c)3 阶模态

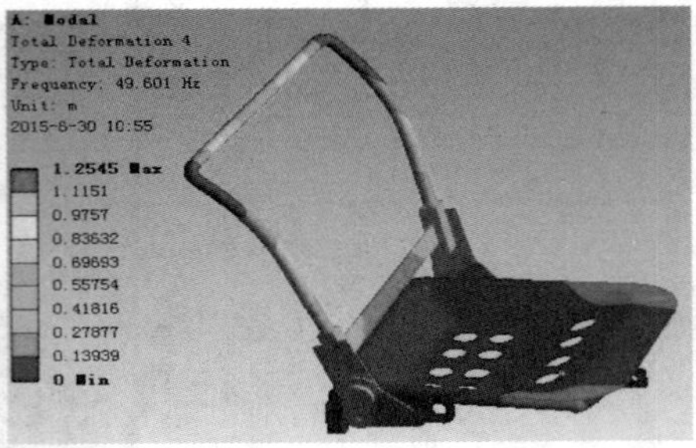


(d)4 阶模态

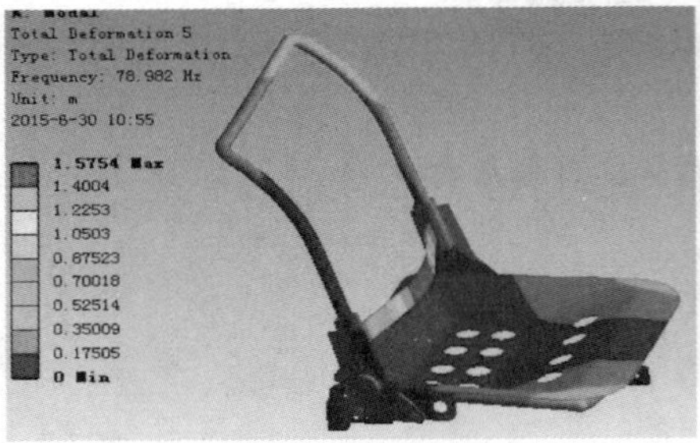


(e)5 阶模态

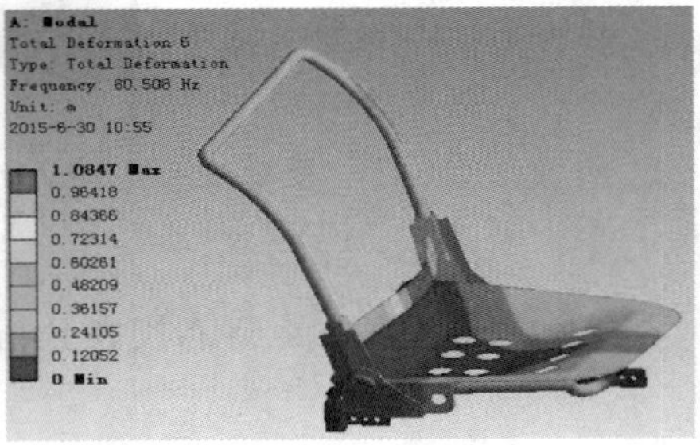


(f)6 阶模态

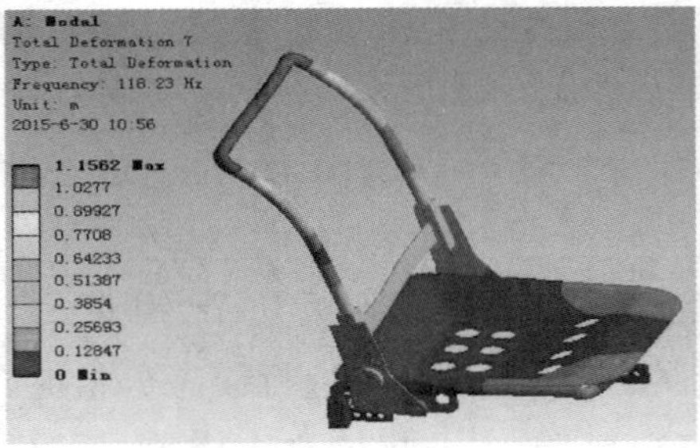


(g)7 阶模态

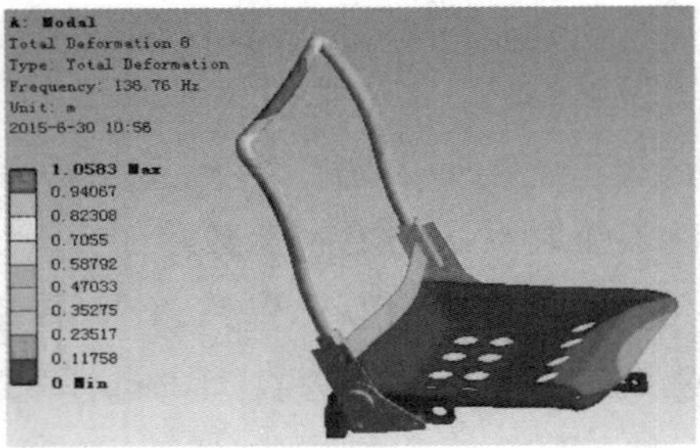


(h)8 阶模态

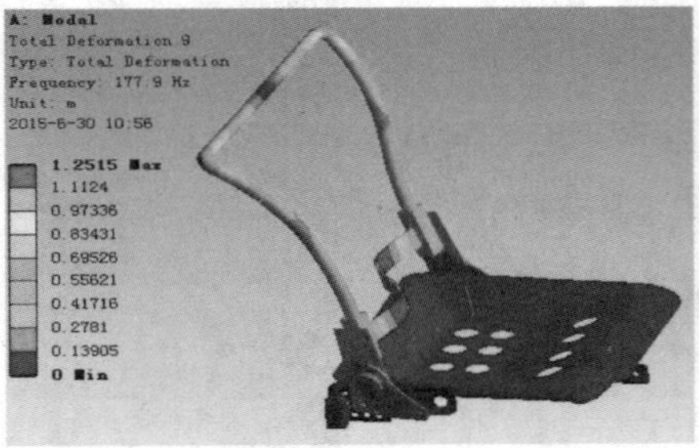


(i)9 阶模态

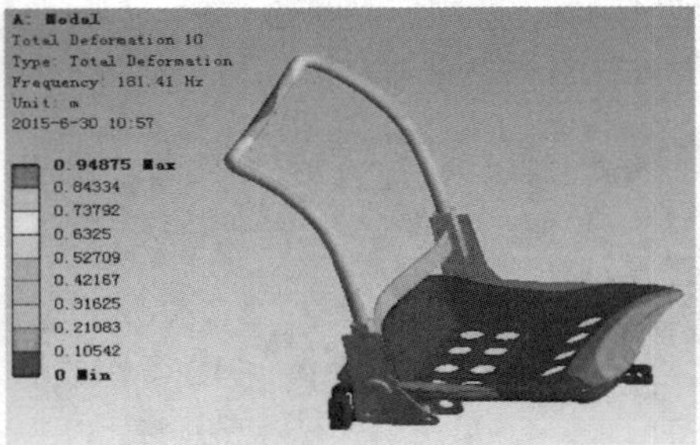


(j)10 阶模态

图 3-2 汽车座椅骨架的前 10 阶模态振型(续)

表 3-2　汽车座椅骨架的前十阶固有频率值

| 阶数 | 1 | 2 | 3 | 4 | 5 | 6 | 7 | 8 | 9 | 10 |
|---|---|---|---|---|---|---|---|---|---|---|
| 频率（Hz） | 20.18 | 32.75 | 45.19 | 49.6 | 78.98 | 80.51 | 118.23 | 136.76 | 177.9 | 181.41 |

从模态分析的结果可以看出，汽车座椅骨架的振型主要表现为弯曲和扭转变形。其中 1 阶振型为靠背骨架整体、调角器局部和坐垫骨架中前部的扭转变形，最大相对变形位于靠背骨架钢管上端中部。2 阶振型为汽车座椅骨架整体的扭转变形，最大相对变形位于坐垫骨架前部。3 阶与 4 阶振型为靠背骨架、调角器局部和坐垫骨架局部的弯曲变形，最大相对变形均位于靠背骨架钢管上端角处。5 阶与 6 阶振型为靠背骨架、调角器和坐垫骨架局部的弯曲变形，最大相对变形均位于靠背加强板中部。7 阶振型为靠背骨架与调角器的弯曲与侧摆变形和坐垫骨架局部弯曲的复合变形，最大相对变形位于靠背骨架钢管上端角处。8 阶振型为靠背骨架，调角器和坐垫骨架前部的弯扭复合变形，最大相对变形位于坐垫骨架钢管的上端中部。9 阶振型为靠背骨架的弯扭复合变形，最大相对变形位于靠背加强板中部。10 阶振型为靠背骨架、调角器和坐垫骨架局部的弯扭复合变形，最大相对变形位于靠背骨架钢管上端中部。

人体各部分器官的共振频率：眼为 20 ~ 25 Hz、胸部为 4 ~ 6 Hz、手臂为 10 ~ 20 Hz、肩部为 2 ~ 6 Hz、躯干为 3 ~ 6 Hz、脊柱为 3 ~ 5 Hz、胃为 4 ~ 5 Hz。如果人体部分器官出现共振现象，将会引起相应的生理变化，对人体的健康产生不利的影响。从表 3-2 频率值可以看出，汽车座椅骨架的 1 阶固有频率值与人体的眼部和手臂的共振频率值相近，所以如座椅骨架在此频率下发生共振可能会引起乘坐者不舒适的感觉。汽车其他各部分部件的固有频率值也应该避免出现在汽车座椅骨架的固有频率值附近，防止可能由共振引起的结构破坏。

## 3.2 汽车座椅骨架的拓扑优化研究

小型化、轻量化、模块化、电子化、系列化、自动化、智能化及个性化是2000年以来整车发展的趋势，实现汽车轻量化意味着节约材料及燃油。而使用汽车、制造汽车及原材料的提炼的燃油比例大约为85∶5∶10，据调查显示，当汽车质量每减少100 kg，可以节省油0.2～0.3 L/100 km，在资源越来越贫乏的今天，节省燃油刻不容缓。因此，各国的汽车制造商们都想方设法地减轻汽车质量。

汽车座椅是联系车与人的重要部件，汽车座椅骨架又是汽车座椅的主要承载结构，其结构的好坏既影响乘坐者乘坐的舒适性也影响到座椅的寿命。当今汽车制造业的发展日趋成熟，座椅的制造技术也在不断发展，这就要求在设计汽车座椅时，需要尽可能地减轻汽车质量，同时还要满足座椅骨架的强度、刚度及工艺改造等因素要求，所以对汽车座椅骨架的结构设计具有重要的意义。

汽车轻量化的一种方法是结构的优化设计。结构优化是指在满足给定的条件下，寻找给定目标函数的极大值或者极小值的过程。结构优化根据设计变量的不同，分为尺寸优化、形状优化和拓扑优化。而结构的拓扑优化是指在给定的外载荷和边界条件下，在满足约束的前提下通过改变结构拓扑使结构性能达到最优。相对尺寸优化、形状优化而言，结构拓扑优化的经济效益更为突出，因此在优化设计中产生新构型是结构实现智能自动化设计所必不可少的条件。

拓扑优化理论最早是在桁架等离散结构上应用，比较好地解决了这些简单的问题，但是不能很好地解决连续体结构的拓扑优化。后经有关科研人员的艰苦探索和不懈努力，提出了均匀法、变厚度法、变密度法等解决连续体结构拓扑优化的新方法。

本节主要应用拓扑优化方法，以人体压力分布为约束条件，对坐垫进行结构优化；根据镁合金材料特点及加工特点修改座椅模型；再对调整后的座椅进行静力学分析，检测其是否满足汽车座椅的要求。

### 3.2.1 拓扑优化数学模型

拓扑优化中的均匀化优化方法,其基本思想是在拓扑优化中引入所谓微结构,该方法以孔洞尺寸为设计变量,以孔洞尺寸的消长实现微结构的增删,从而改变结构拓扑。四种微结构形式如图 3-3 所示。

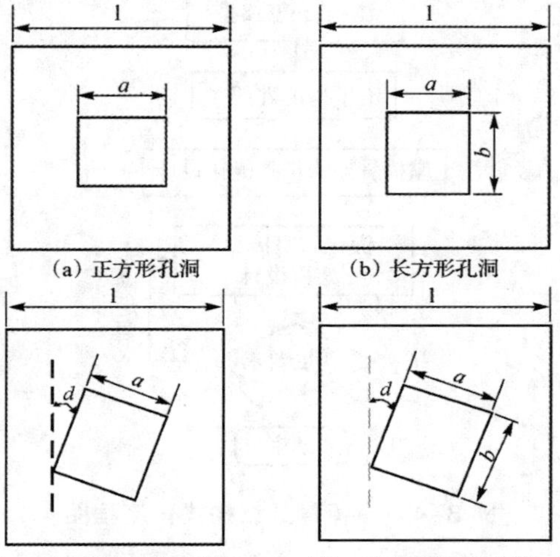


(a) 正方形孔洞　(b) 长方形孔洞

(c) 一定角度的正方形孔洞　(d) 一定角度的正方形孔洞

图 3-3　四种微结构形式

Bendsoe 给出了以结构柔度最小为目标的拓扑优化模型:

$$\text{find } a_i\left(i=1,2,\cdots,n\right)$$

$$\min C\ ;$$

$$\text{s.t.}\, v \le V_{\max}$$

式中: $a_i$ 为微结构中正方形孔的边长; $C$ 为结构柔度; $V$ 为结构实际体积; $V_{\max}$ 为给定的结构最大体积。

### 3.2.2　汽车座椅骨架轻量化研究

#### 3.2.2.1 座椅结构优化流程的制定

汽车座椅的轻量化设计就是在保证座椅骨架结构、性能要求和可制造性的前提下,应用优化设计的方法, 减少多余的材料,提高材料的利用率，以达到骨架结构轻量化的目的。因此，本研究制定相关的设计流程结构图来提高座椅的设计效率，流程图如图 3–4 所示。轻量化的另一种方法是在满足力学性能的要求下选用轻质材料，本研究中的骨架选用镁合金材料，材料参数如表 3–3 所示。

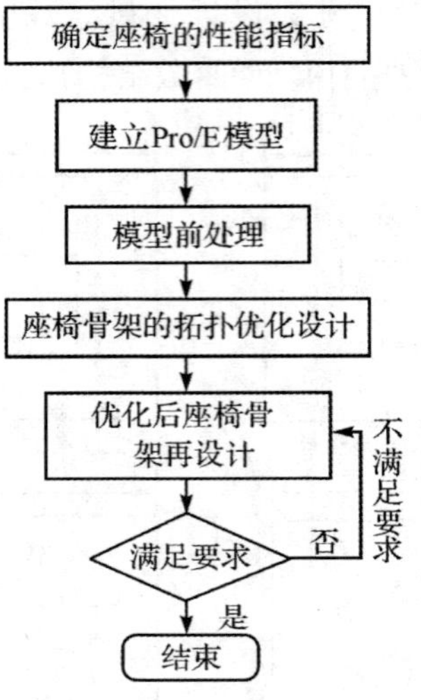


**图 3–4　座椅骨架结构优化流程图**

**表 3–3　骨架的材料参数**

| 名称 | 密度 /（kg/m$^3$） | 弹性模量 /GPa | 泊松比 | 强度极限 / MPa | 屈服极限 / MPa |
|---|---|---|---|---|---|
| ST12 | 7 680 | 2.10 | 0.30 | 340 | 275 |
| Q235 | 7 800 | 0.45 | 0.33 | 220 | 131 |

3.2.2.2 座椅骨架的建模及其有限元分析

汽车座椅对舒适性影响很大，世界各国有关厂家都运用人机工程学原理来设计和研究开发座椅。其中要充分考虑人体尺寸、人体重量、乘坐姿态和体压等因素。

根据人机工程学设计座椅时，其各部分与人体要有紧密的贴合感，由于坐骨粗壮，其周围肌肉要承受很大的压力，大腿底部有神经系统和大血管，压力过大时神经传导会感到不适，还会影响血液循环。本研究按照臀部不同部位不同压力的原则来分布坐垫上的压力，即坐骨处压力最大，向四周逐渐减小，到大腿部位的压力降到最小值。腰椎在承受人上体全部重量的同时，还会因人体运动如弯腰等活动，使腰曲超出正常脊柱生理弧型，从而产生腰曲变形。所以，腰椎部分最易受到损伤，腰曲变形严重。在设计座椅时，主要考虑两个方面：首先为了减轻颈椎的压力，要设计肩靠，大约在人的第五和第六节颈椎的地方；其次就是腰靠，支撑腰部，减小因弯腰驾驶产生的疲惫感，就像靠枕一样，垫在腰部，让驾驶员可以轻松驾驶。

根据汽车设计对人体的布置和舒适坐姿要求，不仅要进行座椅布置，还要进行座椅和操纵装置相对位置的确定；按照坐姿舒适性选择座椅坐垫座深、座宽、高度，以及坐垫倾角、靠背与坐垫夹角和靠背的高；确定方向盘与座椅、加速踏板与座椅及操纵装置与座椅的相对位置，同时还要确定座椅的水平和垂直调节量。

最后再根据镁合金材料特点，应用 Pro/E 建立实体装配模型如图 3-5 所示。其中，座椅坐垫的长、宽、高；靠背的长、宽尺寸以及坐垫与靠背倾角如表 3-4 所示。

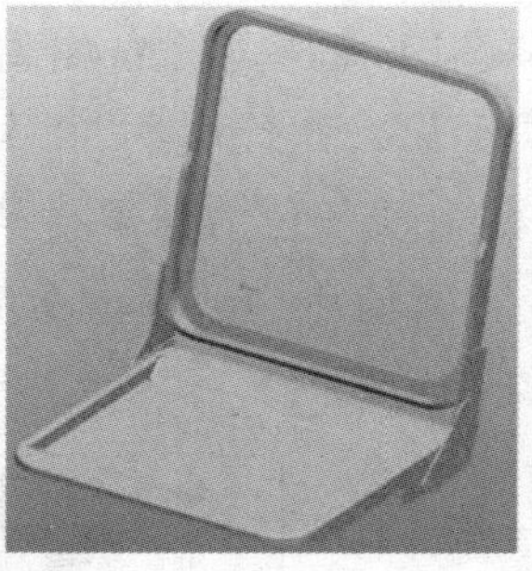

图 3-5　座椅骨架的 Pro/E 实体装配模型

表 3-4　座椅骨架基本尺寸

| 参数 | 参数数值 |
|---|---|
| 靠背长 /mm | 512 |
| 靠背宽 /mm | 520 |
| 坐垫长 /mm | 500 |
| 坐垫宽 /mm | 500 |
| 坐垫深 /mm | 40 |
| 靠背倾角 /（°） | 105~110 |

3.2.2.3 座椅拓扑优化设计

本研究主要是应用 ANSYS 对座椅坐垫进行优化设计，因此需将 Pro/E 模型导入 ANSYS 中，对其进行数据合并等处理。对坐垫进行优化时，笔者先将坐垫简化并进行网格划分，设置单元尺寸为 10 mm，单元类型为六面体单元，模型总节点数为 12 584，单元数为 7 500。座椅的工况以压力为主，约束位置为左、右两侧。

ANSYS 中的拓扑优化模块与传统的优化设计不同，拓扑优化不需要给出参数和优化变量的定义，目标函数、状态变量和设计变量都是预定义好的，用户只要给出结构参数（材料特性、模型、载荷等）。在满足 $V$=60（也就是满足最大刚度准则要求的情况下省去 60% 的材料）的条件下，根据表 3-3 设定座椅的材料属性，坐垫边框设为不优化区域，约束条件为所承受人体载荷。人体与座椅之间的压力分布，是影响乘坐舒适性的重要因素。在人就座时，约 80% 的身体重量经过臀部、背部隆起部分及其附着的肌肉压在座椅面上，因此坐姿的体压分布同时也是设计座椅结构的重要因素之一。座椅压力分布如图 3-6 所示。本研究设定省去材料 60%，载荷工步数为 4，迭代次数 30 次，进行拓扑优化，得到结果如图 3-7 所示。图 3-7 中，浅灰色为保留材料，深灰色为去除的材料，从结果中看出，保留区域与座椅压力载荷的分布基本一致，压力值大的地方，是优化结果中保留最多的部分。

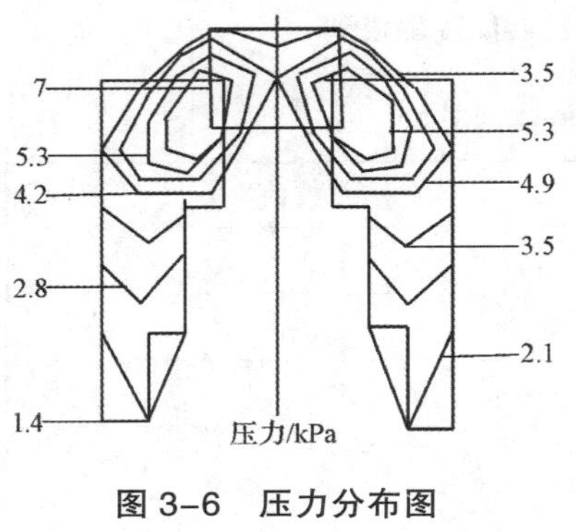


**图 3-6　压力分布图**

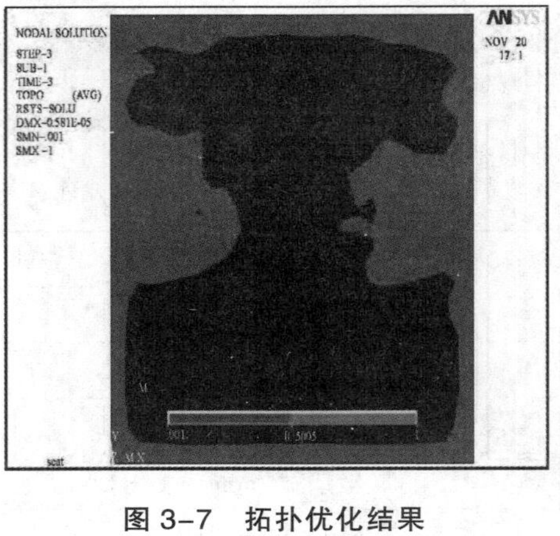


**图 3-7　拓扑优化结果**

3.2.2.4 基于拓扑优化的新座椅坐垫设计

拓扑优化的结果确定座椅坐垫的结构造型。由于该坐垫是镁合金M60压铸件，设计压铸件时，不仅要考虑其工作功能和力学性能的要求，还要考虑合金铸造性、铸造工艺对铸造结构的要求。铸造结构设计是否合理，对铸件质量、生产率和制造成本都有很大的影响。

采用压铸的加工方法时，在结构设计中，薄壁及均匀壁厚是压铸工艺中基本的设计原则。本研究所选用的材料镁合金流动性好，用来压铸薄壁件时就不会出现热裂和浇不足等问题。拓扑优化后的坐垫壁厚均匀。一般来说，镁合金的正常压铸壁厚为 2 ~ 4 mm。在无须特殊加工的条件下，可压铸壁厚最小可达 0.635 mm 的薄壁压铸件。经过拓扑优化后的坐垫厚度为 10 mm，综合座椅结构及根据镁合金压铸件要求的壁厚，定为 4 mm。在使用压铸方法加工产品时，容易出现应力集中、裂纹等缺陷，因此，设计压铸件的过渡方法是选用圆弧渐变过渡。而衔接处的圆角半径应该尽量选用准许范围内的最大值，其最小也不能小于压铸件的最小壁厚。

在使用压铸方法加工产品时，容易出现应力集中、裂纹等缺陷，因此，设计压铸件的过渡方法是选用圆弧渐变过渡。而衔接处的圆角半径应该尽量选用准许范 围内的最大值，其最小也不能小于压铸件的最小壁厚。

通常推荐脱模斜度一般是 2° ~ 5° ，也可见斜度为 1° ~ 3° 的设计。镁合金有优良的热收缩特性，而与铁的亲和度较低，因此有时可采用零拔模斜度。在型芯和壁设定时，较小的脱模斜度能使压铸件重量大幅度地减轻。因此坐垫在设计时选用零拔模斜度。

分型线选择时，为了防止侧凹产生，简化模具制造过程及降低成本，在设计孔时，应该合理设置加工余量、直径与深度比等。本研究中座椅坐垫有孔的设计，孔比较大，坐垫厚度较小，这方面的问题不大。

在压铸件加工完时，需要推杆将压铸件顶出，所以设计时还要规定浇口位置，将推杆的位置预留出来。

根据镁合金压铸件的设计原则、压铸的工艺特点以及对坐垫拓扑优化的结果，修改后的座椅坐垫模型如图 3-8 所示，应用 Pro/E 装配座椅整体结构如图 3-9 所示。

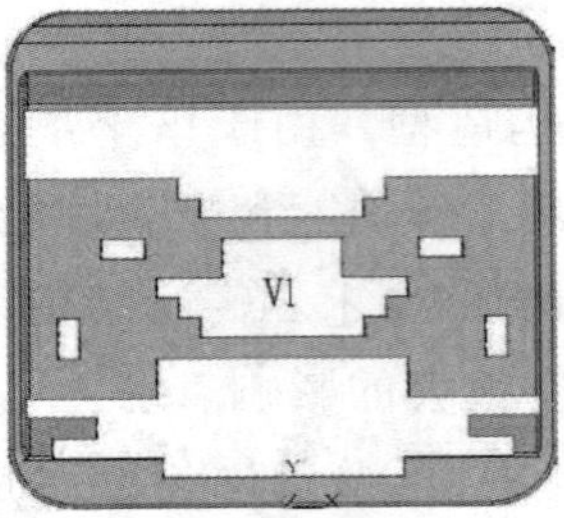


图 3-8　坐垫骨架结构

图 3-9　修改后座椅骨架整体结构

### 3.2.3 优化后座椅结构静力学分析

本研究将优化后的模型导入 ANSYS，导入后需要重合的点、线、面、体先用 Merge Item 合并，来减少单元的数量。座椅骨架基本上由板及管构成，只承受弯曲应力和剪切应力，因此笔者选取 Solid 单元，大多数座椅骨架为焊接而成的，实体单元之间就需要刚性连接，此时选用刚性单元。本研究选用六面体和四面体对优化后的座椅骨架进行网格划分。

3.2.3.1 新座椅进行总成静强度分析

边界条件的确定：对座椅分析模型的加载方式和固定方式，要根据具体的材料性能、安装和固定方式而定。对于该座椅而言，轿车驾驶员座椅、座椅骨架坐垫后两端及前端面支撑，其他位置没有与车身钣金相连，在分析计算模型中，对这 4 个安装固定点而言，笔者采取假定螺栓不破坏的形式，直接采用刚性连接方式约束。

座椅的重心是(87,0,−88)，坐标中心在座椅的铰链中心。座椅骨架质量为 6.22 g，因此将 1 217.16 N 的力向前、向后分别作用到质心处，质心位置如图 3-10 所示。

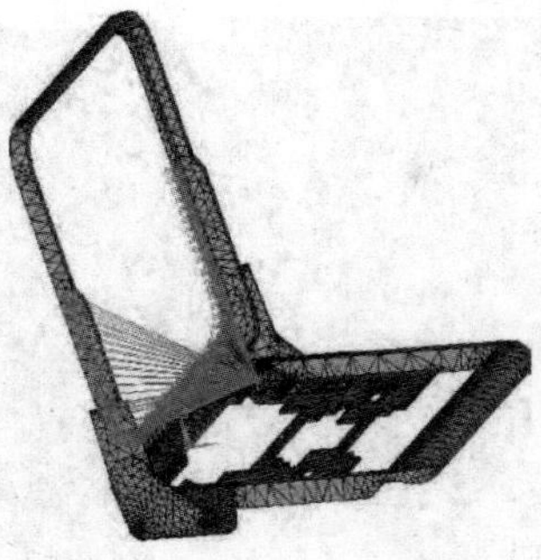

图 3-10　座椅质心水平向前、向后施力

仿真结果的分析：在座椅总成质心处水平向前、水平向后对其施加 20 倍座椅总成质量的载荷，最大位移出现在靠背横杆处，最大位移为 $7.7\times10^{-8}$ mm（重力仿真位移变形图如图 3-11 所示），应力最大的区域出现在坐垫连接螺栓上，数值为 72.03 Pa（重力应力图如图 3-12 所示），而其材料为 ST12（参数如表 3-3 所示），没有超过极限值，满足要求。

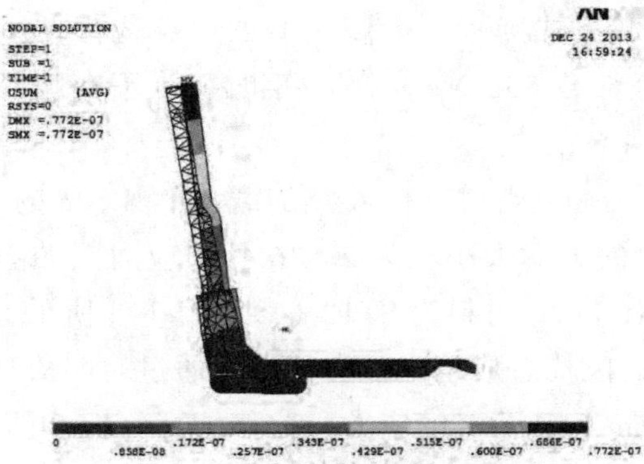


(a) 力水平向前位移图

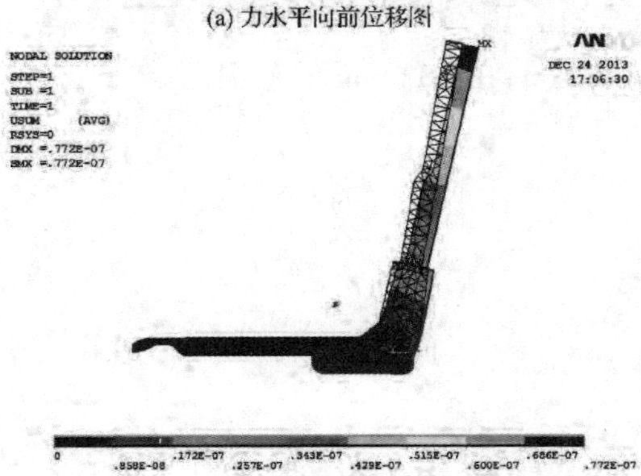


(b) 力水平向后位移图

图 3-11　座椅总成 20 倍重力仿真位移变形图

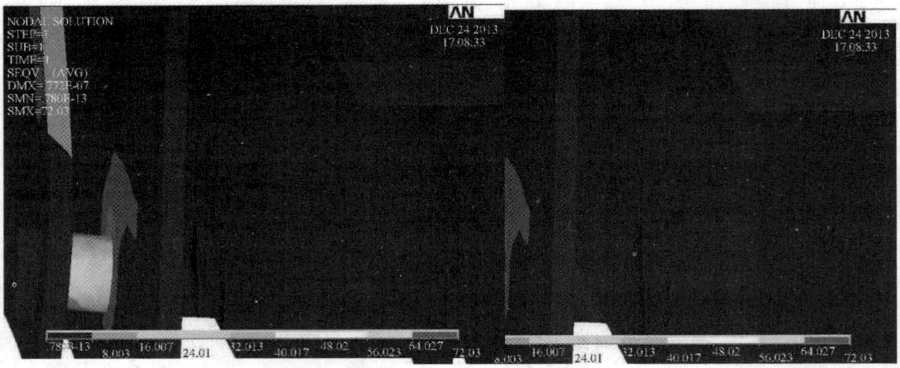


图 3-12　20 倍总成重力应力图

3.2.3.2 新座椅的靠背静强度仿真

边界条件的确定：进行座椅靠背静强度仿真分析时，座椅是通过滑轨与车身地板连接，约束方式与进行座椅总成静强度仿真时的约束方式相同，而力的加载方式则不同。该模型加力点选择在座椅靠背的横管上。对座椅 *R* 点加载 530 N · m 的力矩时相当于在座椅靠背横梁上加载大小为 2 586.4 N 的力。

仿真结果的分析：当对座椅 *R* 点加载 530 N · m 的力矩时，作用在座椅靠背横管上的力的大小应为 2 586.4 N，应力图如图 3-13 所示，最大应力为 $8.5\times10^{-8}$ Pa，材料为 ST12（参见表 3-3 所示），满足要求。座椅的位移量不大，座椅总成基本没有位移。通过对座椅在承受相对于座椅 *H* 点 373 N · m 的载荷时的应力和位移仿真分析，可以看到该镁合金汽车座椅强度完全符合国家标准的要求，并留有余量。加载该载荷时，头枕的位移量为 46 mm，在 102 mm 的范围内。

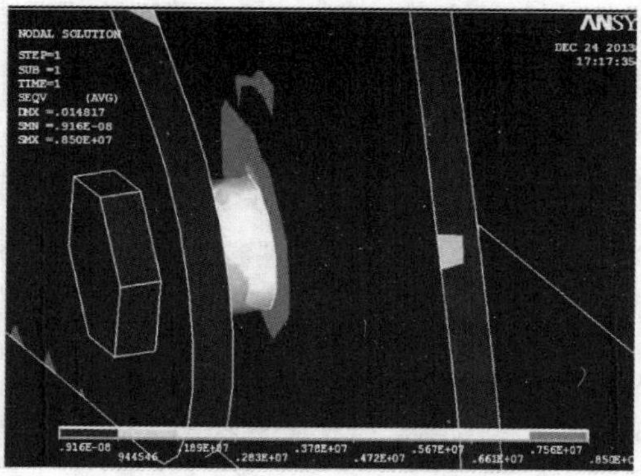


图 3-13 弯矩应力局部图

## 3.3 某汽车座椅骨架的动态特性分析

汽车座椅作为汽车的基本装置，是连接人体与车身的重要部件，它的性能直接影响着汽车乘坐的舒适性和运行的安全性。其中汽车座椅骨架是汽车座椅的重要组成部分，直接影响着座椅的性能，因此对汽车座椅骨架的研究显得尤为重要。对汽车座椅骨架的研究多在静态特性分析部分，即座椅骨架在静止条件下的可靠性与提供给人体的舒适性，然而动态特性是汽车座椅骨架设计时需要考虑的重要问题，了解汽车座椅骨架的动态特性对于汽车座椅骨架的结构设计有着重要的意义。目前，动态分析多将座椅简化为弹簧、阻尼和质量块的形式，在一定程度上不能反映真实的动态特性。本节针对某汽车座椅，应用 ANSYS Workbench 软件，结合路面和整车的影响对其进行模态分析、随机振动分析和谐响应分析，为汽车座椅骨架结构设计和整车动态特性的优化设计寻找参考依据。

### 3.3.1 有限元模型建立

实际的汽车座椅骨架模型需要由上百个零件模型组装而成。对汽车座椅骨架模型进行适当简化，利用三维建模软件 Pro/E 建立对汽车座椅骨架起主要支撑作用的零部件模型，主要包括靠背骨架、坐垫骨架、靠背连接板、坐垫连接板、调角器和滑轨等。以上部件材料选用 AM60 镁合金，其他选用碳素钢 Q235。材料参数如表 3-5 所示。

表 3-5　材料参数

| 名称 | 密度 /（$kg/m^3$） | 泊松比 | 弹性模量 /GPa | 屈服极限 /MPa |
|---|---|---|---|---|
| AM60 | 1 800 | 0.33 | 45 | 131 |
| Q235 | 7 860 | 0.3 | 210 | 275 |

将建立好的模型装配后，导入有限元分析软件 ANSYS Workbench 中进行网格划分。划分网格所采用的单元类型以 Solid 186 单元为主。汽车座椅骨架模型共划分 139 621 个节点、76 446 个单元。汽车座椅骨架的有限元模型，如图 3-14 所示。

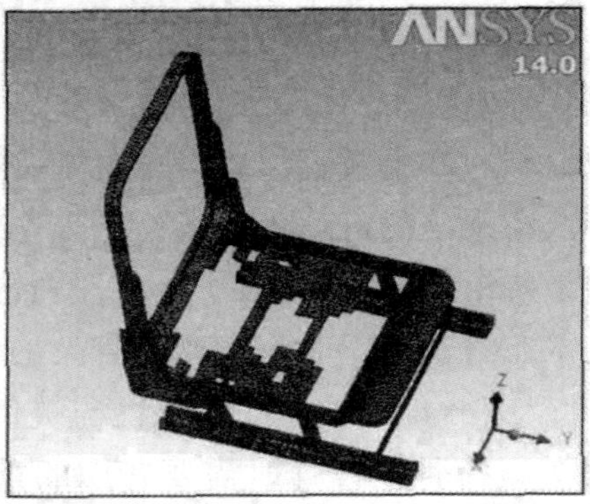


图 3-14　汽车座椅骨架的有限元模型

### 3.3.2 模态分析

模态分析是动态特性分析的重要部分，也是进行随机振动分析和谐响应分析的前提。通过模态分析可以获取结构的模态频率和模态振型。设置模态分析仿真的边界条件：选择滑轨的两个底面为固定约束，设置为“Fix Support”。考虑到随机振动分析施加的振动谱频率范围为 0~60 Hz，而随机振动分析所需的最大固有频率应超过振动谱最高频率的 1.5 倍，因此提取汽车座椅骨架的前 6 阶模态。前 6 阶固有频率值如表 3–6 所示，振型如图 3–15 所示。

表 3–6　汽车座椅骨架的前 6 阶固有频率值

| 阶数 | 1 | 2 | 3 | 4 | 5 | 6 |
|---|---|---|---|---|---|---|
| 频率 /Hz | 35.42 | 48.49 | 74.91 | 100.19 | 119.59 | 122.65 |

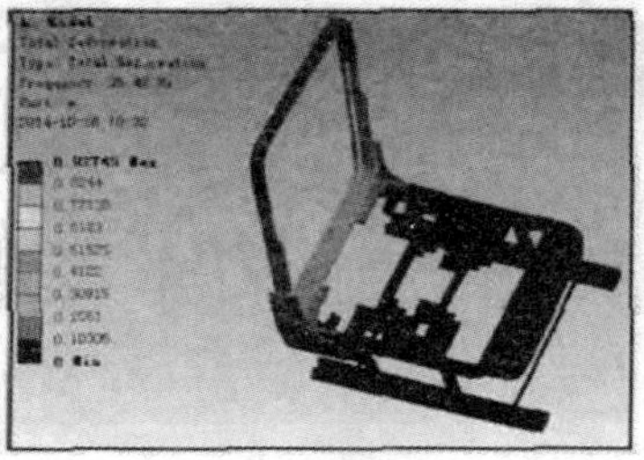

（a）1 阶模态

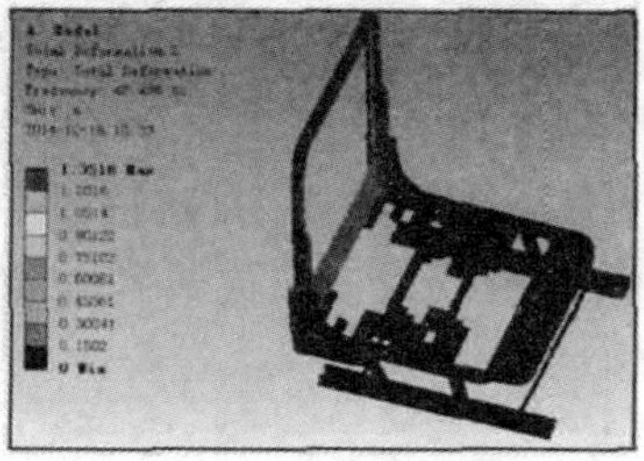

（b）2 阶模态

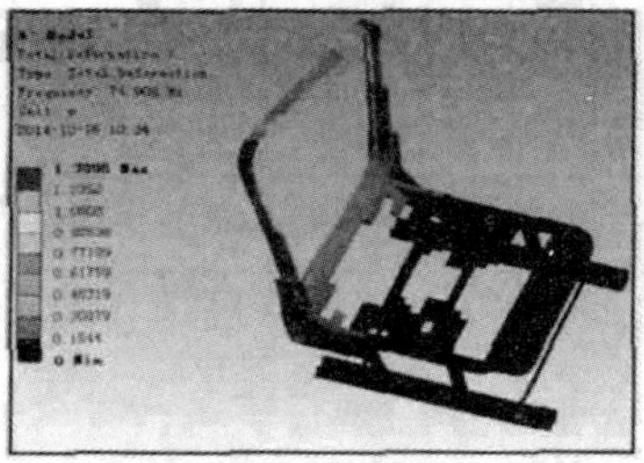

（c）3 阶模态

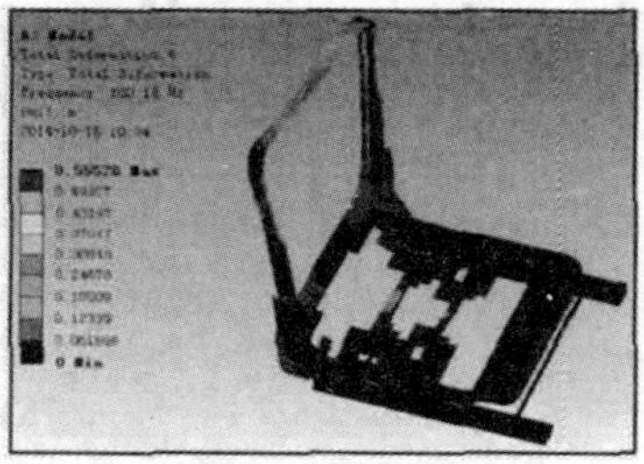

（d）4 阶模态

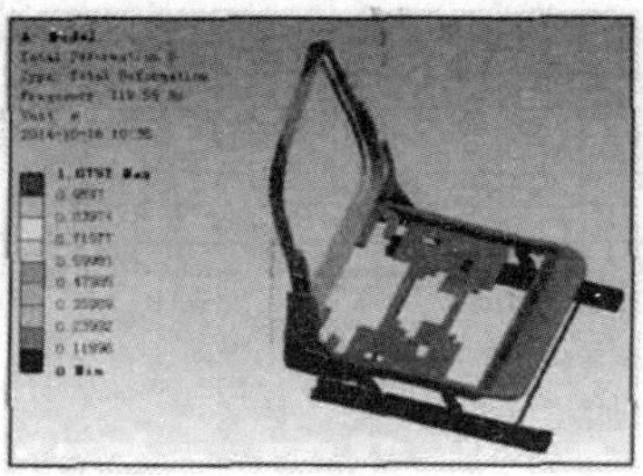

（e）5 阶模态

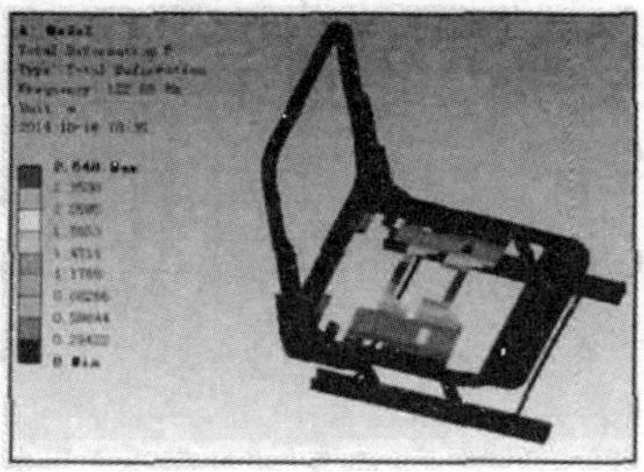

（f）6 阶模态

图 3–15　汽车座椅骨架的前六阶模态振型

从模态分析的结果可以看出，汽车座椅骨架的前 6 阶模态频率值在 35.42~122.65 Hz，而人体各部分器官严重振动响应频率均在 30 Hz 以下，因此模态分析计算得到汽车座椅骨架模型的固有频率范围，避开了人体不同器官的共振频率区域。

### 3.3.3 随机振动分析

随机振动分析是考虑结构在某种统计规律分布的载荷作用下的随机响应。这种振动不可预测,在相同的条件下也不重复,具有明确的随机性。

由于汽车座椅骨架通过汽车底盘与车身连接,因此在 Adams Car 中建立整车仿真模型,并在路面发生器中生成沥青路面,以 60 km/h 的速度模拟行驶,获取汽车底盘的加速度功率谱密度曲线(PSD),如图 3-16 所示。

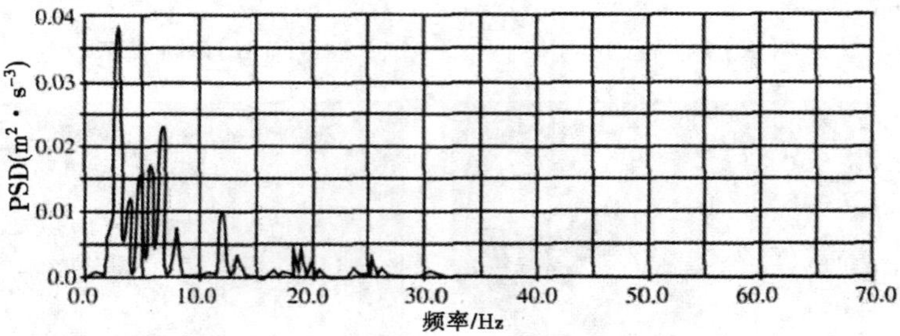


(a)纵向

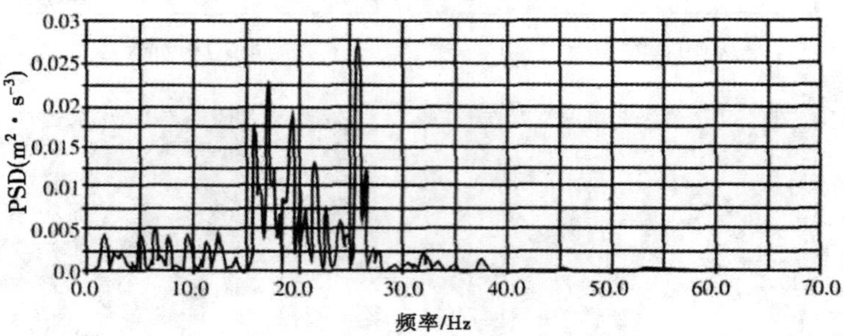


(b)侧向

图 3-16 汽车底盘加速度功率谱密度曲线

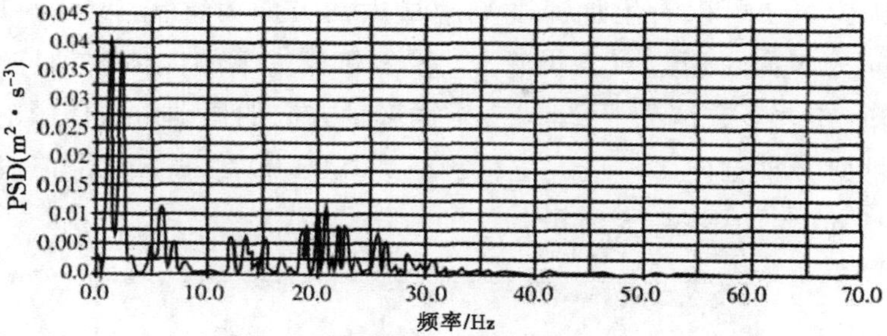


（c）垂向

图 3-16　汽车底盘加速度功率谱密度曲线(续)

将纵向、侧向和垂向的激励谱分别施加在滑轨的底面 $X$, $Y$, $Z$ 方向，查看汽车座椅骨架的响应情况。

汽车座椅骨架的 1σ 最大等效应力为 0.46 MPa，位于调角器与螺栓连接处，如图 3-17 所示。该值远小于 AM60 镁合金材料的屈服极限。三个方向上的最大 1σ 加速度和位移响应值，如表 3-7 所示。

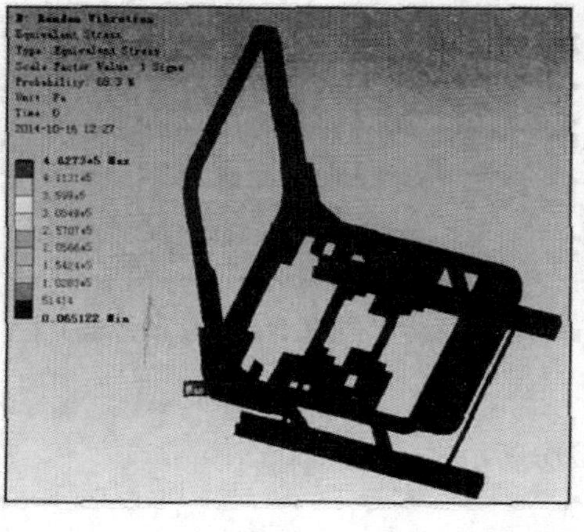

图 3-17　1σ 汽车座椅骨架等效应力分布图

表 3-7　汽车座椅骨架最大 1σ 响应值

| 方向 | 加速度响应 / ( $m/s^2$ ) | 位移响应 /mm |
|---|---|---|
| $X$ | 0.61 | 0.001 3 |
| $Y$ | 0.57 | 0.007 4 |
| $Z$ | 0.32 | 0.002 2 |

从表 3-7 可以看出加速度响应最大的方向为 $X$ 向，位移响应最大的方向为 $Y$ 向。通过对各类轿车、客车和载货车的人体振动进行研究后得知，在大多数情况下，坐垫支撑面 $Z$ 轴方向的振动对人体影响最大。坐垫骨架 $Z$ 轴方向 $1\sigma$ 最大位移响应为 0.00 097 mm，最大加速度响应为 0.30 m/s$^2$，如图 3-18 所示。

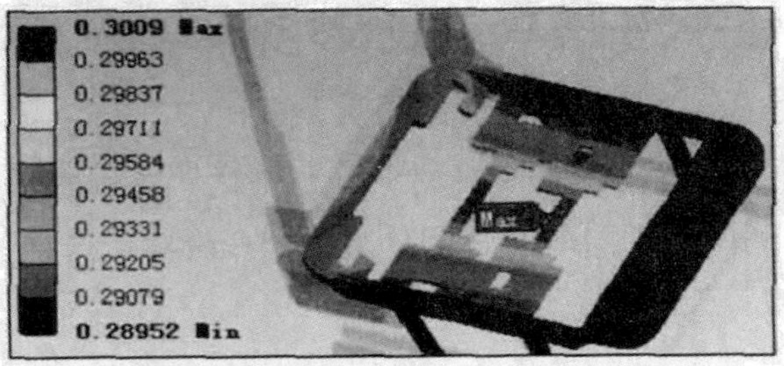


图 3-18　$Z$ 轴方向坐垫骨架 $1\sigma$ 响应值分布

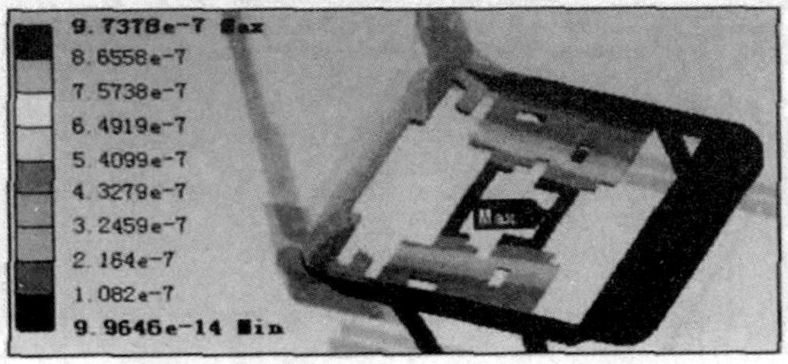


图 3-18　$Z$ 轴方向坐垫骨架 $1\sigma$ 响应值分布（续）

### 3.3.4 谐响应分析

谐响应分析是确定一个结构在已知频率的正弦（简谐）载荷作用下结构响应的技术。通过谐响应分析可以探测结构的共振响应，有效地避免受迫振动引起的影响。选择滑轨底部的 4 个节点施加 $Z$ 向的简谐力，幅值为 1 500 N，频率范围为 0~160 Hz，可以覆盖座椅骨架的模态特征频率，分析过程分为 100 个子步。选择坐垫骨架支撑面上的 45334 号节点为观测点，$X$, $Y$ 和 $Z$ 向的位移 - 频率响应曲线，如图 3-19 所示。

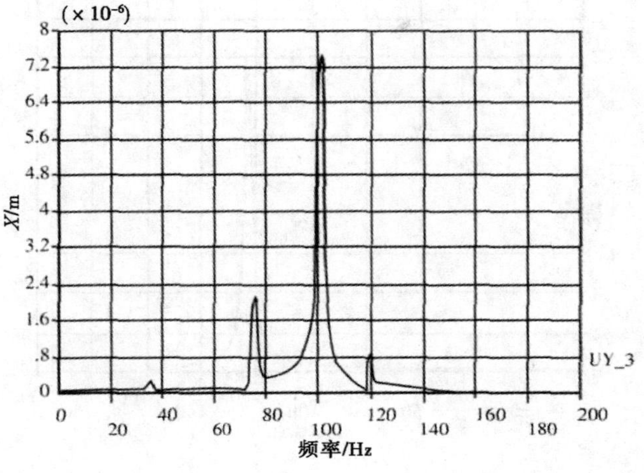


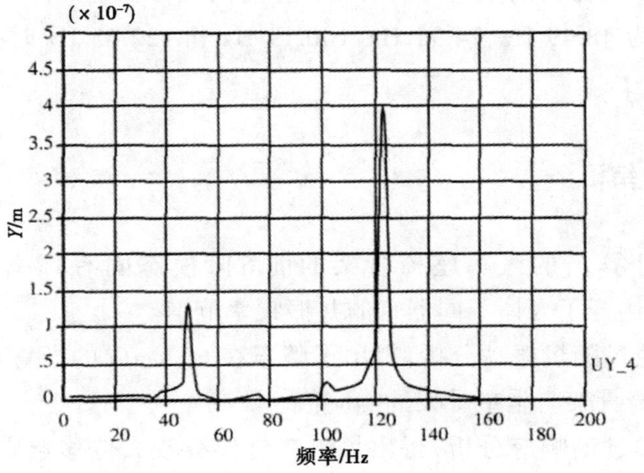


图 3–19　45334 号节点位移 – 频率响应曲线

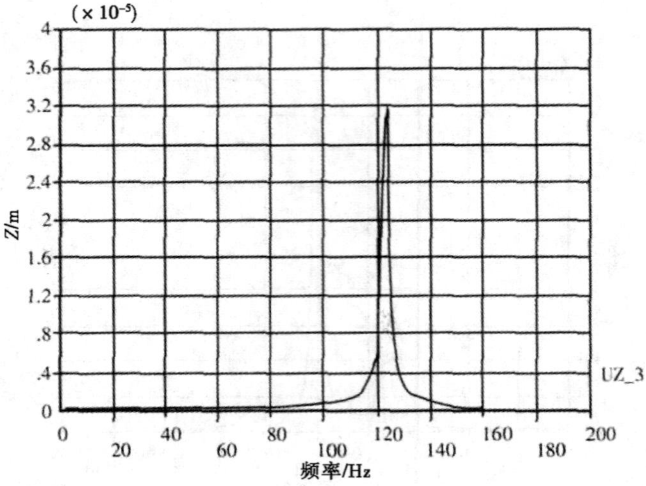


图 3-19　45334 号节点位移 - 频率响应曲线(续)

从谐响应分析的结果可以看出坐垫骨架支撑面上的 45334 号节点，在频率值为 48.49 Hz、74.91 Hz、100.19 Hz 和 122.65 Hz 时有较大的位移响应。

### 3.3.5 结论

(1)计算出的汽车座椅骨架的前 6 阶模态固有频率值，基频为 35.42 Hz，避开了人体不同器官的共振频率范围。

(2)通过随机振动分析，得出了整车在 60 km/h 的沥青路面上行驶时汽车座椅骨架与坐垫骨架的响应值。

(3)通过谐响应分析，得出了坐垫骨架有较大位移响应的频率值，为了避免发生共振，整车的固有频率值应该避免落在这些频率值附近。

## 3.4　基于 ANSYS 有限元分析的座椅建模与计算

在日常生活中，座椅给了我们很多帮助。座椅不仅能够支撑坐在上面的人身体的重量，减轻人的疲劳以满足人的舒适性要求，还能够满足坐在上面的人的各种功能需求。例如可以移动位置、调节椅背的不同角度以满足不同的舒适性要求等。因此，在本节中着重研究人在椅背和坐垫上施加一定的载荷之后，椅背和坐垫的变形程度、应力分布状况和各个方向的位移分布情况。

### 3.4.1 座椅模型的建立

#### 3.4.1.1 座椅模型的建立过程

（1）建立座椅结构的几何模型。

（2）选择用于模拟座椅上的各种结构和连接的有限元单元。

（3）用有限元单元对座椅几何结构进行离散化，划分有限元网格。

（4）定义单元和材料的属性。

（5）以试验结果为依据，验证并确认最终的仿真模型。

#### 3.4.1.2 座椅结构有限元详细模型的建立

在整个有限元分析求解过程中最重要的环节是有限元前处理模型的建立，这一过程一般包括几何模型网格划分、添加约束与载荷以及定义材料等。它对后期的分析求解有着直接的影响，影响仿真的精度和效率。建模的基本原则是保证建模的准确性。为保证计算精度，模型必须能够如实反映座椅的几何特性和力学特性。为了提高模拟计算的效率，在建模时还必须考虑单元类型、数量和质量等因素。一般可以通过两种途径建立几何模型，一种是使用 CAD 软件建模，如使用 Pro/E，UG，CATIA 等常用的 CAD 软件建模，另一种方法是应用 CAE 软件中的 CAD 模块直接建模。很多的大型有限元软件都包含这样的 CAD 模块，如 ANSYS 与专业的 CAD 软件相比，CAE 软件中的 CAD 模块在功能和精度上都存在一定的差距，而且比较烦琐，因此对于复杂问题最好使用 CAD 软件建立几何模型，在划分网格过程中利用 CAE 软件中的 CAD 模块对模型进行少量的修改。在本文中采用 Pro/E 建立座椅的几何模型，再通过 IGES 接口，将 CAD 数据导入到 ANSYS 中进行前处理。

座椅有限元模型的建立原则为：在保证计算目的和精度的条件下，适当简化模型；合理选择单元类型，减少输入数据量和计算时间；合理控制单元大小，相应分配模型单元数。

（1）体单元的选取。

体单元的选取应该从精度、效率以及对空间型面进行离散化时的方便性和准确性加以考虑。ANSYS 软件中提供了多种体单元类型，座椅骨架有限元分析模型通常用三角形和四边形体单元。

从几何模拟角度看，采用三角形单元进行空间型面离散化，较为灵活、方便、准确，尤其易于逼近复杂的过渡面，在许多 CAD/CAM 软件中常常采用三角形单元，用作基本的离散化单元，但在有限元分析中，三角形单元的计算精度和准确度较差。

四边形单元具有较高的精度和准确度，可以有效保证座椅有限元模拟计算和实际状况的一致性，但四边形单元的计算效率比较低，需要较长机时才能完成模拟计算。

建立座椅有限元模型时，尽量采用四边形单元，尤其是对有坐垫、靠背、底座骨架等关键受力部位，全部采用四边形单元划分网格；个别尺寸、形状变化比较大的区域，如靠背和坐垫两表面相交处，采用了少量的三角形单元。总体上来讲，大部分区域采用四边形单元进行网格划分，小部分区域采用三角形单元进行网格划分。

具体的网格划分区域如图 3-20、图 3-21 所示。

图 3-20　椅背和坐垫区域采用四边形单元划分

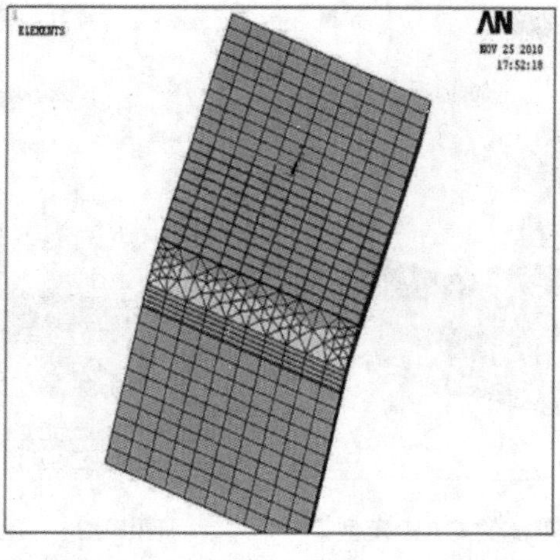


图 3-21　椅背和坐垫区域采用三角形单元划分

（2）定义单元材料的属性。

对单元进行定义，包括单元类型、实常数、材料特性等。其中骨架和外包壳采用 Shell63 号单元，泡沫体单元选用 Solid 45 号单元。

### 3.4.2 座椅模型加载后的有限元分析

#### 3.4.2.1 完善 CAE 模型

如图 3-22 所示，通过网格划分，将整个座椅离散为多个单元，建立了完善的座椅 CAE 模型。

#### 3.4.2.2 施加约束和载荷后的情况

根据坐垫的通常受力情况，对坐垫内固定区域加载，每个节点受力均匀，加载节点数为 132；面积为 300 mm × 300 mm。对坐垫和椅背施加一定的载荷，在本节中以一个 60 kg 的人为实验对象，座椅的坐垫和椅背的应力分布情况和各个部分的位移变化如图 3-23 所示。

图 3-22　座椅的 CAE 模型

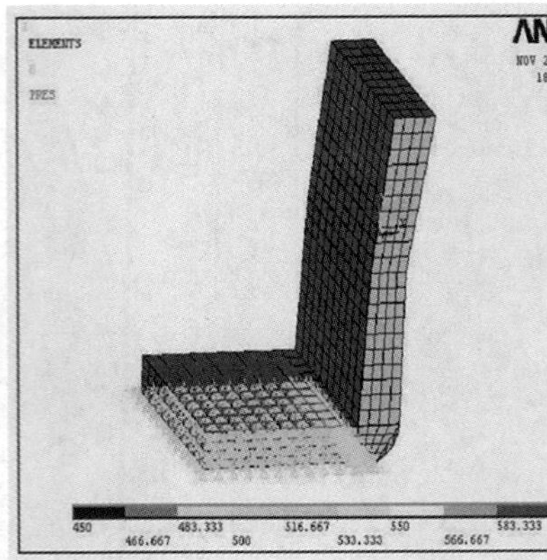


图 3-23　施加载荷后的情况

3.4.2.3 对施加载荷后的座椅进行求解计算

在对座椅施加载荷之后，用 ANSYS 进行运算，最后得出座椅受力的应力分布云图和位移云图。应力分布图展示了 *X*，*Y*，*Z* 三个方向上的应力集中分布情况如图 3-24~ 图 3-26 所示。位移分布图也分别展示了 *X*，*Y*，*Z* 三个方向上的位移变化状况如图 3-27~ 图 3-29 所示。

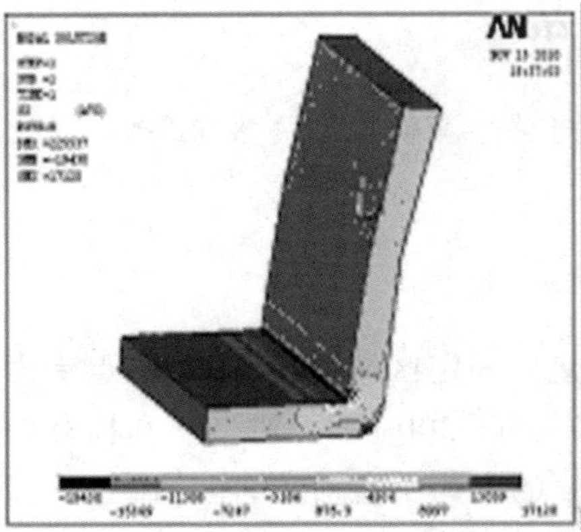

图 3-24　*X* 方向应力云图

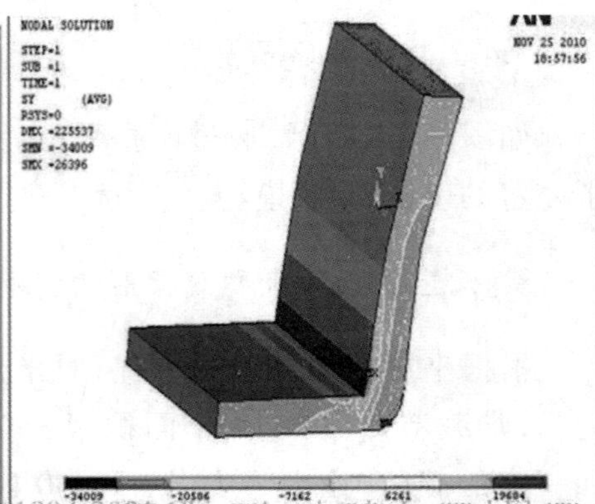


图 3-25　*Y* 方向应力云图

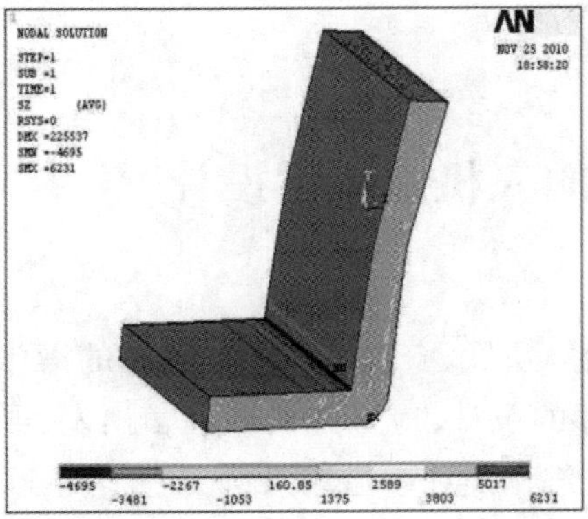


图 3-26　$Z$ 方向应力云图

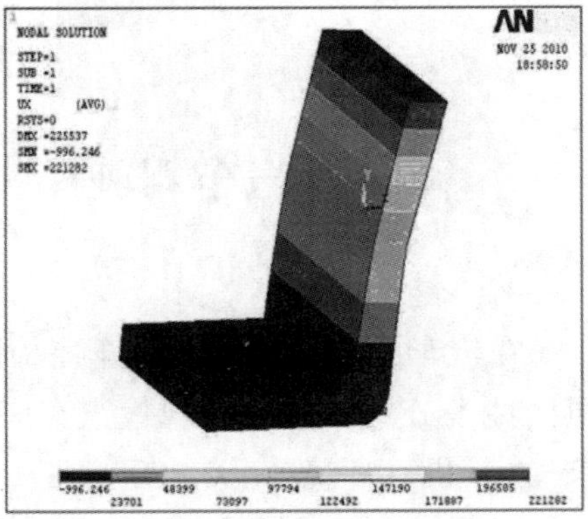


图 3-27　$X$ 方向位移云图

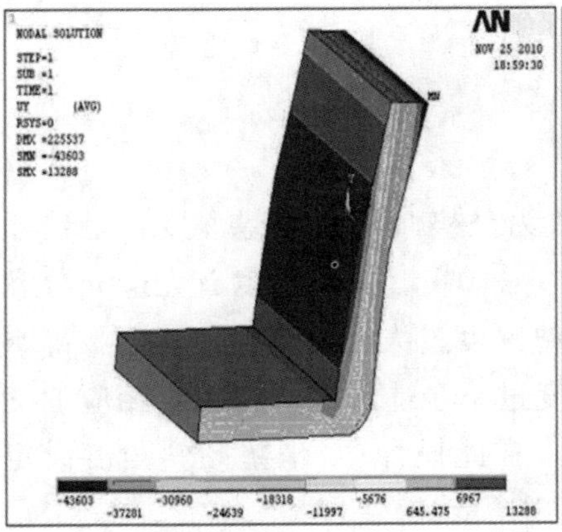


图 3-28　$Y$ 方向位移云图

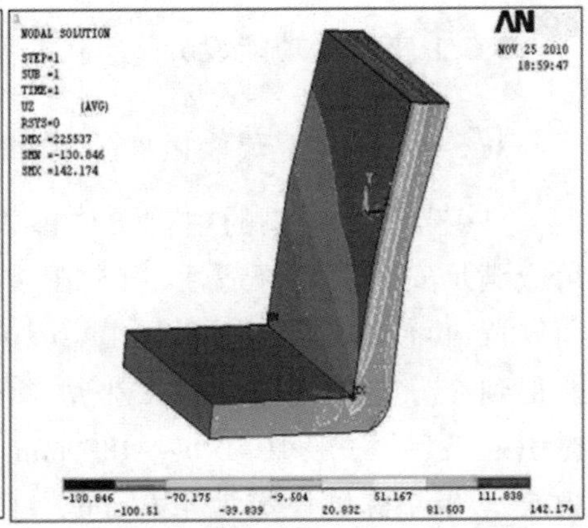


图 3-29　$Z$ 方向位移云图

### 3.4.3 结论

采用体单元网格划分的方法对座椅进行有限元分析是比较成功的，这样就可以在进行座椅设计研究时，着重考虑应力集中的地方和位移发生较大的地方，为下一步的设计做好前期准备。当然也存在一些不足之处，在进行网格划分时，对模型进行了较大的简化，应该进一步完善几何模型和有限元模型，使结果更加优化。

## 3.5 汽车驾驶座椅的人机工程学设计

在汽车的驾驶过程中汽车座椅的舒适性、安全性以及对汽车的操作便捷性十分重要。因此现代汽车座椅的设计，应从人机工程学出发，寻求“人 – 机 – 环境”完美结合。在现代汽车设计中运用人机工程学理论，使驾驶员有一个安全舒适、操作方便的工作空间，可提高驾驶员的工作效率并降低事故发生率。

### 3.5.1 座椅的功能设计

#### 3.5.1.1 座椅的功能设计

（1）坐垫。坐垫的主要设计参数为坐垫倾角与坐垫深度。坐垫倾角应满足安全性与舒适性，通常在 2° ~ 10° 。坐垫深度首先应充分利用靠背，再使臀部得到适当支撑。坐垫深度过大会使身体前移而腰部不能得到充分支撑，引起疲劳；坐垫深度过小会造成腿部得不到相应的支撑引起疲劳，一般取 400 ~ 480 mm。在此设计中，坐垫倾斜角度设定为 5° ，坐垫深度设定为 450 mm。

（2）座椅骨架。座椅强度指的是座椅骨架强度，其属于汽车整车强制认证检测项目之一，应符合 GB15083—2019，根据成本、强度要求、技术要求等条件，本设计采用钢质材料焊接而成。

（3）头枕。设计头枕的目的是缩短在交通事故中驾驶员头部的变化距离，从而保护颈椎，并减少驾驶员颈部在驾驶中的疲劳程度，保证驾驶员的舒适性。

（4）靠背。靠背强度与造型为靠背设计主要考虑的技术参数。靠背造型主要是使人体背部肌肉得到放松与乘坐人员的休息使用，所以靠背造型应符合人体曲线，靠背倾角应为可调式。根据要求，此座椅靠背倾角能在 100° ~ 115° 内调节。

3.5.1.2 人机工程学在本设计中的应用

（1）人机工程学对汽车座椅的要求。贴合感：座椅靠背、坐垫符合人体形状，使其有较大的接触面积，增加舒适度。横向稳定性：座椅能够承受一定的侧向力，使人体受到侧向力作用时有所支撑。背部和腰部的合理支撑：汽车座椅应有合适的形状与位置对脊柱有所支撑。各部合适的软硬感：座椅的作用是对乘坐人员提供支撑，其表面硬度应适中。

（2）座椅的结构参数。座椅的结构参数应满足振动舒适性、操作舒适性和坐姿舒适性的条件，应该结合实验数据确定，以保证结构参数的正确性。

（3）座椅的空间位置布局。座椅空间的位置要保证驾驶员乘坐舒适性，同时还要满足人体的位置要求。同时要考虑座椅所受压力分布。坐姿体压分布是影响座椅舒适性的主要因素。人乘坐座椅时，大概身体重量的 80% 通过背部及臀部作用在座椅表面上。座椅受力分布如图 3-30 所示。

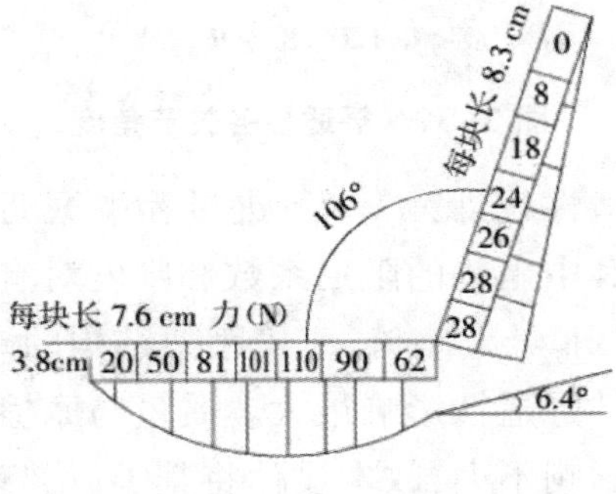


图 3-30　座椅受力分析图

（4）座椅的设计要求。有良好的静态特性，即座椅的形状尺寸应与人体的舒适性坐姿能够相吻合。座椅能够调整尺寸大小、改变位置，从而使驾驶员乘坐既舒适稳定又操作方便。同时还要保证座椅有良好的动态特性，来减弱车体因运动产生的冲击和振动，能使驾驶员在长途驾车中不会有过度疲劳的感受。保证驾驶座椅静态舒适性的主要因素为以下几类：①座椅的位置要与其驾驶空间相协调，便于人员作业；②根据人体尺寸确定座椅尺寸；③为适合各种坐姿，座椅应能适当调节；④座椅表面所使用材料。由生物力学分析可知，最舒适的坐姿是臀部稍离靠背向前移，使上体略向上后倾斜，保持上体与大腿间角在90° ~ 105° 。同时，小腿向前伸，大腿与小腿、小腿与脚掌之间也应达到一定角度。进行驾驶座椅设计，应充分考虑驾驶室特定的空间与环境。人体关节的舒适性是进行驾驶室设计的主要考虑因素，图 3-31 所示为驾驶室人体各关节之间的关系。

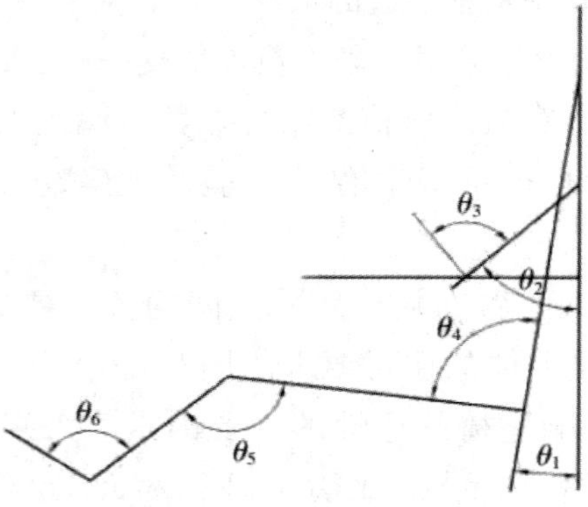


$10°<\theta_1<120°$，$15°<\theta_2<35°$，
$80°<\theta_3<90°$，$90°<\theta_4<115°$，
$100°<\theta_5<120°$，$85°<\theta_6<95°$

**图 3-31　舒适性各关节角度**

座椅的动态舒适性设计：汽车行进过程中振动是影响汽车座椅舒适性的首要因素。其中坐垫的阻尼系数和刚度对有悬架的汽车座椅舒适性影响最大；对于非悬架座椅，座椅刚架结构的动态性能、阻尼系数及刚度对汽车座椅的舒适性影响最大。质量与摩擦等其他因素对汽车座椅的动态舒适性影响不大，故本设计将其予以忽略。综上所述可知，座椅刚度与阻尼系数对座椅的动态特性影响最为主要。地面的凹凸不平引起车辆随机振动和车身固有的机械振动是产生驾驶疲劳的主要影响因素。因此，设计时尽量减少人体的振动。具体措施如下：降低对人体最有影响的高频振动、驾驶座椅与汽车的共振，减弱振动的传递；降低乘员 10 Hz 附近的振动传递率。基于上述汽车座椅舒适性评价指标，首先对大量人员使用座椅时对座椅的压力分布进行实验研究，图 3-32 所示为最终压力分布结果。

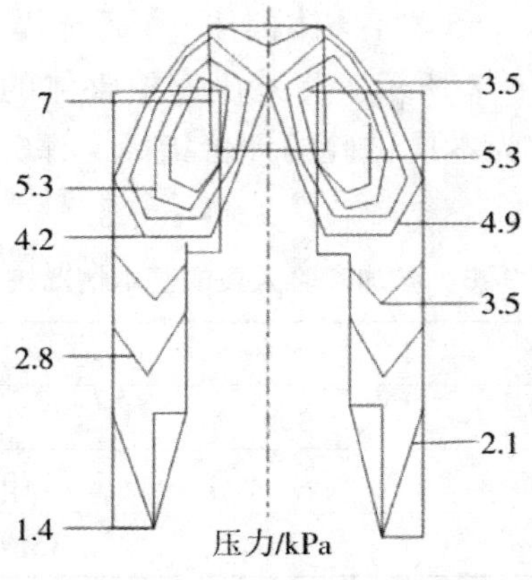


图 3-32　压力分布图

### 3.5.2 实验获取数据

本节对坐垫进行了乘坐舒适性的主观和客观评价实验。采用尺度法进行研究，将各种不同的实验坐垫曲面在驾驶位试验台上进行实验。本节选用以下五种坐垫曲面进行实验：①型面 1 坐垫。整体平滑，坐垫面略微翘起的常规汽车坐垫。②型面 2 坐垫。坐垫面四周凸起，中部凹陷。④型面 3 坐垫。坐垫面四周稍微凹陷而中部凸起。④型面 4 坐垫。即臀部凸起，四周凹陷，凸起程度与臀部压力不同。⑤型面 5 坐垫。坐垫表面为平面。坐垫型面生成后，参试人员进行乘坐舒适性的主观评分，主观评价实验流程见图 3-33。

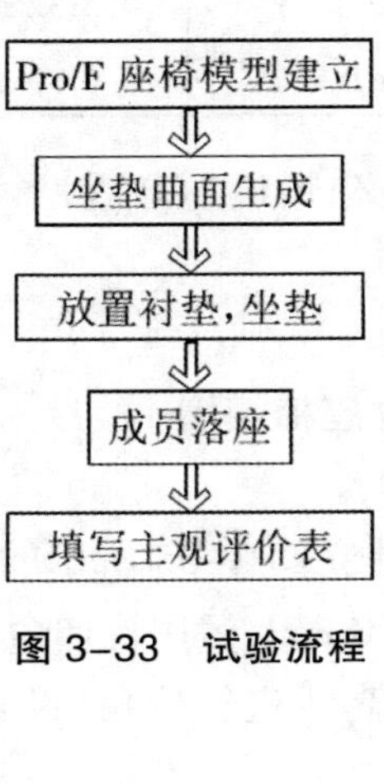


图 3-33　试验流程

选出年龄在 18 ～ 55 岁、身体健康、身高体型不同的 50 名实验人员，其基本情况如表 3-8 所示。将乘坐座椅整体的舒适度、腿部的舒适度以及臀部舒适度作为本次试验的评价指标。评分尺度 10 分，分 5 级，如图 3-34 所示。

**表 3-8　参加实验人员的基本情况统计**

| 人数 / 名 | 50 |
|---|---|
| 年龄 / 岁 | 18 ～ 55 |
| 身高 /cm | 170.95 ± 7.21 |
| 体重 /kg | 58.42 ± 9.52 |

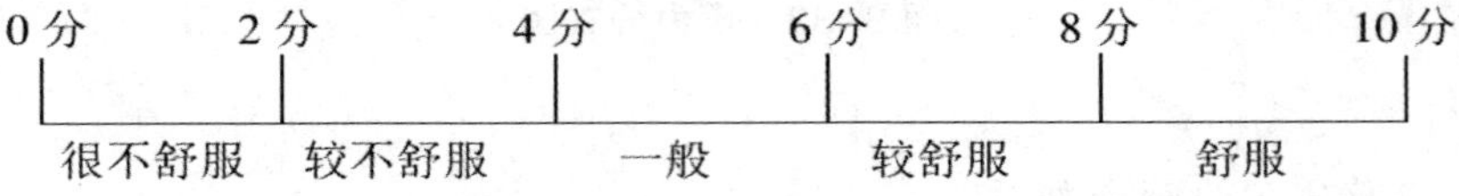


**图 3-34　主观评价实验的评分尺度**

实验人员对 5 种坐垫的主观评价（“平均值 ± 标准差”）如表 3-9 所示。

**表 3-9　不同形面坐垫的主观评分统计结果**

| 评价指标 | 臀部舒适度 | 腿部舒适度 | 总体舒适度 |
|---|---|---|---|
| 形面 1 坐垫 | 7.50 ± 1.30 | 8.25 ± 0.80 | 8.25 ± 0.92 |
| 形面 2 坐垫 | 5.31 ± 1.10 | 3.92 ± 1.03 | 4.32 ± 0.12 |
| 形面 3 坐垫 | 2.25 ± 1.23 | 2.40 ± 0.92 | 2.30 ± 0.95 |
| 形面 4 坐垫 | 6.20 ± 1.25 | 5.32 ± 1.05 | 5.82 ± 1.02 |
| 形面 5 坐垫 | 7.0 ± 0.98 | 6.80 ± 1.23 | 6.83 ± 1.10 |

实验结果表明，形面 1 坐垫最为舒适，形面 5 坐垫次之，形面 3 坐垫舒适度最差。

### 3.5.3 运用 Pro/E 建立座椅模型

首先应用 Pro/E 软件建立图 3-35 所示的座椅骨架模型，主要过程：草绘一个矩形 500 mm × 400 mm，运用拉伸命令设置拉伸深度为 80 mm，再运用倒角命令对其四个高线进行倒角，设置倒角半径为 50 mm，至此得到座椅靠背的雏形，再对其内角进行相应的倒角，在座椅靠背的侧面运用拉伸剪切材料打出 4 个 $\varphi$20 mm 的孔。运用相同的原理可得坐垫部分的模型尺寸为 400 mm × 400 mm，在坐垫部分根据坐垫压力分布相应地打出一些洞，用以在一个部分强度满足要求的情况下减轻汽车座椅的质量并节约材料，在坐垫上做出相应的倾角，随后用螺栓等连接部件以及连接片最终将各个部分装配起来。

得到汽车座椅骨架模型之后对其进行填充得到座椅模型如图 3–36 所示。

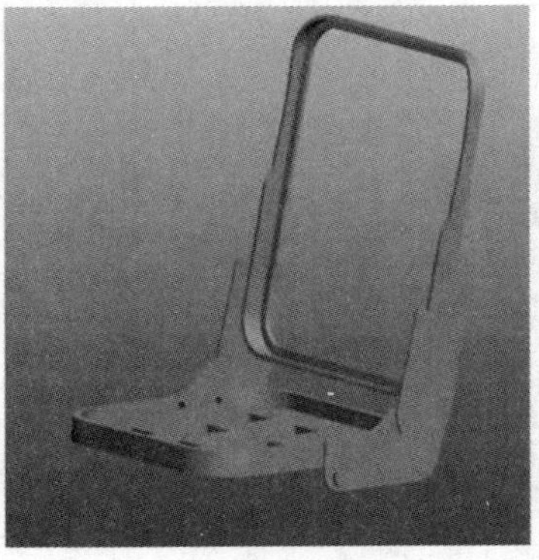

图 3–35　座椅骨架模型

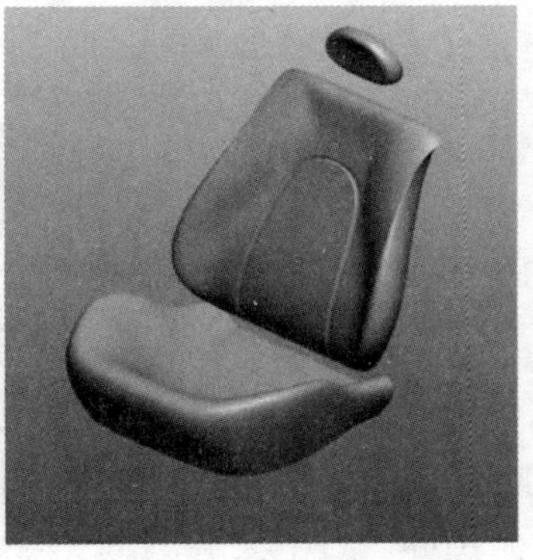

图 3–36　座椅填充模型

### 3.5.4 座椅骨架静强度分析

将已建好的 Pro/E 座椅骨架模型导入 ANSYS，其过程为，点击文件下的 “impor…” 选择已经建好的装配图，在座椅的质心（60，0，–109）20$G$ 的力（$G$ 为汽车座椅质量产生的力），如图 3–37 所示，座椅材料选择钢材。

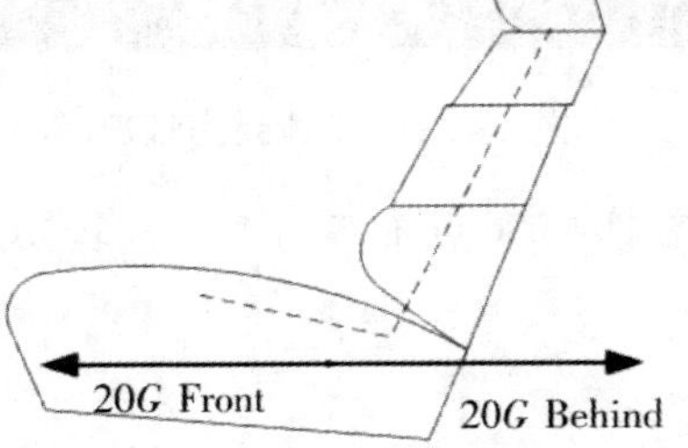


图 3–37　座椅总成静强度法规规定加载

加载后 ANSYS 分析结果如图 3-38 所示。

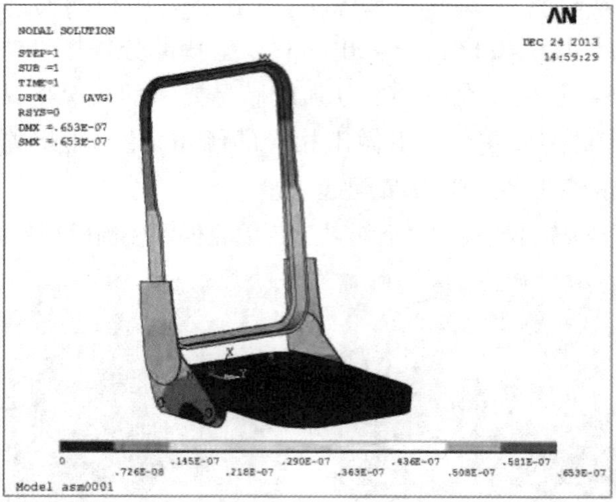

图 3-38　座椅静强度 ANSYS 分析结果

图 3-39 为座椅受力情况，由图可知座椅受力的危险处为最后一个螺栓连接处。

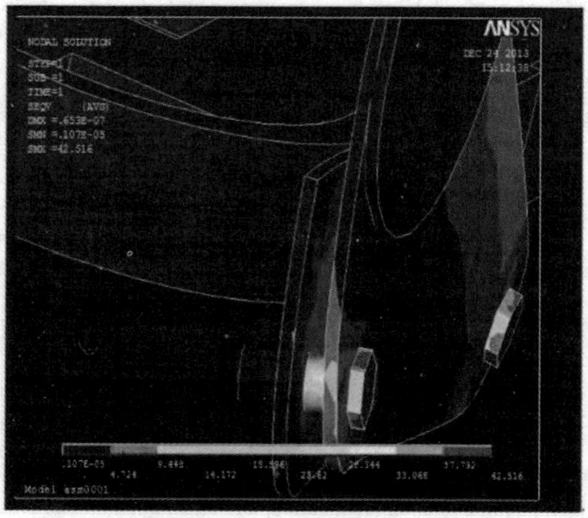

图 3-39　座椅受力情况

根据相关规定，在座椅 $R$ 点加 530 N · m 转矩，其 ANSYS 受力分析结果如图 3-40 所示。

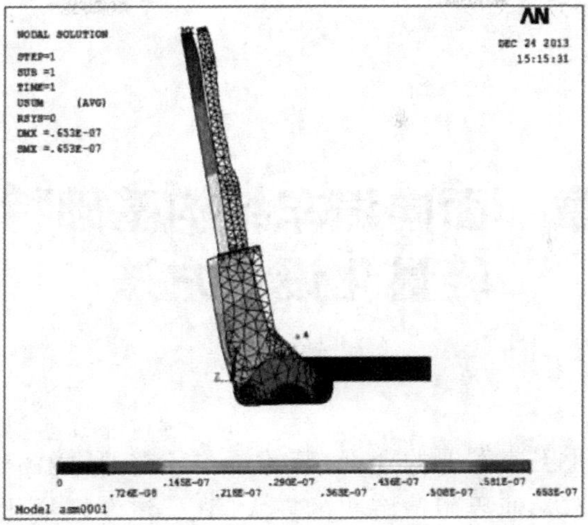


图 3-40　座椅靠背位移图

由 ANSYS 受力分析结果可知,座椅靠背的位移量小于相关规定,故可以安全使用。

# 第 4 章　面向汽车结构基础特性的轻量化设计方法

在汽车工业飞速发展的今天，节约资源、减少环境污染、保证行车安全成为世界汽车工业界亟待解决的三大问题，汽车轻量化是应对这三大问题的有效手段和方法。汽车重量的减轻不仅可以减少原材料成本，减少汽车行驶阻力和燃油消耗，而且对提高汽车的燃油经济性，降低汽车的有害气体排放至关重要。轿车白车身是汽车的主要承载件，重量占汽车总重量的 40% 左右，白车身的轻量化对于减少整个轿车的整车质量有着非常重要的意义。

## 4.1　车身结构概念设计与轻量化

车身结构概念设计在汽车设计开发过程中起着至关重要的作用，主要完成车身框架和车身覆盖件的概念设计，是车身结构设计的核心，具有设计空间自由度大的特点。在进行车身结构的概念设计时，需要兼顾性能和重量，从车身结构框架结构形式、断面、铰接点以及关键部件等方面入手研究大量方案，并确定最优的概念方案为前期车身结构概念数据设计提供基础，同时结合车身参数化模型可快速完成概念方案验证，并对车身结构性能和重量进行进一步优化设计，在前期确保车身结构整体刚度和模态性能 100% 达标。车身结构整体刚度性能是车身强度、碰撞性能的基础，而车身强度和碰撞性能更注重关键局部详细结构的性能设计，因此，车身结构概念设计以车身整体刚度性能设计为重点。

### 4.1.1 车身框架形式及结构环的概念设计

随着汽车技术的发展，现阶段乘用车主流的车身形式是承载式，仅有少数全尺寸 SUV 车型还在使用非承载式车身。承载式车身框架呈“笼”式空间框架结构形式，即车身的乘员舱由侧围框架、前围框架、地板框架、顶部框架和后围框架五大部分围成一个“笼”，为车内乘员提供一个安全、舒适的驾乘空间。下车身框架又称为车身平台，通过变换上车身的形式，适当调整下车身结构，就可以实现轿车、SUV 和 MPV 的转换。在概念设计阶段，车身框架的概念设计主要从提高车身的刚度性能、碰撞性能两个性能指标展开。首先通过对弯扭工况、碰撞工况下的载荷传递路径分析，确定适合开发车型车身的刚度性能、碰撞性能要求的主体载荷传递路径；再通过简化模型、对照标杆车结构等方法结合经验构建车身框架的概念结构。

#### 4.1.1.1 车身框架形式设计

车身框架是由众多结构环通过铰接点围成的“笼”式空间框架，其主要作用是为乘员提供安全、舒适的驾乘空间。因此，车身框架的核心结构是构成乘员舱以及抵抗碰撞的结构环，主要有 A 环、B 环、C 环、D 环、前门环、后门环、前部吸能环、后部吸能环、前地板环、顶部环等。在进行车身框架形式设计时，要重点关注结构环设计，通常情况下，这些环要求具有连续、封闭的断面结构，同时还要关注相邻结构环间的铰接点设计。

#### 4.1.1.2 结构环的概念设计

车身框架不仅要提供较高的整体刚度，还要确保乘员舱的安全性。因此，构成乘员舱的 A 环、B 环、C 环、D 环，以及前 / 后门环（两者合并为门环）的设计显得尤为重要。前部吸能环作为抵抗正面碰撞的主体结构，其设计也非常重要。在车身概念设计阶段，需要重点针对前部吸能环、A 环、B 环、C 环、D 环、门环展开概念设计。

（1）前部吸能环的概念设计。前部吸能环由前防撞梁、左 / 右发舱纵梁和前围下横梁等关键部件构成。前部吸能环主要作用是正面碰撞吸能，并将碰撞载荷通过发舱纵梁后段传递到发舱后纵梁、前围下横梁和A柱等部件。因此，对于发舱纵梁而言，前部一般需要布置一段压溃吸能区（通常情况下，长度不低于150mm）；前围下横梁在空间允许的前提下，左右延伸到A柱，可显著增强前部吸能环与A环的连接，典型车型有上汽名爵锐腾、荣威RX5等；对于前围下横梁，尽量与发舱纵梁后端对齐，确保正面碰撞载荷传递的效率，代表车型有大众途观L等。

（2）A环的概念设计。A环一般由左/右下A柱、前流水槽、左/右前扭矩盒，以及前围下横梁等关键部件构成，在空间形式上构成一个“日”字形。A环构成乘员舱前部的主体环状结构，对于车身的弯扭刚度和耐撞性能影响较大，因此，在进行A环设计时，要重点确保A环的连续性、完整性，特别是确保前围下横梁与下A柱的连通性，以及中央通道前下横梁与左/右前扭矩盒的连通性。同时，在整个A环路径上的截面尽量为封闭的空腔结构，跨度较大的路径建议设计空腔隔断支架，确保路径的整体刚性。

（3）B环的概念设计。B环由左/右B柱、顶盖中间横梁及地板横梁等关键部件构成。B环是抵抗侧面碰撞最重要的一个结构环，其核心部件为B柱。受限于汽车造型以及车门铰链的安装要求，B柱截面往往在车门上铰链部位出现型面突变问题，严重影响B柱的抗弯刚度。在设计B柱时应尽量降低因布置车门铰链带来的型面突变，可采用适当调整车门铰链位置以及增大此处B柱内板$y$向尺寸的方式来增大此处的B柱截面。

（4）C环的概念设计。C环由左/右C柱加强板、顶盖中间横梁、左/右后轮包加强板、后地板横梁等关键部件构成。C环主要影响车身的扭转刚度，除要保证C环结构连续性的基本要求外，在设计C环时要特别注意C环的核心部件后地板横梁的高度$H_z$、后轮包加强板的截面高度$H_y$，以及连接板的形式。

（5）D环的概念设计。D环主要由左/右D柱、顶盖后横梁以及后围等关键部件构成。D环与C环一样，对车身的扭转刚度影响较大。根据车身扭转刚度“方盒”简化模型分析结论，结合弹簧串联系统理论可知，D环的面内剪切刚度最弱，是提升车身扭转刚度首先要优化的环状结构。对于D环而言，其面内剪切刚度主要取决于D柱上、下四个铰接接头绕$x$向的刚度之和，因此，D环设计除保证D环结构连续性的基本要求外，还要提升 D 柱上、下四个铰接接头的刚度设计，同时在 D 环的载荷传递路径中增加空腔隔断支架设计。

（6）门环的概念设计。门环主要由下 A 柱、上 A 柱、B 柱、C 柱、门槛、侧围上框等关键部件构成。门环对于车身侧面碰撞性能、正面碰撞性能、顶压性能、扭转刚度、弯曲刚度等性能都有较大的影响，因此，门环是车身框架中最重要的结构环。门环的设计要重点关注以下几点：①采用封闭截面的连续空腔结构。近年来，由于 25% 正面偏置碰撞法规的逐步施行，热成型门环方案被越来越多汽车企业所青睐；②构成门环的铰接接头以及载荷传递路径的截面设计；③在载荷传递路径上设计空腔隔断支架。

### 4.1.2 车身断面的概念设计与轻量化

车身断面的概念设计是基于在可行性分析过程中建立的宏观断面，选取位于车身框架上的主体断面进行断面性能评估、优化，获得满足车身性能要求的最轻量化断面的优化设计的过程。因此，在确定了车身框架后，开展车身断面的概念设计工作显得意义重大。

车身断面参数可分为几何参数和性能参数两大类，其中：几何参数有断面面积（$A$），惯性矩（$I_y$、$I_z$），扭转常数（$J$）等；强度参数有弯矩（$M_y$、$M_z$）和断面静压溃力（$P_{\max}$、$P_{\mathrm{M}}$）两种。

（1）断面面积（$A$）：

$$A = \int A \mathrm{d}A$$

$A$ 是断面的最基本参数，指的是有材料部分的面积，表征了断面的重量，与车身结构的弯扭刚度、耐撞性均有关。通常情况下，在断面各项性能满足要求或富余的情况下，通过优化断面面积 $A$，获得轻量化断面。

（2）惯性矩（$I_y$、$I_z$）：如图 4-1 所示，惯性矩分为断面绕 $y$ 轴惯性矩（$I_y$）和绕 $z$ 轴惯性矩（$I_z$）两个参数，

$$I_y = \int A z^2 \mathrm{d}A$$

$I_y$ 和截面绕 $y$ 轴弯曲刚度成正比，如能保证薄壁的稳定性，$I_y$ 和截面绕 $y$ 轴弯曲强度也成正比，优化设计时一般考虑把 $I_y$ 最大化。

$$I_z=\int Ay^2\mathrm{d}A$$

$I_z$ 和截面绕 $z$ 轴弯曲刚度成正比，如能保证薄壁的稳定性，$I_z$ 和截面绕 $z$ 轴弯曲强度也成正比，优化设计一般考虑把 $I_z$ 最大化。

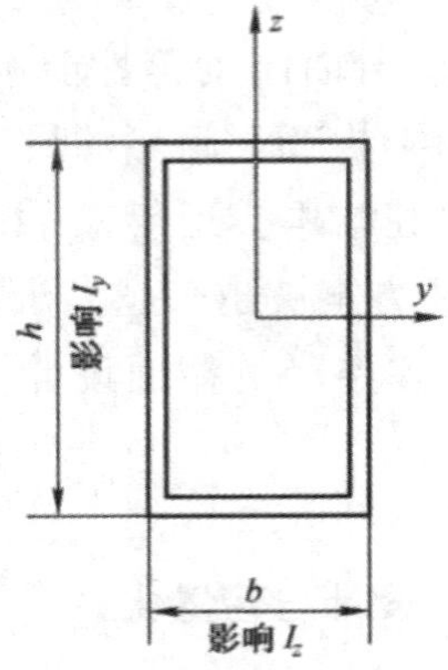


图 4-1　惯性矩示意图

（3）扭转常数（$J$）：车身断面一般分为开口断面和闭口断面两种，这两种断面的扭转常数计算公式如下：

$$J_{\text{open}}=\frac{1}{3}\sum s_i^3 t_i^3$$

式中：$J_{\text{open}}$ 是开口断面扭转常数；$t_i$ 是开口断面上某一段厚度；$S_i$ 为开口断面上某一段厚度 $t_i$ 的长度，如图 4-2（a）所示。

$$J_{\text{close}}=\frac{4A_{\text{m}}^2}{\int\frac{\mathrm{d}s}{t}}=\frac{4A_{\text{m}}^2 t}{s}$$

式中：$J_{\text{close}}$ 是闭口断面扭转常数；$A_{\text{m}}$ 是断面外轮廓围成的面积；$t$ 是断面的厚度，$s$ 为断面中厚度 $t$ 的长度。

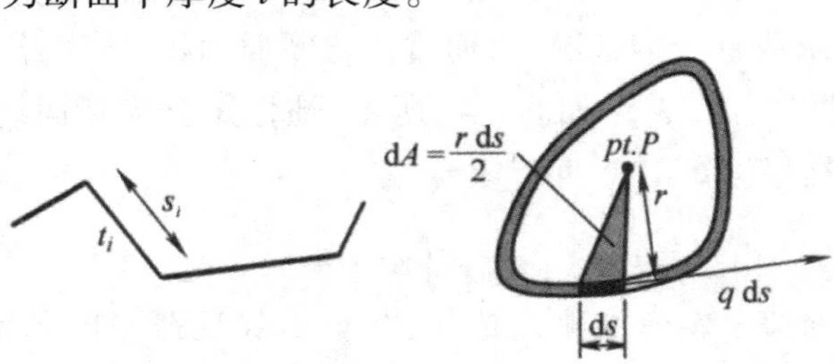


图 4-2　扭转常数示意图

$J$ 和截面扭转刚度成正比，如能保证薄壁的稳定性，$J$ 和截面扭转强度也成正比，结构优化设计一般考虑把 $J$ 最大化，如图 4–2（b）所示。

（4）断面静压溃力（$P_{max}$、$P_M$）：断面静压溃力是评价断面轴向承载能力的参数，主要包括断面的最大静压溃力（$P_{max}$），和平均静压溃力（$P_M$）两个参数。最大静压溃力（$P_{max}$）即考虑了材料破坏和薄壁板失稳的影响。$P_{max}$ 代表断面的轴向强度，是在汽车前纵梁碰撞安全设计中的一个主要参数。断面平均静压溃力（$P_M$）考虑梁初始破坏后峰值力减弱的因素。$P_x$ 代表梁的初始破坏后平均轴向强度，也是梁在轴向压溃中的吸收能量，是在汽车前纵梁碰撞安全设计中最主要的参数。汽车正面 / 后面碰撞结构优化设计一般考虑把 $P_w$ 最大化，如发舱纵梁（前部）、后地板纵梁（后部）等。在侧面碰撞优化设计时，一般考虑把 $P_{max}$ 最大化。

在车身的概念设计阶段，这两个力通常通过试验或者仿真分析获得。图 4–3 为方形断面梁轴向承载示意图，方形断面的厚度为 $t$，边长为 $b$。

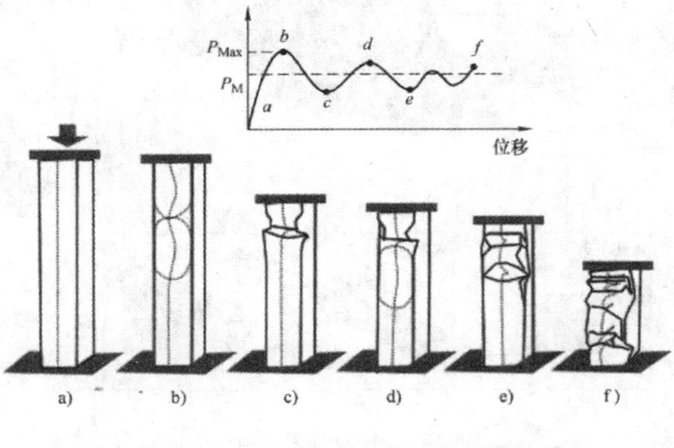


图 4–3　方形断面梁轴向承载示意图

### 4.1.3 车身铰接点的概念设计与轻量化

车身铰接点的概念设计是在车身框架概念设计后与车身断面的概念设计同步开始的，主要完成车身关键铰接点的结构概念设计，如 A 柱上部、A 柱下部、B 柱上部、B 柱下部、D 柱上部等；同时还要完成构成车身框架的其他结构环的接头结构概念设计，为后续的车身详细结构设计奠定基础。

车身上的关键铰接点指的是构成乘员舱的铰接点，这些铰接点性能会直接影响车身的主体性能。

如图 4–4 所示，车身上的关键铰接点共计 18 个，具体为：A 柱区域单侧有 A 柱上部铰接点、A 柱中部铰接点、A 柱下部铰接点 3 个铰接点，左右共计 6 个；B 柱区域单侧有 B 柱上部铰接点、B 柱下部铰接点 2 个铰接点，左右共计 4 个；C 柱区域单侧有 C 柱上部铰接点、C 柱下部铰接点 2 个铰接点，左右共计 4 个；D 柱区域单侧有 D 柱上部铰接点、D 柱下部铰接点 2 个铰接点，左右共计 4 个。

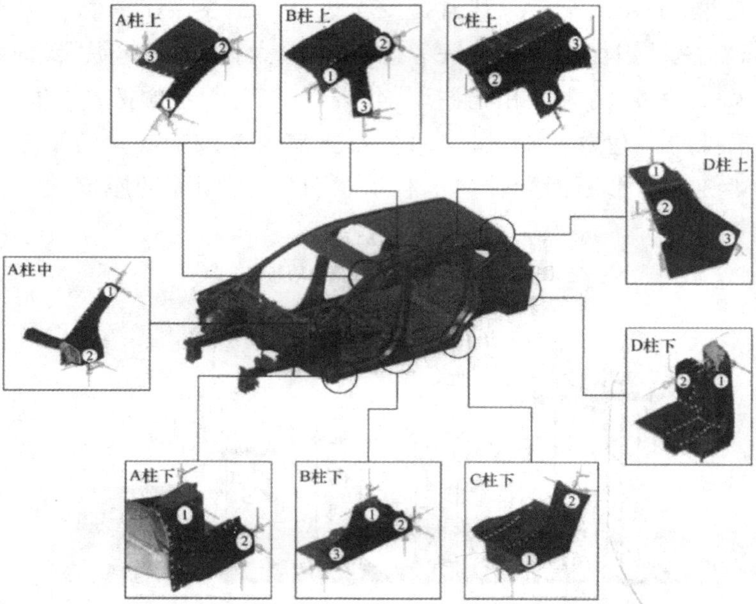


**图 4–4　车身上的关键铰接点示意图**

车身上的关键铰接点处于车身框架结构中的 A 环、B 环、C 环、D 环以及门环的接头部位。除去车身上的关键铰接点，在设计车身铰接点结构时还要关注车身上其他结构环的接头设计，如下车身框架中横梁与纵梁的搭接接头等。车身铰接点结构体现了车身接头部位的详细结构，包括构成铰接点的零部件，零部件的搭接信息、连接信息等。

车身铰接点的概念设计与车身断面的概念设计流程基本一致，具体为：首先确定车身上关键铰接点进行铰接点初步结构设计，然后进行铰接点性能分析及优化，最后进行铰接点轻量化评价及优化设计并输出

(图 4-5)。

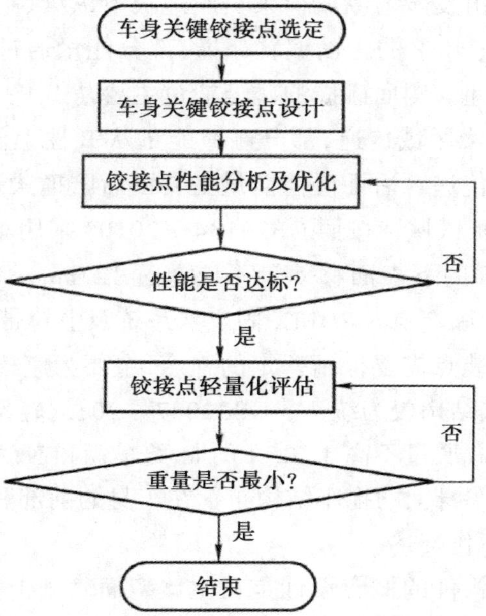


图 4-5　车身铰接点的概念设计流程

构成铰接点的结构件设计,包括结构型面设计、外廓尺寸设计、材料设计、厚度设计以及孔的设计等;结构件的搭接设计,包括搭接关系(焊接顺序)、搭接形式、搭接宽度等设计;连接设计,包括连接方式选择、连接点布置等设计。此外,在进行铰接点设计时还要考虑车身上的开闭件、内外饰件、电器、底盘等的安装边界、总布置的人机尺寸,以及运动部件的运动空间包络等。

### 4.1.4 车身关键结构件的概念设计

在车身框架的概念设计阶段,还要关注车身框架中影响车身整体性能(安全性、可靠性)、重量、成本的一类零部件的设计。这类零部件在车身概念设计阶段要进行主体结构和成本设计,为后续的车身结构详细设计、车身性能、轻量化目标及成本目标的达成奠定基础。

车身的结构设计要满足国家标准要求,如碰撞法规、安全带固定、牵引装置等。将车身框架中与安全、法规和可靠性相关的零部件定义为关键结构件。下车身梁结构是车身上最主要碰撞能量传递路径。100%的正面碰撞能量由发舱前纵梁向乘员舱地板下纵梁、中央通道边梁、门槛内板进行分散；40%的正面偏置碰撞，部分能量通过前防撞梁、前围下横梁向右侧传递。侧面碰撞的碰撞能量主要从B柱下侧由门槛向下车体车架地板横梁区域传递，部分碰撞能量从B柱上侧由B柱上边梁向顶盖横梁区域传递。后面碰撞能量主要由后防撞梁通过车体后纵梁传递到座舱后地板区域。按照GB26134—2010《乘用车顶部抗压强度》的要求，车顶前部的下表面移动量不应超过127mm。GB14167—2013《汽车安全带安装固定点、ISOFIX固定点系统及上拉带固定点》中要求座椅和安全带安装点需要保证一定的强度，主要为座椅安装横梁、后地板上横梁等件，其结构较为统一。GB32087—2015《轻型汽车牵引装置》规定了最大允许总质量不高于3.5 t的M类车辆和N1类车辆的拖车结构的强度要求。车身上的拖车结构布置在车身的前部和后部，结构形式较为统一，在此不作赘述。

车身关键结构件的概念设计是在主体型面基础上进行影响车身安全性能、NVH等关键特征的设计。对于车身上的碰撞吸能部件，在碰撞过程中主要通过变形来吸收碰撞能量，典型部件有发舱纵梁、后地板纵梁等，其断面普遍为封闭梁结构。变形模式有褶皱变形和弯曲变形两种。其中，褶皱变形模式的能量吸收效果较好，弯曲变形模式的能量吸收效果较差。在梁上增加横向弱化加强筋，在截面受到轴向压溃时，会降低初始力峰值，不影响后端的平均承载力，从而提升压溃变形稳定性。如发舱纵梁前端的横向筋在正面碰撞时诱导纵梁前端出现褶皱变形，提升纵梁前端的变形一致性。前面提到在传力梁的断面周长和板厚一定的条件下，不同的断面形状平均轴向压溃力大小不同，其大小主要与断面中传力角的数量有关，传力角的数量越多，轴向压溃力越大。梁上增加加强筋，可增加传力角的数量和截面的轴向压溃力，如图4-6所示。

实际上，受限于车身上的安装件，如动力总成、悬架等的限制，车身上的传力梁很难做到多个传力角断面形式。通常的做法是在传力梁的面上设计凸/凹形状的传力筋，如在发舱纵梁增加轴向加强筋，可提升纵梁的轴向压溃力，同等变形量下吸收更多的能量。

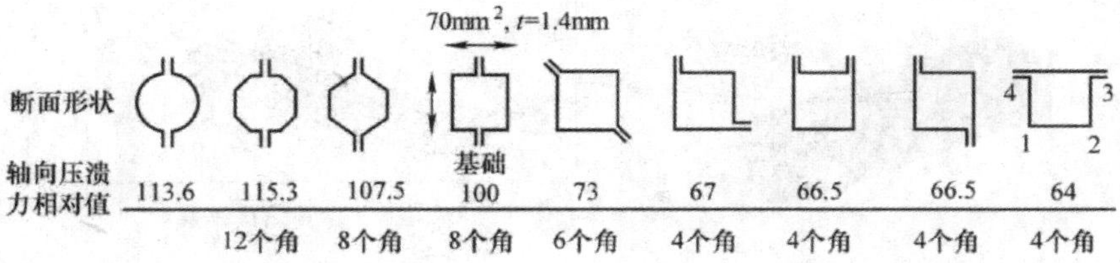


图 4-6　不同断面形状的轴向压溃力对比

研究表明，加强筋的形式、尺寸、数量等都会影响梁的变形模式。如图 4-7 所示，设定梁的截面为 90mm × 100mm，长度为 300mm。分别分析无加强筋、7mm 高的凹筋和凸筋、20mm 高的凸筋轴向压溃时吸能量的大小。其中，7mm 高的凹筋和凸筋吸能量相同，比无加强筋增加 8%，高度为 20mm 加强筋吸能量可提升 33.5%。由此可知，梁吸收能量的大小除了与传力角的数量有关外，还与加强筋的高度有关，加强筋越高，吸能量越大。

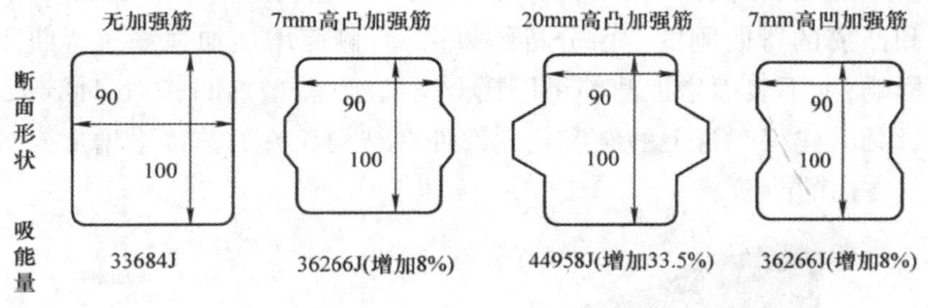


图 4-7　不同加强筋形式下的吸能量对比

如图 4-8 所示，梁在受到弯曲载荷时，受压平面易发生弹性失稳，此时的应力称之为临界屈服应力（$\sigma_{CR}$）。当 $\sigma_{CR}<\sigma_S$ 时，即零部件的临界屈服应力小于其材料屈服强度（$\sigma_S$）的情况下发生变形，此时弯曲载荷较小，临界屈服应力（$\sigma_{CR}$）与尺寸（$b$）、材料厚度（$t$）有关，在材料厚度不变的情况下，通过增加加强筋，可减小尺寸（$b$），提高临界屈服应力（$\sigma_{CR}$），使 $\sigma_{CR}\geq\sigma_S$，从而提升零部件的弯曲载荷，如图 5-8 的 $M_2$ 所示。

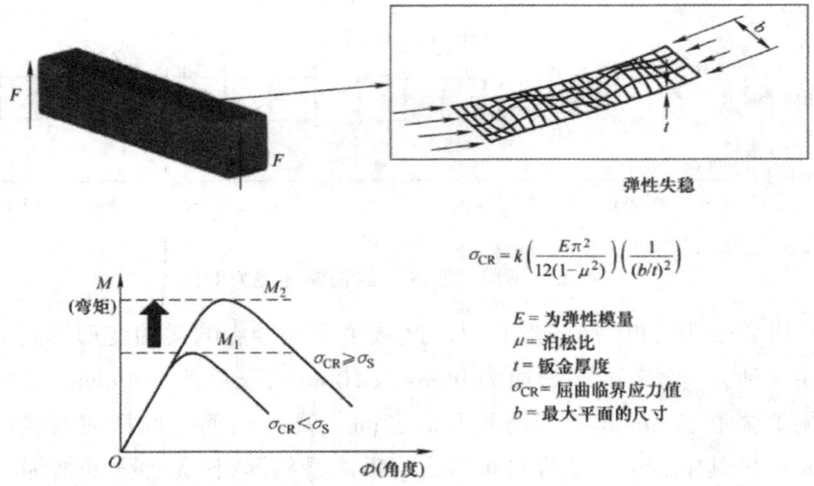


图 4-8 零部件弯曲载荷示意图

如图 4-9 所示，设定断面为 90mm × 100mm，长度为 500mm，分别分析无加强筋、侧面增加 7mm 高的凹筋和凸筋、上下增加 7mm 高的凸筋和凸筋的弯曲刚度。由分析结果可知，侧面增加加强筋对弯曲刚度无影响，上下表面增加凸筋可以提升弯曲刚度，增加凹筋则降低弯曲刚度，因此，建议车身上的刚度相关部件在结构允许的前提下增加与载荷垂直方向的凸筋。

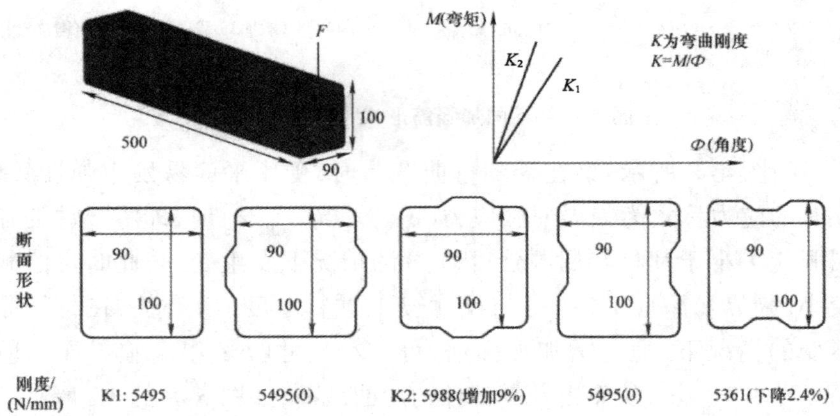


图 4-9 不同断面形状下的弯曲刚度对比

## 4.2　车身参数化模型的建立

在概念设计阶段,要基于前期设计优化筛选的车身框架、断面、接头和关键部件的概念设计方案和数据,并结合新车型造型快速构建车身隐式参数化模型,自动生成性能分析模型,从而有效、快速地验证各个方案的有效性。

参数化设计可以通过改动图形某一部分或某几部分的尺寸自动完成对图形中相关部分的改动,从而实现尺寸对图形的驱动。单个模型的几何形状只由三种类型的参数来控制:控制点位置、线曲率和截面形状。传统 CAD 参数化模型,梁的形状发生了变化会破坏系统级模型的几何连续性,使不同部件间产生脱离或干涉;对于隐式参数化模型,随着梁形状的变化,与之相连的所有几何部件都发生相应调整,整个系统模型仍保持原有的拓扑关系及几何连续性。

隐式参数化模型提供了有限元模型自动生成技术,为车身结构多方案快速验证提供解决办法。隐式参数化模型与有限元求解器及优化工具相联合,可以实现优化运算过程的自动循环,可以实现多个变量自动优化,提高方案优化效率。基于隐式参数化模型的优化循环流程,工程师只需预先设定目标与约束以及优化进程的收敛标准。在循环过程中,经求解器和优化工具输出的修改后的设计参数直接导入隐式参数化模型,模型会随之自动更新,同时也导出更新后的有限元分析模型。整个优化循环的运算过程可以自动运行,不再需要人工参与。

车身参数模型通常分为总成建立,各个总成按照初步的车身断面和接头方案进行模型构建,主要包括顶盖、前侧围、后侧围、前舱、前地板和后地板六个总成。上、下车体分别装配,前舱、前地板和后地板总成组装成下车体,顶盖和侧围组装成上车体,再进行上下车体的装配。白车身左、右侧结构基本对称,通常只需建立半车模型,如先建立左半车模型,将左侧模型对称复制得到右侧模型,再对非对称的位置进行必要的改动即可获得整体白车身模型。

（1）顶盖总成模型。顶盖总成模型主要包括顶盖和顶盖横梁两部分。顶盖模型重点依据前期定义的顶盖横梁数量和横梁断面进行创建。

（2）侧围总成模型。侧围总成模型较为复杂，通常分为前、后侧围两部分模型。前侧围模型主要包括 A 柱、A 柱下、A 柱上接头、A 柱下接头、B 柱、B 柱上接头、B 柱下接头、侧边梁和门槛模型，主要由梁模型和接头模型组成。总体建模思路先建立梁模型，再构建接头模型，如图 4-10 所示。各个梁模型的创建重点依据 A 柱的中间、A 柱下的上铰链 / 下铰链、前门槛中、B 柱上 / 中 / 下、侧边梁的中间等位置的断面方案进行创建；接头模型重点依据 A 柱上 / 下接头、B 柱上 / 下接头方案进行创建。各个梁和接头模型创建要求能够准确反映前期确定的概念方案。

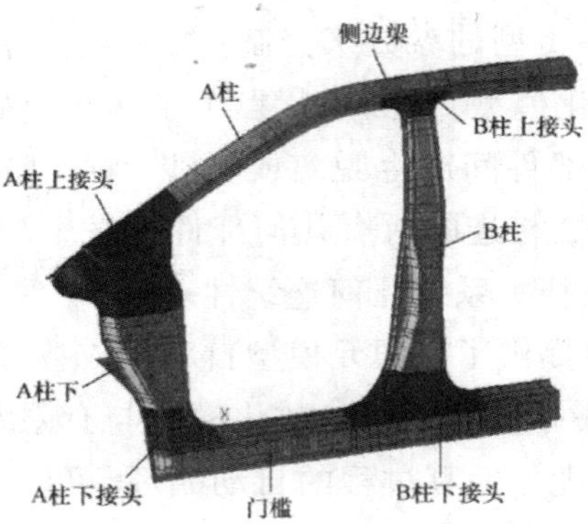


**图 4-10　前侧围模型**

后侧围总成模型主要包括 C 柱及其上下接头、D 柱及其上下接头、侧围内外板和后轮罩等结构。后侧围模型需要准确体现 C 柱和 D 柱的梁结构和接头结构方案，除此之外，需要重点体现后轮包及其侧向支撑结构的概念方案。

（3）前舱总成模型。前舱总成模型主要包括前纵梁、前轮包、前风窗横梁、前围板和后舱侧边梁。前舱总成模型需要重点体现前纵梁、前轮包、前风窗横梁及其与周边搭接等结构的概念方案。

（4）前地板总成模型。前地板总成模型主要包括前地板、中央通道、座椅横梁、地板纵梁等。前地板总成模型需要重点体现中央通道、地板下纵梁、地板横梁及其接头结构等概念方案。

（5）后地板总成模型。后地板总成模型主要包括后地板、后地板横梁、后纵梁等结构。后地板总成模型需要重点体现后纵梁、后地板横梁及其接头结构等概念方案。

（6）白车身装配。白车身各个总成模型创建完毕后，完成材料、厚度和多层焊接边（MFL）等属性创建。不同区域焊点布置按照焊点规范进行准确创建。对半车模型进行对称复制完成初步的白车身模型创建，对左、右局部结构存在差异的地方进行适当调整完成最终整体白车身模型创建。

## 4.3　车身结构轻量化优化设计

### 4.3.1 整车及车身轻量化评价指标

目前，车身轻量化系数作为汽车轻量化的表征参量和评价指标之一，考虑了车身扭转刚度、车身尺寸大小、质量水平，对白车身材料的合理使用、结构优化设计有重要意义，已发展成为汽车行业评价车身轻量化水平的重要指标。但是，车身轻量化系数只针对车身进行评价，而白车身仅占整车质量的 1/4 左右，用车身轻量化系数对整车轻量化水平进行评价有一定的局限性。因此，结合世界各大主机厂开发车型的轻量化情况，提出整车级、总成级、零部件级结构轻量化的评价方法对开发车型的质量控制、轻量化技术推广应用有重要的促进作用。

汽车轻量化按照整车水平、白车身水平和零部件水平三个层次评价。评价车型分为四门轿车和承载式 SUV。

（1）整车轻量化水平评价。整车轻量化水平采用整车面密度与同类车型整车面密度的拟合值对比来进行定性评价，采用整车相对面密度定量评价，确定 1~7 级轻量化水平。

整车面密度按下式计算：

$$L_0=M_k/A$$

式中：$L_0$ 是整车面密度，kg/m$^2$；$M$ 是整车质量，kg；$A$ 是脚印面积，m$^2$。

同类车型的整车面密度随脚印面积增加而呈线性增加趋势，满足：

$$L_a = aA + b$$

式中：$L_a$ 是随脚印面积线性增加的同类车型整车面密度拟合值，$kg/m^2$；$a$ 是变化斜率；$b$ 是常数。

四门轿车：$a$ 值取 77.80，$b$ 值取 14.16；承载式 SUV，$a$ 值取 81.22，$b$ 值取 38.49。四门轿车与承载式 SUV 的整车面密度与脚印面积的线性拟合规律如图 4-11 所示。将具体车型的整车面密度与同类车型的整车面密度拟合值进行对比，整车面密度在拟合线 $L$ 附近的车型轻量化程度接近平均水平，在拟合线右下方的车型轻量化程度高于平均水平，在拟合线左上方的车型轻量化程度低于平均水平。

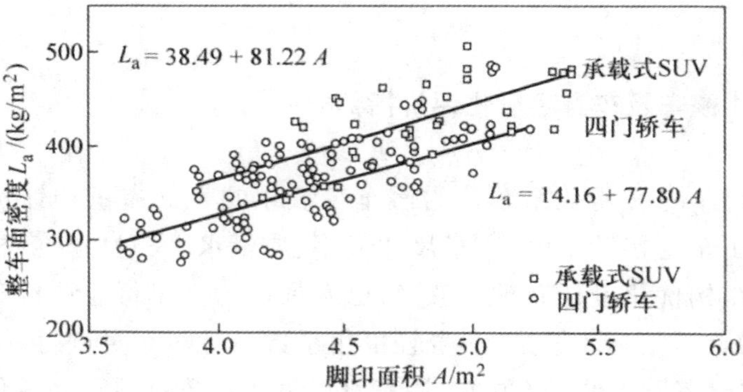


图 4-11　整车面密度与脚印面积的线性拟合规律

整车相对面密度按照下式计算：

$$\Delta L_m = L_o - L_a$$

$$\Delta L_m = M_k / A - b - aA$$

式中：$\Delta L_m$ 是整车相对面密度，$kg/m^2$；$A$ 是脚印面积，$m^2$。

（2）白车身轻量化水平评价。白车身轻量化系数作为白车身轻量化水平评价指标，按照下式计算

$$L = 10^3 \times M / \left(AC_T\right)$$

式中：$L$ 是白车身轻量化系数，kg/（N · m/degm$^2$）；$M$ 是白车身结构质量，不包括四门两盖，kg；CT 是白车身静态扭转刚度带前、后风窗玻璃，N · m/deg；$A$ 是脚印面积，$m^2$。

同类车型的白车身轻量化系数值越小，表明其白车身轻量化水平越高。

（3）零部件轻量化水平评价。零部件占整车或总成的质量百分比作为零部件轻量化水平评价参数，按照下式计算：

$$L_r=M_i\ /\ M_k\times 100\%$$

式中：$L_r$ 是零部件占整车或总成的质量百分比；$M_i$ 是所研究零部件质量（kg）；$M_k$ 是零部件所对应的整车质量或总成质量（kg）。同类车型的对应零部件的质量百分比数值越小，表明此零部件轻量化水平越高。

### 4.3.2 车身结构拓扑优化设计

在汽车车身早期的概念设计阶段，根据车型规划、总布置等要求，形成了相应的设计空间。在整体车身框架上要着重进行载荷传递路径、接头刚度、截面等结构的正向设计，从而为后期车身的详细设计打下基础。在特定工况下的拓扑优化对车身结构设计非常必要。以乘用车 A 柱下接头拓扑优化为例作详细说明，即以车身结构拓扑优化描述广泛应用的案例。

#### 4.3.2.1 A 柱下接头拓扑优化

在车身概念设计阶段，设计工程师可能不清楚结构的主要载荷传递路径，导致设计出的 A 柱接头结构在正碰和侧碰时承载能力不足，变形严重。通过对 A 柱接头进行拓扑优化分析，找到最有效的载荷传递路径，对 A 柱接头重新设计，增加加强筋，以提高承载能力。关键是识别 A 柱接头的载荷传递路径，从而对 A 柱接头重新设计。基于空间布置及设计经验定义优化空间。例如，在进行车身扭转刚度分析时，如只想找到下车体的薄弱区域范围，那么只需要对下车体生成优化空间即可。

（1）定义分析。对模型的边界条件和工况及拓扑结果的合理性进行解读，并与设计工程师共同将结果转化为具体结构；对设计工程师重新设计的结构进行验证；分析工况定义，分析模型包括白车身前半部分。

①约束：约束模型截断处所有自由度；

②加载：防撞梁中间加载200kN的$X$向载荷，模拟正碰工况，Rbe3抓取前纵梁前表面区域；防撞梁左侧加载200kN的$X$向载荷，模拟偏置碰工况，Rbe3抓取前纵梁前表面区域左侧40%区域。

（2）优化设置。约束A柱接头体积分数小于20%，使应变能最小。定义优化问题如下：

①设计响应：设计空间的体积分数、所有工况的加权应变能。

②约束条件：设计变量体积分数低于0.2。

③目标函数：各个工况的加权应变能之和最小。

④设计变量：材料密度。

（3）拓扑优化结果。查看材料分布的密度云图。

（4）结构重构。根据拓扑优化结果，对A柱下接头按照压铸铝合金工艺进行结构重构。从整车正碰验证结果可以看出，对比方案一，方案二、三、四的变形均较小，满足碰撞要求。根据质量与性能的关系，最终确定方案二作为优化设计的基础。

#### 4.3.2.2 车身结构胶拓扑优化

车身结构胶的应用可显著改善车身的刚度、NVH性能、疲劳寿命、结构耐撞性等，为轻量化提供更大的性能空间，有利于提升车身的轻量化水平。然而，结构的布胶位置对于性能影响很大。单纯凭借车型对标或经验判断来确定结构胶的位置和长度，既不经济又不科学。基于刚度模态的拓扑优化来确定结构胶的大致位置，然后综合考虑性能（如NVH、疲劳、碰撞等）、工艺和成本等方面，综合判断结构胶布置是科学的方法。

（1）输入条件满胶模型建立。结构胶通常用3D实体单元建模，建在需要连接的板壳单元之间，并辅以刚性单元（REB2和RBE3）进行连接；单元属性为PSOLID，体单元厚度为0.3mm；结构胶单元应尽可能覆盖所有翻边区域，尤其是内侧。通常建议靠近翻边内侧采用2排5mm × 5mm胶条宽度；在HyperMesh中，可用2D菜单中的Connector面板进行快速建模。在ANSA中，用De-fineConnection面板进行快速建模。结构胶材料特性按技术说明书选取，如$E$=1 750 MPa，$\nu$=0.367，$\rho$=1.24 g/cm$^3$，$\sigma_b$=31 MPa。

（3）分析方法。参考不同刚度模态工况的分析方法。

（4）优化方法。首先计算无胶模型的基础性能，然后计算满胶模型的极限性能，针对不同性能要求，设定优化目标。经拓扑优化确定结构胶布胶规律，进行结构胶重构，最后进行性能验证。如有必要，按照同样方法，在此基础上进行下一轮优化。优化空间为结构胶 PSOLID 单元。

（5）优化结果分析。通过基于不同性能的拓扑优化结果云图，如图 4-12 所示（红色为保留位置），进行胶条模型重构。

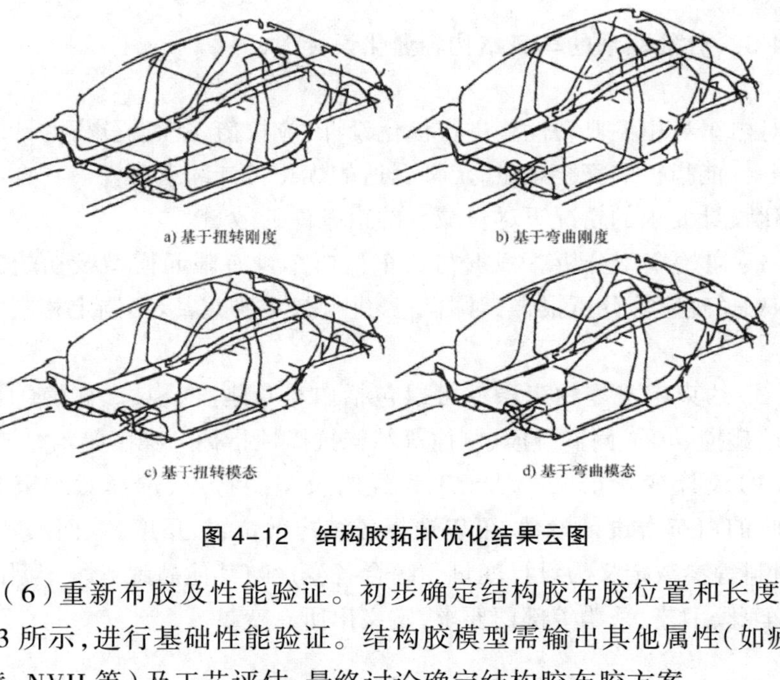

a) 基于扭转刚度　　b) 基于弯曲刚度

c) 基于扭转模态　　d) 基于弯曲模态

图 4-12　结构胶拓扑优化结果云图

（6）重新布胶及性能验证。初步确定结构胶布胶位置和长度如图 4-13 所示，进行基础性能验证。结构胶模型需输出其他属性（如疲劳、碰撞、NVH 等）及工艺评估，最终讨论确定结构胶布胶方案。

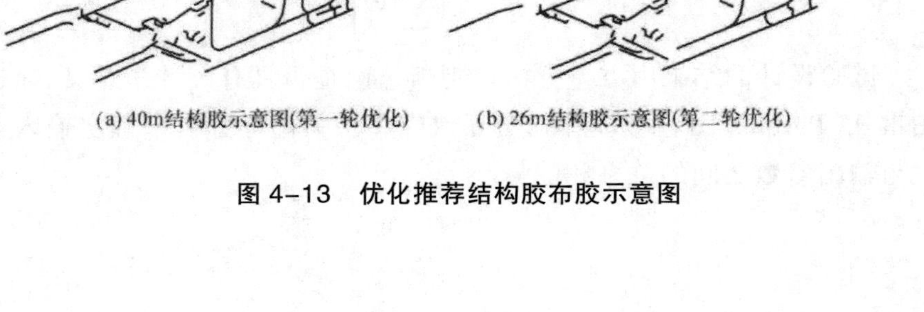

(a) 40m结构胶示意图(第一轮优化)　　(b) 26m结构胶示意图(第二轮优化)

图 4-13　优化推荐结构胶布胶示意图

基于 Optistruct 拓扑优化的思路基本一致,优化过程中的难点在于根据优化结果进行结构重构。这里需要大量的工程经验。

与拓扑优化相比,自由尺寸优化、形貌优化的设置方法只是变量的选择不同,自由尺寸优化使用 freesize 进行设计变量的定义,对应 type 选择为 PSHELL,约束条件和目标的设置与拓扑优化类似。

自由尺寸优化相当于应用 PSHELL 的拓扑优化,其改变的是设计空间内每个单元的相对厚度。

### 4.3.3 性能驱动的车身结构轻量化设计

对白车身相关典型性能进行优化设计,应权衡各性能分析的计算量以及各性能指标的安全余量,定义合适的优化设计约束条件。在全面考虑优化设计要求的情况下尽量减少约束条件的数量。

(1)初始车型分析。根据初始车型白车身有限元模型及初始的刚度、NVH、碰撞等分析报告,对白车身进行初步研究,以便制定相应的优化策略。

(2)约束定义。约束条件可以包括白车身刚度、模态、碰撞(100% 刚性墙碰撞、40% 偏置碰撞、侧撞等结构抗撞性指标)、噪声等。

(3)设计变量定义。基于工程经验及车型特点,选择对约束有较大影响的白车身设计参数,可以选择各结构梁位置、角度、截面尺寸、板厚、材料等参数定义为设计变量。综合各变量与其他品牌竞争车型的对比及车身、工艺、采购等部门要求,定义出所有变量

$$y=\beta_0+\sum\beta_i x_i+\sum\beta_i x_i^2+\sum^{i\neq j}\beta_{ij}x_i x_j$$

将输入变量归一化到 [-1,1] 后,拟合得到的模型系数($S_{xi}$)公平地反映各输入变量对响应的贡献。贡献率的百分比计算方法为

$$N_{x_i}=100\times\frac{S_{x_i}}{\sum_j\left|S_{x_i}\right|}$$

试验设计的结果由方差分析来判断结论是否具有统计学意义,通过帕雷托(Pareto)图、主效应图、交互效应和相关性等分析来确定输入参数与输出参数之间的关系和趋势。

以白车身轻量化优化项目为例，约束条件有模态、刚度和结构抗撞性指标，因此需要集成三个学科的计算文件。通过修改 Task 组件中定义的参数即可自动获得各个学科的计算文件。

刚度、模态都采用 Nastran 软件分析计算，它们具有相同的文件格式。在 Isight 软件 DataExchanger 组件中，对 3 个分析计算模型文件进行集成与解析。集成过程中，由于变量的水平取值都是 3 位字符，故选用了普通文本（GeneralText）格式，对模型文件相应位置选择长度为 3 位的字符串进行解析。由于车身部分钣金件左右对称，因此在对厚度变量进行解析时考虑了对称因素，用同一个设计变量分别对左右对称件进行解析，用 DataExchanger 组件中写入（write）功能对刚度与模态分析计算模型文件进行写入操作。碰撞模型需要解析厚度和材料的屈服极限值，具体方法与解析刚度参数一致。

在各个组件中定义好各自的参数变量后，需要定义组件间的参数传递关系，因此要对各个组件中的参数进行映射，为了便于对参数关系进行梳理和检查，此处采用了手动映射参数的方法。将 DOE 组件中的参数传递到各自子组件，以便在子组件 Stiffness、Mode 中进行厚度变量和材料变量的解析写入操作。DOE 参数是由右侧的 DOE 参数传递给左侧的 Mode 组件中同名的参数变量，以对模态计算文件进行写入生成相应的计算模型。同样，使用 DOE 组件生成计算文件，只需将 Task 组件替换为 DOE 组件，可以直接驱动 Nastran 进行计算或生成计算文件的工作流。运行整个模型则可以得到根据 DOE 设计矩阵创建相应的计算文件。

Simcode 是一个完整地将应用程序输入、执行、输出进行集成的接口。它包含用于改写程序输入文件的 DataExchanger、执行应用程序的 OSCommand 和读取程序输出文件的 DataExchanger 三个部分。在各个组件中定义好各自的参数变量后，采用手动映射参数的方法建立各组件间的参数传递，以完成变量参数的解析写入操作和结果参数的读取操作。

刚度模型计算完成后，在计算流程中可以自动提取结果，模态、碰撞模型等需在服务器上提交计算，不能像刚度模型那样直接在计算流程中提取数据。为实现其结果的自动化提取，需要创建自动化提取数据的 Isight 流程。将结果文件存放在指定路径下后，分别通过提取结果文件中的相关参数，模态模型输出一阶扭转频率和一阶弯曲频率；碰撞模型经 DataExchanger 输出侵入量、侵入速度、冲击加速度等所需要的结果值，作为 DOE 后处理矩阵的输出响应部分。

将样本的计算结果与样本的设计矩阵合并成一个数据表，在 DOE 组件中读入合并的数据并定义输入和输出变量。运行 Isight 软件，在 Graph 标签栏下查看帕雷托图和主效应图。选择帕雷托 Graph 后，再选择要查看的指标，即可得到该指标下各变量的贡献率。如果分析的指标较多，可以将帕雷托图导出为 excel 格式，对各变量的贡献率求和便可以得到综合贡献率。

在 Isight 工作区域内创建一个近似模型任务。定义 Input、Output 后选择合适的近似模型方法。误差分析是近似模型是否可用的重要步骤。通过建立近似模型，可以得到所有响应的平均误差和方差，平均误差都小于 3%，且方差都在 0.95 以上，质量响应的方差更是达到 1 的理想状态，说明所建立的刚度、模态近似模型具有很高的精度，完全可以用该模型替代烦琐的仿真计算进行优化。

从近似模型结果的 2D、3D 显示中可以通过直接改变某个或某几个变量快速地得到相应的响应值，并且从图中可以看到变量对刚度、模态的响应呈线性趋势比较明显，且两变量之间的交互效应不强。

### 4.3.4 车身轻量化结构 / 性能 / 材料一体化优化设计

对于车身系统，涉及刚度、模态、碰撞等综合性能，针对车身的结构、材料、性能设计一般需要进行性能的系统分解，即从整车到功能、到系统、到部件的逐级分解。因此，车身轻量化性能设计往往按照“V”字形的设计模式进行，最终落实到具体的子系统或零件进行设计。

#### 4.3.4.1 铝合金前横梁总成设计

前横梁总成作为主要的安全件，既要考虑高、低速碰撞变形模式，同时也要考虑行人保护要求，因此在轻量化开发中存在诸多技术难点。前横梁总成主要包括前横梁和吸能盒等关键部件。

前横梁的作用包括：①低速碰撞下保护水箱或车体等不受损，节约维修成本。②在偏置碰撞过程中分散能量给另一纵梁，而在 100% 正面碰撞中其作用不明显。

左右吸能盒的作用包括：①低速碰撞下（<15km/h）充分变形吸能，保证车身前部的硬点不发生变化，左右纵梁上前桥以及发动机悬置的安装点不发生相对位移变化；②高速碰撞下，吸能缓冲，同时达到一定加速度值，引爆安全气囊。

目前，各大主机厂前横梁所采用的制造工艺种类繁多，性能也各有优劣：①超高强度钢热成形；②铝合金挤弯成形；③内高压成形；④ GMT 注塑成形；⑤纤维增强复合材料；⑥激光拼焊技术等。

铝合金具有密度低，比强度、比刚度高等一系列优点，是汽车轻量化的理想材料。同时，铝合金绿色、环保，回炉能耗小，回收价值高。目前，在一些国外运动和豪华车型上得到应用。采用挤弯成形技术，通过优化结构，采用合适热处理工艺的铝合金前横梁和吸能盒具有如下特点：①相对原钢质结构件重量可减轻 50% 左右；②碰撞吸能性远高于原钢质结构件；③由于采用先进挤压加工技术，大幅度缩短加工流程，减少模具费用，使铝合金产品在价格上具有竞争优势；④铝合金回收价值高，回收利用率高。下面介绍铝合金前梁总成的结构轻量化设计方法。

1. 前横梁总成性能目标值

（1）材料性能。挤压成形铝合金前横梁总成由前横梁、吸能盒、安装底板、拖钩孔及支架类零件组成。

（2）结构性能目标值。铝合金前横梁总成冲击试验后需满足以下指标：前横梁总成不允许剪断和 / 或扯裂；最大变形量 <170mm；所有连接（焊缝等）不允许失效；截面承载力 >40kN。

2. 结构拓扑优化

（1）吸能盒拓扑优化。拓扑优化利用有限元软件 HyperWorks/HyperMesh 模块对原钢制吸能盒进行建模，约束吸能盒与安装板连接端各节点的全部 6 个自由度，另一端性能赋予另一刚性节点。在此刚性节点上施加 $X$、$Y$、$Z$ 三个方向上的静载荷，载荷大小接近于实际工况。采用 RADIOSS 模块进行计算，分别得出三个方向上的最大位移量。

根据原钢制吸能盒空间，确定铝合金吸能盒拓扑优化空间。为保证其刚度，需对铝合金吸能盒施加与钢制件相同的载荷进行优化设计，从而得到铝合金吸能盒加强筋的分布方式。

（2）前横梁拓扑优化。根据铝合金前横梁弯曲变形对横梁结构进行优化。采用有限元软件 Hyper Works/Hyper Mesh 建立铝合金前横梁碰撞模型，其中，吸能盒区域视为刚体，固定不动，刚性墙速度为 13.3m/s。将所建立模型导入拓扑优化软件 LS-TASC，进行参数设置并迭代优化。前横梁区域定义对称约束，并依据实际挤压工艺确定其挤压方向。

3. 尺寸优化

（1）设计变量：以铝合金前横梁总成的横梁截面厚度 $t_i$（$i$=1，2，…，$n$）、吸能盒截面厚度 $t_j$（$j$=1，2，…，$n$）为优化设计变量。

（2）设计目标及约束：以最大位移量和截面承载力为约束条件。

（3）目标函数：以铝合金前横梁总成总质量最小为优化目标。

以前述各节计算得出的铝合金前横梁总成厚度和型面结构为基础，建立相关有限元模型，导入尺寸优化软件 LS-OPT 进行优化分析。

4. 铝合金前横梁总成性能验证

可按照前横梁总成性能目标值中设定的目标值进行测试。

4.3.4.2 超高强度钢热冲压成形 B 柱结构轻量化设计

超高强度热冲压成形钢板在车身结构件上的广泛应用，在减重的同时兼顾汽车被动安全性能。相对于传统冷冲压工艺，热冲压工艺的钢板材料技术、加工装备技术、零件 / 模具设计技术、零件匹配技术以及检测技术均是热冲压零件生产的关键技术。近 20 年，热冲压材料、装备、零件 / 模具设计加工等得到了广泛研究和应用，形成直接热冲压和间接热冲压两类主要工艺。目前，全世界已有超过 100 条成熟的热冲压生产线，但有关热冲压零部件在整车上应用的连接技术、异种材料的匹配技术以及零部件级的检测技术，国内外报道较少。

下面以 B 柱为例对热冲压成形技术的应用进行分析。

1. 热成形 B 柱性能目标值

（1）材料性能目标值。热冲压成形超高强度钢 22MnB5 在应用过程中分为三个阶段：原始状态、加热保温状态、加工淬火后状态。

（2）结构性能目标值。热成形 B 柱冲击试验后必须满足以下指标：B 柱不允许剪断和 / 或扯裂；最大变形量低于 210mm；所有连接（焊点等）不允许失效；截面承载力高于 80kN。

2. 初始设计

（1）约束条件。根据热成形 B 柱结构性能指标，以最大变形量、截面承载力为约束条件。

（2）设计变量。设计初期，通过对原始零部件厚度减薄得到热成形 B 柱结构，热成形 B 柱厚度计算由下式可得：

$$t_1 = t\sqrt{\frac{\sigma_y}{\sigma_{y1}}}$$

式中：$\sigma_y$ 是超高强度钢 22MnB5 热成形后的屈服应力；$\sigma_{y1}$ 是原金属材料的屈服应力；$t$ 是原金属材料的厚度；$t_1$ 是超高强度钢 22MnB5 的厚度。

（3）数值模拟。以落锤试验为基础建立有限元模型，应用前处理软件 Hyperworks/Hy-perMesh 模块进行网格划分，零部件网格大小为 5 mm。落锤视为刚体，网格大小为 25 mm，将质量赋予相关节点。B 柱四端固定支座视为刚体，网格大小为 5 mm，与 B 柱零部件为刚性连接。建模完成后，应用有限元软件 IS-DYNA 进行计算，并应用后处理软件 Hyper-works/Hyperview 模块获得相关曲线。零部件材料属性设置为 MAT24 弹塑性材料模型，超高强度钢 22 MnB5 弹性模量为 213GPa，密度为 7.88 EO3kg/m$^3$，泊松比为 0.3，屈服强度为 1 085 MPa。应力应变曲线通过拉伸试验获得。焊点属性为 SECTION_BEAM 类型，焊点材料为 MAT100 材料模型。CRAD 设置：CONTROL_ACCURACY、CONTROL_CONTACT、CONTROL_ENERGY，CONTROL_HOURGLASS、CONTROL_SHELL、CONTROL_TERMINATION、CONTROL_TIME-STEP、DATABASE_BINARY_D3PLOT、DATABASE_OPTION 等计算控制参数设置参照 LS-DYNA 关键字手册。

以落锤俯视面中点所对应 B 柱上的节点为测量点，输出相应位移。通过在 B 柱 50% 部位设置 DATABASE_CROSS_SECTION 获得 B 柱截面承载力。

（4）结果分析。根据位移 - 时间曲线和承载力 - 时间曲线，获得最大位移量和截面承载力，截面承载力能直观反映零部件刚度性能。将所得数值与目标值进行对比，得出以下两种不满足要求的情况：强度不足，最大位移量高于 210mm，截面承载力低于 80kN，则认为零部件强度不足，可通过增加厚度改善；刚度过大，最大位移量低于 210mm，截面承载力高于 80kN，且截面承载力高于 80（1+20%）kN，则认为零部件刚度过大，可通过减薄的方式进行改善。

3. 热成形 B 柱设计要求

（1）热成形 B 柱应避免出现孔翻边。目前的热冲压工艺还无法进行孔的热翻边，对成形后的 B 柱进行孔翻边也极为困难。因此，不宜有大的侧壁翻边，尤其是 90° 的翻边特征。

（2）热成形 B 柱的截面形状应避免直壁和阶梯形状，采用与冲压方向成角 $\alpha \geqslant 3°$ 的侧壁拉延成形为宜。

（3）降低热成形 B 柱拉延深度，且成形深度尽可能相同，应能够一次拉延成形，避免多道次拉伸和 / 或较大较深的反冲压成形。若反冲压成形无法避免，应采用较大的过渡圆角。拉伸成形的圆角半径一般应满足 $R \geq 5t$（$R$ 为圆角半径，$t$ 为板料厚度）。

（4）热成形 B 柱应尽量采用规则的形状，降低不对称度，以便坯料准确定位。

（5）热成形 B 柱应尽量避免封闭式设计，采用开放式设计，以减少法兰边产生起皱、减薄以及开裂的风险。

（6）应尽量在热成形 B 柱的端部和中间梁设置吸皱筋。

（7）热成形 B 柱与周边零件的焊接型面不宜过大。型面过大易出现起皱现象，造成两焊接件贴合面搭接不良。焊接面可采用凸台结构设计或设置吸皱筋，以消除起皱现象。

4. 热成形工艺有限元分析

（1）在保证热成形 B 柱结构性能的同时，必须保证其工艺可成形性。可采用商用有限元软件 AUTOFORM、DYNAFORM、PAMSTAMP、IS-DYNA 进行 B 柱热成形过程有限元分析。

（2）相关参数设置。超高强度钢 22MnB5 高温条件下（600℃、700℃、800℃、900℃）应力应变曲线由高温拉伸试验获得。

## 4.4　基于 IBEM 法的某汽油机机体结构辐射噪声研究

发动机是汽车最主要的振动噪声源之一，它影响着整车的 NVH 性能。目前同级别车在使用性、动力性、安全性方面的差距越来越小，汽车 NVH 性能成为衡量汽车品质又一重要指标。由于发动机产品成形后再进行减振降噪等措施十分被动，既加长了设计周期，又提高了成本，降噪效果还受多方面因素限制。因此，利用 CAE 技术把 NVH 性能纳入正向设计中，及时根据预测结果调整结构、降低发动机噪声，具有重要的工程应用价值。

本节综合运用有限元法、边界元法和多体动力学等，对某四缸汽油机机体结构辐射噪声特性进行研究，建立了完整的噪声预测模型，仿真并分析了发动机声场分布，并与样机噪声试验测试结果进行了对比，为同类发动机产品结构低噪设计提供指导。

### 4.4.1 机体结构有限元模型的建立

该汽油机机体由气缸盖、气缸体、气缸罩盖、油底壳组成，根据机体的实际装配，在 Catia 中建立了机体的三维结构装配模型，为后续有限元模型的顺利建立，对结构中的冷却水道、油道、微小的螺孔倒角等进行了合理简化。然后在 ANSYSWorkbench 中赋予结构材料属性、划分网格，建立其有限元模型。其中，网格划分采用四面体单元，整个模型共有 557 631 个单元，979 585 个节点。汽油机机体有限元模型如图 4-14 所示。

图 4-14 机体有限元模型

### 4.4.2 机体结构振动响应仿真计算

声波是物体振动激励起介质中的质点振动产生的，所以表面辐射噪声与结构表面振动有着密切的关系。下面以机体振动响应作为辐射声场计算的边界条件。

#### 4.4.2.1 激振力的计算

发动机工作时，机体承受着发动机内部各种激励，其中气缸压力、活塞侧向力和主轴载荷三个作用力对机体振动噪声的影响最大，因此对这三个激励进行计算，作为机体振动响应的输入。

可燃气点燃产生的气缸压力是发动机进行工作的动力源。气缸压力推动活塞运动，通过活塞连杆驱动曲轴向外输出转矩。基于一维气体动力学原理在相应模块建立了该四缸汽油机整机燃烧模型，仿真计算了发动机最大功率转速（5 000 r/min）下各气缸压力，如图 4-15 所示。气缸压力既是机体的激振力之一，又是曲轴系统工作的动力输入。

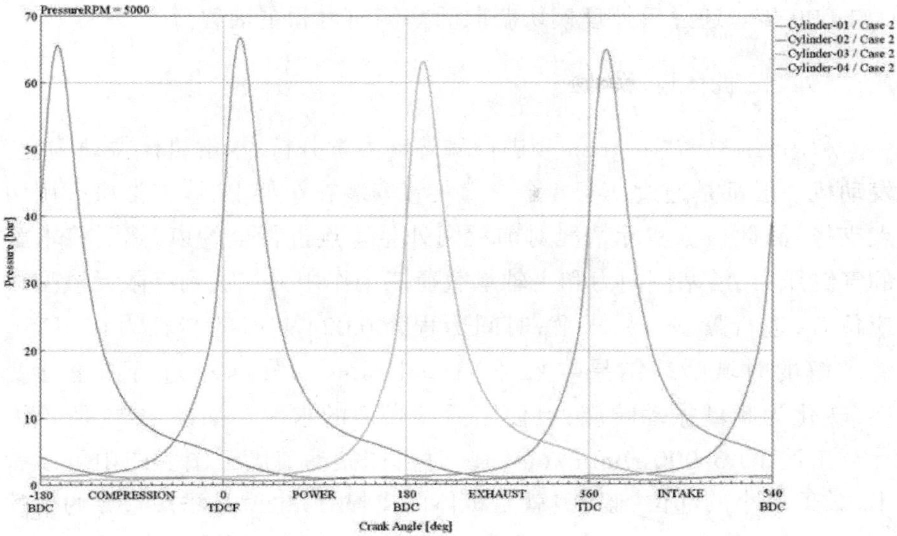


图 4-15　( 5 000 r/min )工况下各缸气体压力

通过 ADAMS 建立曲轴系统的多体系统动力学模型,仿真计算活塞侧向力和主轴载荷。在 Catia 中建立了曲轴、飞轮、轴瓦、连杆、活塞、活塞销等三维几何模型并装配为曲轴系统三维实体模型,导入 ADAMS 中,根据各构件实际运动关系添加运动约束、赋予材料属性、柔化构件等,建立起曲轴系统动力学模型,如图 4-16 所示。

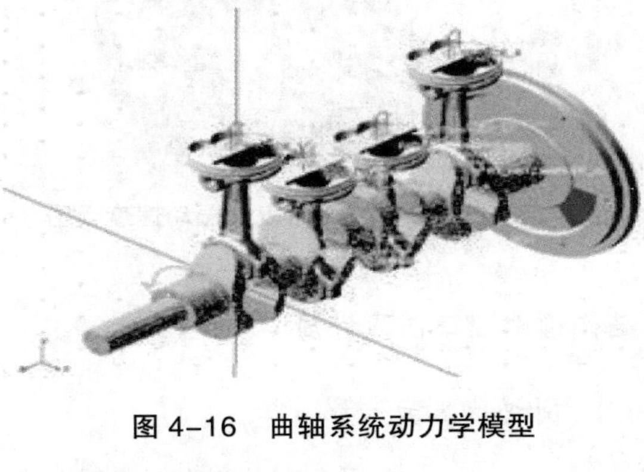

图 4-16　曲轴系统动力学模型

该汽油机为直列四缸,发火顺序为 1—3—2—4,各缸点火间隔为 180°。将计算的气缸压力数据导入 ADAMS 中,利用样条曲线拟合技术生成气体压力样条曲线,具体实现函数为 AKISPL ( time,0, spline_1, 0 )。然后加载至活塞顶面进行仿真计算,仿真时间为 0.048 s,仿真步数为 1 000 步。通过后处理模块获取活塞侧向力和主轴载荷。

#### 4.4.2.2 机体振动响应

利用 ANSYS Workbench 进行瞬态动力学分析，求解机体振动响应。发动机一般都是通过 2 ～ 4 个支撑装置安装在车架上，该汽油机采用两点支撑，因此根据实际情况对前后两处悬置点进行全约束，然后将求解的气缸压力、活塞侧向力和主轴承载荷三个作用力加载到有限元模型相应位置，进行瞬态分析求解，时间历程为 0.024 s，时间步长为 0.002 s。将求解的时域瞬态结果导入到 Virtual.LabAcoustics 中进行傅里叶变换，转化为频域振动响应，以便于后续噪声的求解。如图 4–17 所示为计算工况下（5 000 r/min）600 Hz 时机体振动速度云图。图中可以看出，数值最小的部位（蓝色）就是机体的支撑处，也就是添加边界约束的部位，所以振动速度最小，也符合实际情况。油底壳是振动比较大的部位，因为其是薄壳空腔；还有下曲轴箱部位的振动也比较大，这是由于曲轴安装在里面，所受载荷冲击最为直接。

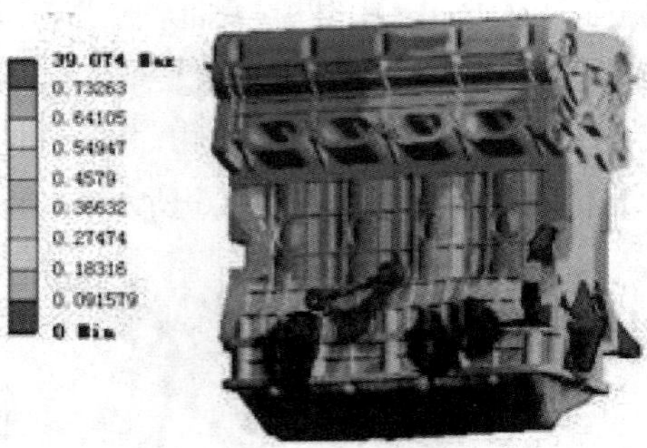


**图 4–17　机体 600 Hz 时表面振动速度云图**

### 4.4.3 机体结构辐射噪声仿真计算

#### 4.4.3.1 IBEM（间接边界元）法

对于声学的计算，边界元法极具灵活性，既可以计算封闭空间的声场，又可以计算非封闭空间的声场。其建立的是二维面网格，通过在面网格上积分得到场点上的声场分布。边界元分为直接边界元和间接边界元，直接边界元的网格要求是封闭的，间接边界元的网格可以封闭也可以不封闭。由于发动机机体的复杂性,表面有许多孔洞,并不封闭,因此用 IBEM 法更加便捷。

由于结构不封闭,间接边界元计算的声场是在边界元网格两侧,故需要确定两侧速度差 $\sigma$ 和声压差 $\mu$,也称为单层势和双层势,分别对应间接边界元 $\Omega_\sigma=\Omega_p$ 部分和 $\Omega_\mu=\Omega_{v=z}$ 部分。每个单元内的单层势 $\sigma$ 和双层势 $\mu$ 用每个节点的单层势 $\sigma_i$ 和双层势 $\mu_i$ 及全局形函数 $N_{\sigma i}$ 和 $N_{\mu i}$ 来确定:

$$\sigma\left(r_{\mathrm{a}}\right)=\sum N_{\sigma i}\left(r_{\mathrm{a}}\right)\sigma_i=N_\sigma\left\{\sigma_i\right\},r_{\mathrm{a}}\in\Omega_\sigma$$

$$\mu\left(r_{\mathrm{a}}\right)=\sum N_{\mu i}\left(r_{\mathrm{a}}\right)\mu_i=N_\mu\left\{\mu_i\right\},r_{\mathrm{a}}\in\Omega_\mu$$

用下式确定未知单层势 $\sigma_i$ 和双层势 $\mu_i$ 的节点:

$$\begin{bmatrix} B & C \\ C^{\mathrm{T}} & D \end{bmatrix}\begin{bmatrix} \sigma_i \\ \mu_i \end{bmatrix}=\begin{bmatrix} f_\sigma \\ f_\mu \end{bmatrix}$$

等号右边的系数向量 $f_\sigma$ 和 $f_\mu$ 中的元素分别为

$$f_{\sigma i}=-\int_{\Omega_p}\overline{p}\left(r\right)N_{\sigma i}\left(r\right)\mathrm{d}\Omega_p\left(r\right)$$

$$f_{\mu i}=-\int_{\Omega_v} j\rho_0\omega\overline{v_n}\left(r\right)N_{\mu i}\left(r\right)\mathrm{d}\Omega_v\left(r\right)$$

等号左边 B、C、D 为系数阵,元素分别为:

$$B_{ij}=\iint_{\Omega_\sigma}N_{\sigma i}\left(r\right)\cdot N_{\sigma j}\left(r_{\mathrm{a}}\right)G\left(r,r_{\mathrm{a}}\right)\mathrm{d}\Omega_\sigma\left(r\right)\mathrm{d}\Omega_\sigma\left(r_{\mathrm{a}}\right)$$

$$C_{ij}\int_{\Omega_\sigma}\int_{\Omega_\mu}N_{\sigma i}\left(r\right)\cdot N_{\sigma j}\left(r_{\mathrm{a}}\right)\left[\frac{\partial G\left(r,r_{\mathrm{a}}\right)}{\partial n\left(r_{\mathrm{a}}\right)}+jk\beta\left(r_{\mathrm{a}}\right)G\left(r,r_{\mathrm{a}}\right)\right]\mathrm{d}\Omega_\mu\left(r\right)\mathrm{d}\Omega_\mu\left(r_{\mathrm{a}}\right)$$

$$D_{ij}=\iint_\mu\begin{bmatrix} N_{\mu i}\left(r\right)\cdot N_{\mu j}\left(r_{\mathrm{a}}\right)\begin{pmatrix} k^2\left(n\left(r\right),n\left(r_{\mathrm{a}}\right)\right)+jk\beta\left(r_{\mathrm{a}}\right)\dfrac{\partial G\left(r,r_a\right)}{\partial n\left(r\right)}+ \\ jk\beta\left(r\right)\dfrac{\partial G\left(r,r_{\mathrm{a}}\right)}{\partial n\left(r_{\mathrm{a}}\right)}-k^2\beta\left(r\right)\beta\left(r_{\mathrm{a}}\right)G\left(r,r_{\mathrm{a}}\right)\end{pmatrix} \\ -\left(\nabla N_{\mu i}\left(r\right)\wedge n\left(r\right),\nabla N_{\mu j}\left(r\right)\wedge n\left(r\right)\right)G\left(r,r_{\mathrm{a}}\right)\end{bmatrix}\mathrm{d}\Omega_\mu\left(r\right)\mathrm{d}\Omega_\mu\left(r_{\mathrm{a}}\right)$$

在确定单层势和双层势后可以计算声场 $V$ 中任意点的声压为

$$p\left(r\right)=\left\{A_{\sigma i}\right\}^T\cdot\left\{\sigma_i\right\}+\left\{A_{\mu i}\right\}^T\cdot\left\{\mu_i\right\},r\in V\text{且}r\notin\Omega_{\mathrm{a}}$$

4.4.3.2 声学边界元模型及声场的建立

采用 IBEM 法进行噪声计算时首先要划分结构的边界元网格，建立声学边界元模型。划分声学边界元网格时，对于单元的大小有这样的规定：声学网格中最大单元的边长小于最高计算频率点处波长的 1/6，即

$$L \leq \frac{c}{6f_{\max}}$$

式中：$L$ 为最大单元边长；$c$ 为声音在某流体介质中的传播速度，$f_{\max}$ 为最高计算频率。本节对高压油泵壳体进行分析时的最高计算频率是 3 000 Hz，所以最大单元的边长应小于 18 mm。本次仿真计算中最大单元边长取 14 mm。建立的声学边界元模型如图 4-18 所示。

图 4-18　声学边界元模型

声波是在某种介质中传播的，占据一定的空间，声场就是表示这个声波存在的空间。结合工程实际，根据国标《GBT1859—2000 往复式内燃机辐射的空气噪声测量工程法及简易法》规定的测点要求，建立了半自由声场，如图 4-19 所示。

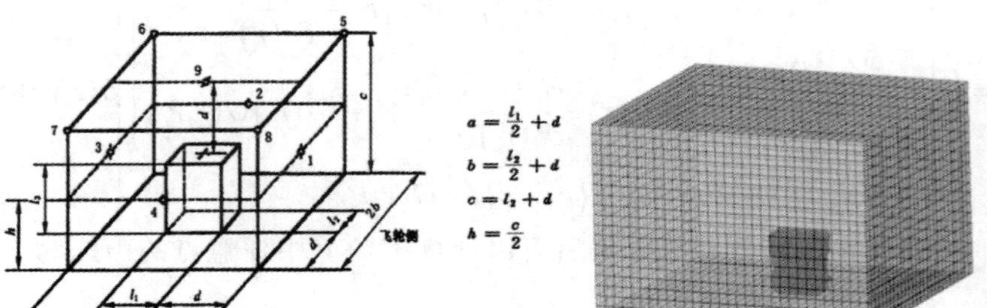


图 4-19　六面体半自由声场

4.4.3.3 声学仿真计算及分析

由于结构网格和声学网格的节点和单元不是一一对应的，因此网格上的数据不能直接共享，故运用算法，根据映射关系把振动速度从结构有限元网格转移到声学边界元网格，然后通过求 Helmholtz 积分解的方法对机体的声场进行计算。

声功率是声源在单位时间内向外辐射的声能，是独立于环境的客观量，与距离无关，因此它能客观描述机器设备的噪声辐射水平。但人的听觉依赖于声压，因此为了研究该汽油机机体的辐射噪声特性，先求出机体表面辐射声功率，再针对声功率对应的峰值频率分析声场的声压。

机体辐射声功率级曲线峰值频率是 600 Hz、1 650 Hz、2 150 Hz、2 600 Hz。其中在 600 Hz 时，声功率级达到最大值 104 dB。图 4-20 为各峰值频率对应的辐射声场声压级云图，可以清晰看出声场的声压分布：在 600 Hz、1 650 Hz 时，辐射噪声主要集中在上表面，其中 600 Hz 时声压级出现最大值，最大声压级为 104 dB；2 150 Hz、2 600 Hz 时，辐射噪声较大位置在声场左右侧面。结合振动响应，汽油机机体的气缸罩盖、油底壳、曲轴箱这几个部位振动噪声较大，这与油底壳、罩盖的结构较为薄弱、刚度较小以及曲轴对曲轴箱冲击较大有关。此外，两侧面辐射噪声较大位置比较靠下（近地面），可能是半自由声场下地面对声波反射造成的。

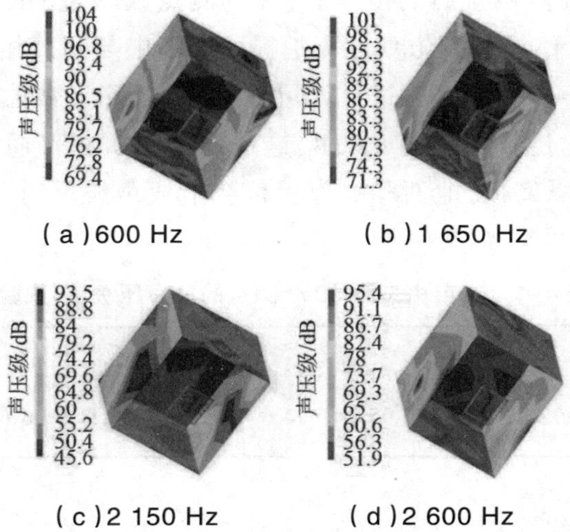


（a）600 Hz　（b）1 650 Hz

（c）2 150 Hz　（d）2 600 Hz

图 4-20　各峰值频率下辐射声场声压级云图

#### 4.4.4 噪声试验测试及结果分析

根据 GBT1859—2000《往复式内燃机辐射的空气噪声测量工程法及简易法》规定的测试要求，利用九点法对发动机样机在实际工况下进行了噪声试验测试。声学传感器按照国标规定的测点(图 4-21)进行布置、实际测点布置及噪声测试。

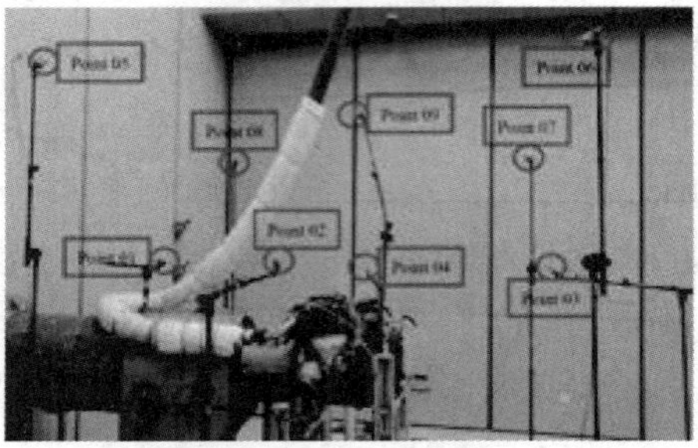

图 4-21　发动机噪声测试

在汽油机 5 000 r/min 工况下进行稳态测试，通过数据处理及背景噪声修正，得到 9 个测点 A 计权等效声压级，最后按国标规定的表面声压级计算得出总声压级，如表 4-1 所示。

$$\overline{L}_p = 10 \cdot \lg\left(\frac{1}{N}\sum_{i=1}^{N}10^{0.1L_{pi}}\right)$$

式中：$L_{pi}$ 为第 $i$ 点修正后的声压值；$N$ 为测点数。为了便于对试验结果与仿真结果进行对比，在仿真计算中提取声场中与测试相应的测点的声压级值，如表 4-2 所示。通过对比可以看出，各测点数值总体变化趋势类似，试验值比仿真值略高 2.8dB，这是因为测试在普通实验室进行并且发动机旁有隔离板，地面和隔离板都会造成声波反射形成混响，加大了噪声。

表 4-1　半自由声场 10 个测点的总声压级值(试验)

| 测点 | 1 | 2 | 3 | 4 | 5 | 6 | 7 | 8 | 9 | 总 |
|---|---|---|---|---|---|---|---|---|---|---|
| 声压级(dB) | 96.4 | 92.8 | 93.9 | 95.2 | 94.6 | 102.3 | 101.8 | 98.6 | 96.4 | 98.7 |

表 4–2　半自由声场 10 个测点的总声压级值(仿真)

| 测点 | 1 | 2 | 3 | 4 | 5 | 6 | 7 | 8 | 9 | 总 |
|---|---|---|---|---|---|---|---|---|---|---|
| 声压级(dB) | 95.2 | 93.9 | 89.7 | 94.3 | 92.6 | 98.7 | 99.4 | 96.8 | 94.8 | 95.9 |

## 4.5　基于空间解析几何的双横臂独立悬架运动学分析

悬架的运动特性是指当汽车车轮上下跳动(车轮和车身之间在垂直方向上相对运动)时,车轮定位参数、轮距等参数相应的变化规律。这一规律是由悬架的导向机构所决定的,它直接影响到汽车的使用性能,特别是操纵稳定性、舒适性、转向轻便性和轮胎的使用寿命。因此,悬架运动特性的分析是合理选择悬架导向机构几何参数的重要前提。目前,对于双横臂独立悬架运动特性的研究分析方法各有不同。

本研究基于空间解析几何理论,根据双横臂独立悬架的运动学方程,给出运动学特性参数的数学模型,该方法计算过程中无须进行坐标系变换,可简化运动分析过程,易于实现计算机编程。然后,基于 ADAMS 建立运动学仿真模型,并通过仿真分析验证该解析计算方法的正确性。此外,本研究还开发双横臂独立悬架运动学分析的可视化界面 GUI,该界面操作方便,便于工程技术人员在汽车悬架设计过程中的应用。

### 4.5.1 运动学分析模型的建立

双横臂独立悬架的导向机构简图如图 4–22 所示。坐标系 $O$–$XYZ$ 与整车坐标系方向一致,$OX$ 为纵轴方向,向前为正;$OY$ 为横轴方向,向右为正;$OZ$ 为垂直向下方向,向下为正;$O$ 点为质心,可以为车身上任意点,不影响计算结果。

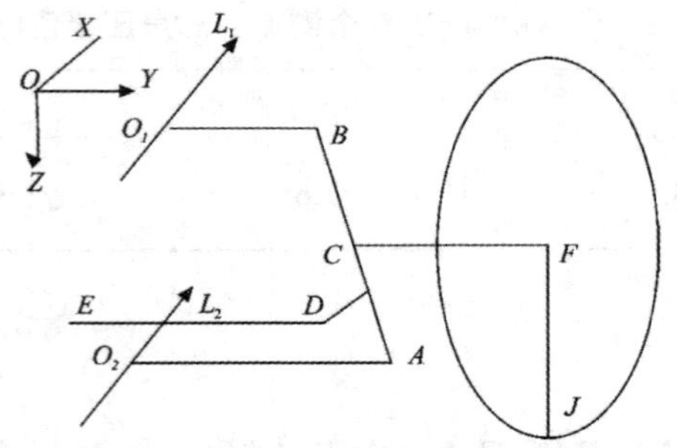


图 4-22　双横独立臂悬架结构简图

$O_1B$—上摆臂；$L_1$—上摆臂摆动轴线；$O_2A$—下摆臂；$L_2$—下摆臂摆动轴线；$B$、$A$—上下摆臂球销中心；$BA$—主销轴线；$F$—车轮中心，车轮轴线 $CF$ 与主销轴线 $BA$ 交于 $C$ 点；$D$、$E$—横拉杆外内球销中心；$J$—轮胎接地点

### 4.5.2 运动学性能参数的计算

#### 4.5.2.1 导向机构各点坐标的计算

为求出运动关系，本研究设 $A_0$、$B_0$、$C_0$、$D_0$、$F_0$、$J_0$ 为各点的初始位置，运动后的新位置为 $A_1$、$B_1$、$C_1$、$D_1$、$F_1$、$G_1$，$O_1$、$O_2$、$E$ 点在悬架运动过程中保持不变。分析过程中，各构件均为刚体，不存在变形和间隙。

（1）$A_1$ 点坐标。当车轮上下跳动时，上、下摆臂分别绕各自的摆臂轴上、下摆动，$A$、$B$、$C$、$F$ 之间的相对位置不变。摆动轴线 $L_2$、$L_1$ 的方向余弦为

$$U_2=\left[U_{2x}\ \ U_{2y}\ \ U_{2z}\right]$$

$$U_1=\left[U_{1x}\ \ U_{1y}\ \ U_{1z}\right]$$

当下摆臂 $O_2A$ 摆动 $\alpha$ 角后，$A$ 点的坐标为

$$A_1=R_2\left(A_0-O_2\right)+O_2 \tag{5-5-1}$$

式中：$R_2$ 为坐标转换矩阵。且

$$R_2=\begin{bmatrix} 2\left(q_0^2+q_1^2\right)-1 & 2\left(q_1q_2-q_0q_3\right) & 2\left(q_1q_3+q_0q_2\right) \\ 2\left(q_1q_2+q_0q_3\right) & 2\left(q_0^2+q_2^2\right)-1 & 2\left(q_2q_3-q_0q_1\right) \\ 2\left(q_1q_3-q_0q_2\right) & 2\left(q_2q_3+q_0q_1\right) & 2\left(q_0^2+q_3^2\right)-1 \end{bmatrix} \tag{5-5-2}$$

其中：$q_0=\cos\left(d_2\right),q_1=U_{2x}\sin\left(d_2\right),q_2=U_{2y}\sin\left(d_2\right),q_3=U_{2z}\sin\left(d_2\right)$。

（2）$B_1$ 点坐标。当下摆臂 $O_2A$ 摆动 $\alpha$ 角时，上摆臂 $O_1B$ 摆动 $\beta$ 角，车轮跳动过程中 $AB$ 长度 $\overline{AB}$ 保持不变，因此 $\alpha$ 和 $\beta$ 存在定量关系。与 $A_1$ 点坐标相同，$B_1$ 点的坐标为

$$B_1 = R_1\left(B_0 - O_1\right) + O_1 \tag{5-5-3}$$

以 $\beta$ 代替 $\alpha$，$U_1$ 代替 $U_2$ 得到变换矩阵 $R_1$ 代入式（3）可知，$B_1$ 是关于 $\beta$ 的一元函数，由 $\overline{AB} = \sqrt{\left(x_{B_1} - x_{A_1}\right)^2 + \left(y_{B_1} - y_{A_1}\right)^2 + \left(z_{B_1} - z_{A_1}\right)^2}$ 可转化为一元函数极小值问题。本研究构造函数 $\min f(\beta) = \left(\overline{AB} - \sqrt{\left(x_{B_1} - x_{A_1}\right)^2 + \left(y_{B_1} - y_{A_1}\right)^2 + \left(z_{B_1} - z_{A_1}\right)^2}\right)^2$，利用优化方法求解可确定 $\beta$ 值，进而代入公式（3）可求得 $B_1$。

（3）$C_1$ 点坐标。求出 $A_1$、$B_1$ 坐标之后，$C$ 点分 $AB$ 为定比，本研究可以根据定比分点公式求得 $C_1$ 坐标：

$$\begin{bmatrix} x_{C_1} \\ y_{C_1} \\ z_{C_1} \end{bmatrix} = (1-\lambda)\begin{bmatrix} x_{A_1} \\ y_{A_1} \\ z_{A_1} \end{bmatrix} + \lambda \begin{bmatrix} x_{B_1} \\ y_{B_1} \\ z_{B_1} \end{bmatrix}$$

其中：$\lambda = I_{AC} / I_{AB}$。

（4）$D_1$ 点坐标。在悬架运动过程中 $D$ 到 $A$、$B$、$E$ 的距离保持不变，即 $D$ 具有以下约束条件：

$$\left|\overline{DE}\right| = \left|\overline{D_1E}\right|$$
$$\left|\overline{DB}\right| = \left|\overline{D_1B_1}\right|$$
$$\left|\overline{DA}\right| = \left|\overline{D_1A_1}\right|$$

解该非线性方程即可得到 $D_1$。

（5）$F_1$ 点坐标。在悬架运动过程中 $F$ 到 $A$、$B$、$D$ 的距离保持不变，即 $F$ 具有以下约束条件：

$$\left|\overline{FB}\right| = \left|\overline{F_1B_1}\right|$$
$$\left|\overline{FA}\right| = \left|\overline{F_1A_1}\right|$$
$$\left|\overline{FD}\right| = \left|\overline{F_1D_1}\right|$$

解该非线性方程即可得到 $F_1$。

（6）接地点 $J_1$ 坐标。轴线 $CF$ 是垂直于车轮中心面的，则 $CF$ 垂直于 $FJ$，可得车轮平面方程：

$$(x_F - x_C)(x_J - x_F) + (y_F - y_C)(y_J - y_F) + (z_F - z_C)(z_J - z_F) = 0 \quad (5\text{-}5\text{-}4)$$

另外，$G$ 点位于车轮圆周上，车轮圆周方程为

$$(x_J - x_F)^2 + (y_J - y_F)^2 + (z_J - z_F)^2 = r^2 \quad (5\text{-}5\text{-}5)$$

式（5-5-4）、（5-5-5）联立即为约束曲线方程。令

$$x = x_J - x_F, y = y_J - y_F, z = z_J - z_F;$$
$$W_1 = x_F - x_C, W_2 = y_F - y_C, W_3 = z_F - z_C$$

式（5-5-4）、（5-5-5）联立，消去 $y$，可得

$$x^2 + \left[(W_1 x + W_3 z)^2 / W_2^2\right] + z^2 - r^2 = 0 \quad (5\text{-}5\text{-}6)$$

$J$ 点为车轮圆周 $Z$ 坐标最小的一点，在最低处有

$$\partial z / \partial x = 0 \quad (5\text{-}5\text{-}7)$$

由式（5-5-6）、（5-5-7）得

$$x = -\frac{W_1 W_3}{W_1^2 + W_2^2} z \quad (5\text{-}5\text{-}8)$$

$$y = -\frac{W_2 W_3}{W_1^2 + W_2^2} z \quad (5\text{-}5\text{-}9)$$

联立式（5-5-5）、（5-5-8）、（5-5-9）得

$$x_J = x_F + \frac{W_3 W_4 R}{W_1^2 + W_2^2} W_1$$

$$y_J = x_F - \frac{W_3 W_4 R}{W_1^2 + W_2^2} W_2$$

$$z_J = x_F + W_4 R$$

其中：$W_4 = \sqrt{1 - W_3^2 / (W_1^2 + W_2^2 + W_3^2)}$。

#### 4.5.2.2 运动学性能参数的计算

汽车悬架运动学特性的优劣反映在车轮上下跳动时车轮定位参数、轮距等参数的变化上，在车轮正常跳动行程内，这些参数应保持在合理的范围内。通过上面的分析，各参数的数学模型如下：

主销内倾角 $\alpha$：

$$\alpha = \arctan\frac{y_B - y_A}{z_B - z_A}$$

主销后倾角 $\beta$：

$$\beta = \arctan\frac{x_B - x_A}{z_B - z_A}$$

车轮外倾角 $\gamma$：

$$\gamma = \arctan\frac{y_F - y_J}{z_J - z_F}$$

前束角 $\lambda$：

$$\lambda = \arctan\frac{x_F - x_C}{y_F - y_C}$$

1/2 轮距变化量 $\Delta L$：

$$\Delta L = y_{J_1} - y_{J_0}$$

车轮跳动量 $\Delta H$：

$$\Delta H = z_{J_1} - z_{J_0}$$

### 4.5.3 计算实例

建立了上述数学模型后，某轿车双横臂独立悬架的初始硬点坐标如表 4–3 所示，上下摆臂 $O_1B$、$O_2A$ 的摆臂轴的矢量为

$$L_1 = 278.3I_m + 28.5J_m - 16.2K_m$$
$$L_2 = 277.5I_m + 28J_m - 15.4K_m$$

根据该悬架数据，本研究在 ADAMS/VIEW 中建立的仿真模型如图 4–23 所示。本研究对模型进行了车轮上下极限 ±80mm 的跳动试验，将后处理模块 AD–AMS/PostProcessor 中的仿真结果导出保存为 .tab 文件，再选取关键点数据，计算和仿真结果如表 4–4 所示。

图 4–23　悬架仿真模型

表 4–3　初始硬坐标(单位：mm)

| 硬点 | *X* 坐标 | *Y* 坐标 | *Z* 坐标 |
|---|---|---|---|
| F | –49.51 | 483.85 | –69.18 |
| A | –46.23 | 418.85 | 20.82 |
| B | –52.8 | 402 | –188.84 |
| C | –49.92 | 410.44 | 71.10 |
| O | 0 | 0 | 0 |
| J | –49.51 | 475.87 | 235.71 |
| D | –165.9 | 403.45 | 5.1 |
| E | –184.05 | –79.05 | –8.4 |
| $O_1$ | –33.25 | 151.33 | –200.3 |

表 4–4　实例计算与仿真结果

| 跳动量 / mm | 主销内倾角 /(°) | | 主销后倾角 /(°) | | 外倾角 /(°) | | 束角 /(°) | | *J* 点侧移 /(°) | |
|---|---|---|---|---|---|---|---|---|---|---|
| | 计算结果 | 仿真结果 | 计算结果 | 仿真结果 | 计算结果 | 仿真结果 | 计算结果 | 仿真结果 | 计算结果 | 仿真结果 |
| 80 | 608 | 6.18 | 1.70 | 1.69 | 0.06 | 0.02 | –1.83 | 1.72 | 1.32 | 1.62 |
| 60 | 5.38 | 5.45 | 1.76 | 1.75 | 0.66 | 0.68 | –0.68 | –0.67 | 1.47 | 1.36 |
| 40 | 5.04 | 5.039 | 1.78 | 1.77 | 1.02 | 1.03 | –0.12 | –1.1 | 1.37 | 1.36 |
| 20 | 4.71 | 4.71 | 1.80 | 1.80 | 1.36 | 1.35 | 0.52 | 0.52 | 0.91 | 0.90 |
| 0 | 4.59 | 4.594 | 1.79 | 1.79 | 1.50 | 1.49 | 0.32 | 0.33 | 0 | 0.006 |

续表

| 跳动量 / mm | 主销内倾角 / (°) | | 主销后倾角 / (°) | | 外倾角 / (°) | | 束角 / (°) | | J 点侧移 / (°) | |
|---|---|---|---|---|---|---|---|---|---|---|
| | 计算结果 | 仿真结果 | 计算结果 | 仿真结果 | 计算结果 | 仿真结果 | 计算结果 | 仿真结果 | 计算结果 | 仿真结果 |
| −20 | 4.69 | 4.71 | 1.77 | 1.76 | 1.42 | 1.42 | −0.41 | −0.40 | −1.28 | −1.20 |
| −40 | 5.01 | 4.98 | 1.72 | 1.72 | 1.11 | 1.11 | −1.66 | −1.61 | −2.92 | −2.82 |
| −60 | 5.58 | 5.54 | 1.64 | 1.63 | 0.54 | 0.6 | −3.01 | −2.95 | −4.77 | −4.62 |
| −80 | 6.11 | 6.112 | 1.57 | 1.58 | 0.008 | 0.007 | −4.24 | −4.21 | −6.13 | −6.01 |

由表 4-4 解析计算结果与仿真计算结果的对比验证,结果表明该方法准确、可靠,但也存在偏差：主销内倾角、主销后倾角、外倾角、束角和 *J* 点侧移的最大相差量分别是 0.1°、0.01°、0.06°、0.11° 和 0.3 mm,其原因是解析计算是以下摆臂运动作为悬架机构的系统输入,而仿真计算是以车轮的上下跳动为系统输入。

本书以 Matlab 软件为平台开发设计的双横臂独立悬架运动学分析的可视化界面 GUI 为研究对象如图 4-24 所示。图 4-24 中的曲线为本研究中的实例利用该界面输出的结果。该界面中,设计人员只需输入悬架硬点初始坐标即可输出运动学特性曲线,易于操作,可提高设计效率。

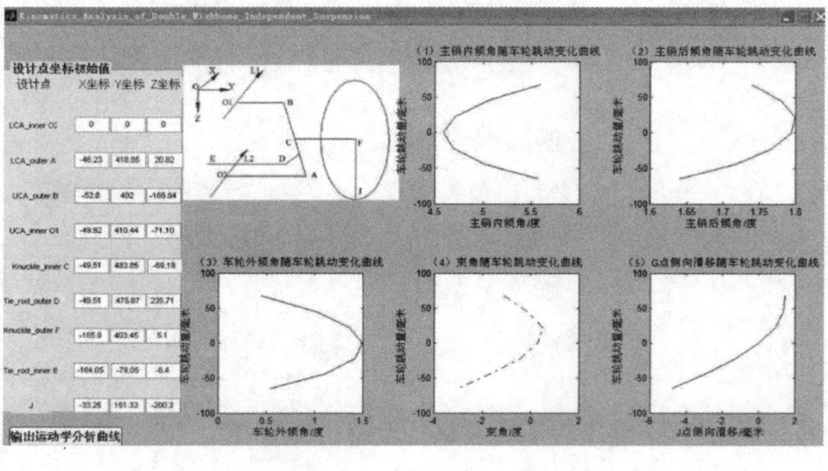


图 4-24　双横臂独立悬架运动学分析界面 GUI

通过图 4-24 对该悬架运动学性能参数分析如下。

(1)主销内倾角、主销后倾角、车轮外倾角和侧向滑移量的变化量不大,有利于汽车操纵稳定性,满足悬架设计要求。

(2)主销后倾角随车轮上跳具有增加趋势,可以抵消制动点头时后倾角减小的趋势,利于提高汽车的制动稳定性和舒适性。

(3)束角变化量太大,将会使轮胎磨损加剧、滚动阻力增大以及汽车直线行驶能力下降,不符合设计要求,需要改进。

(4)车轮外倾角和主销内倾角有着直接的关系,为了总角度,相同车轮外倾角和主销内倾角的变化趋势相反。

本书利用空间解析几何的方法建立了双横臂独立悬架运动学特性的数学模型,通过 ADAMS 软件的建模和仿真,验证了数学模型的正确性。在此基础上,基于 Matlab 软件开发了双横臂独立悬架运动学可视化分析界面 GUI。

笔者利用所开发的分析界面进行了实例计算,计算结果表明,所研究的悬架的运动学性能参数中,主销内倾角、主销后倾角、车轮外倾角和侧向滑移量均满足悬架设计要求,而束角变化量过大,应予以解决。利用该界面对悬架运动学进行分析,设计人员不需要进行编程计算,只需按照界面提示输入悬架初始坐标即可快速得到特性曲线,并根据特性曲线评价悬架的运动学性能,可以为悬架的改进设计提供指导,具有一定的工程实际应用价值。

# 第 5 章　车身轻量化工程的发展趋势

随着国内外工业技术的进步，车身结构轻量化方法也在不断发展。本章首先介绍了汽车轻量科学开展的流程，然后介绍了几款概念车的轻量化技术，最后介绍了新能源汽车的轻量化发展趋势。

## 5.1　汽车轻量化的科学开展

### 5.1.1 汽车正向开发流程

一个新型号汽车产品的从无到有，是一个复杂的过程，在这个过程中，整个企业的职能部门均需参与其中，而如何将其有效地进行资源整合，合理划分工作责任对于整个汽车开发项目获得成功至关重要。这里，我们将汽车正向开发流程的四个步骤分别加以详细说明。

汽车正向开发流程分为前期研发阶段、概念设计开发阶段、详细设计开发阶段、设计验证阶段和批量生产阶段。

#### 5.1.1.1 前期研发阶段

前期研发阶段还可以称之为项目策划阶段，包括项目计划、可行性分析、项目决策及组建项目组等几个方面。在汽车研发的前期，汽车企业的产品规划部门必须做好企业产品发展的近期和远期规划，该规划必须具有市场的前瞻性与应变能力。项目前期阶段的工作包括市场调研、国家相关法规分析、竞争企业和竞争车型分析。同时分析自身的优势劣势，包括生产制造资源、技术研发能力等，明确汽车的配置、市场定位和目标客户，并制订车型开发的项目可行性分析书。法规符合性是一个产品最基本的要求,如果不考虑政府法规,很可能会导致开发的车型根本没有办法实现合法的生产、销售和使用,甚至在很多领域受限制,进而影响产品市场。政策法规分析从三个方面加以考虑,国家强制性标准及法规、行业标准及法规、地方标准及法规,其中国家强制性标准及法规是必须要满足的,但对于行业标准及法规、地方标准及法规,要注意客户群,如果不妨碍在其他行业及地方使用,也是可以接受的。对竞争车型进行分析,确定其车型的优劣势,继承和发扬竞争车型的优势并加以创新,摒弃其劣势,这样才能更好地占领市场。当然,对一个新车型的设计,要根据自身的能力及资源,考虑实际情况,否则是不可能实现的。项目论证要分析审查论点的可行性和论据的可靠性与充分性,经过这一个阶段,企业要确定开发的车型在性价比方面有什么特点和创新。项目策划的最后阶段是组建汽车新车型产品开发项目小组、明确产品开发小组各位成员的工作职责、制定汽车研发的里程碑计划、设定项目各个阶段的工作完成目标、制定各阶段工作中各开发小组的工作任务和内容、明确计划进度和评价考核要求。

5.1.1.2 概念设计阶段

在汽车开发的概念设计阶段中,需要确定和细化汽车各项性能目标,制订总体布置草版参数、造型草版设计、油泥模型制作和各大系统的前期结构设计。汽车性能目标制定和分解是指将项目前期阶段调研的结果、法规和竞争力分解细化成各项汽车性能目标,如百公里油耗、NVH 性能、汽车安全性能、制动性能、动力性能等等。汽车总布置设计是指汽车的总体设计方案,其工作包括:车身与各系统布置、动力总成的布置、传动系统的布置、前后悬架系统的布置、制动系统的布置、燃油系统的布置、备胎和行李箱等的布置和空调电子装置的布置等。造型设计工作按照汽车总布置中的尺寸开展,包括外造型设计和内造型设计两部分。造型设计完成后,将进行油泥模型的制作工作,在此工作中,需组织多次的总布置验证和其他各领域的问题评审,以考证造型的合理性。各大系统的前期结构设计是指汽车动力系统、底盘系统内外饰、车身、空调电子系统根据前面的性能目标、总布置参数等进行零部件的选型、框架结构设计等。由此可见,概念设计在汽车新产品研发中有着至关重要的地位,决定着汽车研发的成败,因此汽车轻量化设计一般是在本阶段开始介入。对于车身轻量化设计概念设计阶段：第一步先根据造型和总布置参数，建立车身的拓扑空间 FEM 模型，然后采用全参数化适应修改拓扑模型，并进行拓扑结构优化设计，得到白车身的最优传力路径框架。工程师按照传力路径框架模型和工程解读布置车身的关键承力构件，建立初始车身框架的几何结构。接着选择车身截面组合，建立车身的参数化梁单元的简易力学模型，并对梁截面参数进行优化。优化完成的梁和截面简化模型，对接头区域进行灵敏度计算，识别出关键接头并对其进行加强，对非关键结构进行减重。

#### 5.1.1.3 详细设计阶段

汽车详细设计阶段是将汽车各大系统进行细化设计的过程，其工作包括总布置工程详细设计、造型工程详细设计、空电系统工程详细设计、动力系统工程详细设计、车身和门盖系统工程详细设计、底盘系统工程详细设计、内外饰件工程详细设计。在汽车的详细设计阶段中，将构建各大系统的零部件结构数模，并进行有限元虚拟分析和优化。

#### 5.1.1.4 设计验证阶段

对生产各阶段形成的有形产品和无形产品，通过物理、化学及其他的科学技术手段和方法对所提供的客观证据进行观察、试验、测量，证实已满足规定的要求，是一种管理性的检查活动。设计验证阶段是对集成的整车和零部件进行台架试验和路试试验，确定所设计的产品是否能够符合国家要求。

#### 5.1.1.5 批量生产阶段

在批量生产阶段启动时，需进行包括制订生产流程链、落实生产设备到位、铺设生产线等工作。在投产启动阶段期间，要反复地改善涂装、冲压、焊装和总装生产线的工艺。在确保生产流程和样车性能的条件下，开始进行小批量试产，然后进一步验证产品的可靠性。此过程大约需要半年的时间。在经过工艺验证和工程验证零部件厂的爬坡能力和整车厂的制造能力，小批量生产无问题之后，再正式启动批量生产，同时按照爬坡计划进行产能提升。对可售及批量生产的产品质量以及销售、售后服务条件进行确认，批准开始正式商业销售。

### 5.1.2 汽车轻量化设计管控流程

汽车轻量化设计管控是以汽车的整备质量为监控对象，前期通过制定一个轻量化目标，然后收集减重方案，把需要减重的目标按照整车、区域、系统、总成、分总成、部件按级分解下去。然后再到各个零部件的质量优化上，并对轻量化过程进行跟踪，分阶段对其质量进行控制，尽量保证零件及子系统的质量在设定目标之内，对没有完成的质量目标进行原因分析，确定是否完全贯彻轻量化策略或者是否还有其他轻量化的方法。最后对 OTS 进行实车验证可以把此次的设计经验以及发现的问题进行总结并导入数据库中，以便后续新车型设计开发的借鉴和改进。

前期设计阶段，整车轻量化目标的设定是十分关键的，会影响到后期的设计开发。轻量化目标设定可以分为三个步骤。

#### 5.1.2.1 轻量化基准车分析

轻量化基准车可以是现有车型，也可以是具有较高轻量化水平的竞争车型，通过实物计量的方式，按照系统划分，分级测量出各款对标车的整车质量、区域质量、系统质量、总成质量、分总成质量、部件质量和零件质量。对于汽车的整备质量，系统之间的质量可分为承载体质量或非承载体质量。比如相对白车身，内外饰系统包括座椅、仪表台等就是非承载体质量，白车身是承载体质量。测量出来的对标车零部件的质量，根据承载载荷的关系，区分清楚具体哪些是非承载载荷质量，哪些是承载体质量。最后按照减重的策略分析重量分布的合理性，并评估具体哪些质量是可以减少的以及减少这些质量的费用是多少、由谁来承担。根据以上的分析评估结果，确定主要减重区域和次要减重区域，并评估这两种区域的质量占比。通常主机厂需要遵循以下几大原则开展减重工作：①主要减重区域的选择以非承载载荷为主的零部件。次要减重区域为以承载载荷为主的零部件。②设计开发周期段的零部件为主要减重区域。③以减重后整车中心不发生大偏移为准则。④以变更设计导致制造费用少的零件为主要减重区域。

5.1.2.2 新车型质量分析预估

结合整车项目的开发策略、架构形式、尺寸定义、安全和NVH性能，以及其他舒适性需求，预测整车零部件重量更改范围，然后与PE（产品工程师）讨论每个更改件的设计策略对质量的影响，汇总预估出新车型的整车重量状态。

5.1.2.3 新车型的重量目标

通过收集以前所有可用于新车型的新结构、新材料、新工艺轻量化提案，以及轻量化前期研究项目提案，结合油耗目标，通过平衡工艺、性能、成本、结构、空间、质量等指标后，确定一个可以实现的、有竞争力的轻量化目标作为新车型的质量目标。

确定明确的新车型的质量目标，下面就是分阶段进行质量控制。每个阶段都要严格控制其质量，对超出质量目标的零部件要进行原因说明，由轻量化工程师审批每个阶段的零部件质量信息，再由轻量化集成工程师及时更新每个阶段的《整车重量分析跟踪表》。在供应商工装数据发布阶段之后，通过分析整车及零部件质量评估目标完成状况。然后进行正式工装样件的实车验证，通过实车安全碰撞试验验证、基于台架的整车或系统试验验证和整车道路试验验证来进行效果评价。

### 5.1.3 主机厂轻量化设计组织架构

一般来说，现代企业的组织管理架构包括以下三种结构：直线型组织结构、职能型组织结构和矩阵式组织架构等。矩阵式组织架构作为一个为完成专门任务而出现的横向系统，相对于直线型组织结构，具备着灵活、快速、有效的特点。矩阵式组织架构包括职能部门和同一工作任务目标下的多个项目小组。这就实现了包括行政形式和职能形式组织结构特征的组织架构，矩阵式组织结构随着项目的结束而解散，所以是一种非固定性的、非长期的组织结构。

主机厂的整车轻量化设计的工作涉及轻量化集成设计部门、车身工程部门、车门工程部门、内外饰部门、空调电子部门、底盘部门、动力部门、CAE虚拟分析部门、总体工程部门、平台管理部门和制造工艺部门等。同时,整车轻量化设计贯穿包括从轻量化对标车 Benchmark 分析、整车轻量化策略制订、各区域系统的目标制订和分解到车身轻量化方案设计、底盘系统轻量化方案设计、动力系统轻量化方案设计、空电系统轻量化方案设计、车门系统轻量化方案设计等各大系统的方案提出、校核及验证等工作。由于整车轻量化涉及的专业部门较多、工作环节繁杂,需要尽量优化决策环节、减少工作层次数量,各设计职能部门本着提升资源利用率、提高工作执行效率和决策速度的原则,根据所在部门的资源与任务安排的情况协调、安排资源分配利用。所以主机厂的整车轻量化设计的组织包括轻量化集成设计部门、专业部门和平台管理部门在内的矩阵式管理架构模式。

在整车轻量化设计组织架构中,项目总工作为新车型开发的总负责人,全面负责整个项目的进度和质量。其主要职责包括以下几点:①保证项目团队使用正确的方法。实施最佳的方案,全面了解前沿技术,为汽车开发目标的定义和实现提供技术方案。②实现按目标时间交付,达到设计成本及质量目标的能力。③组织和指导团队进行汽车各区域系统零部件结构设计。④确定设计方案,进行设计评审并确保设计产品成功。⑤分析设计及试验验证中的问题并制订工程方案。⑥评估项目团队的技术进步情况。⑦每月定期举行整车设计评审。⑧按照计划对整车轻量化设计的方案进行评审。

平台管理则直接向总工负责,协助项目总工管理项目。①协助总工制订车型开发的项目有关计划、规章制度和决策制度。②协助总工组织编制项目质量计划。③协助总工制订整车轻量化的设计目标。④按项目节点发起汽车设计评审会,评估汽车各区域重量目标达成情况。⑤在轻量化设计方案与汽车其他性能、结构设计冲突的情况下,协调各区域进行方案的论证,并协助总工对方案进行拍板。

轻量化集成开发小组协调项目总工、平台管理、制造车身、底盘、内外饰、动力、门盖和空调电子等区域的整车轻量化设计工作,对在产车型轻量化控制工作的协助配合,并全面负责整车及各区域轻量化目标的达成。①在项目前期负责召集各专业区域进行对标车的 Benchmark 分析,制订整车轻量化设计策略,并对整车轻量化目标进行设定和分解。②在项目的工程设计阶段,负责整车轻量化技术应用工作的策划与实施,挖掘各区域零部件的轻量化设计提案,并推动方案的实施。跟踪并分析设计过程中的整车轻量化设计，整车、区域、子系统和零部件的重量性能状态，并向项目总工、平台管理汇报风险和解决方案。负责车型轻量化应用的审核和认可。③在产品验证阶段，负责实测整车及各子系统的重量状态，分析是否与设计阶段的理论重量相符。④在量产阶段，负责整理汇总轻量化相关信息如性能、重量、配置等，更新整车轻量化设计数据库。⑤负责建立和完善整车轻量化技术体系。⑥负责全面落实研发车型轻量化控制工作。轻量化集成开发小组需要向项目总工、平台管理经理汇报工作。

车身、底盘、内外饰、动力、门盖和空调电子等区域小组负责各自系统的结构设计方案落实情况，并协助轻量化集成开发小组进行零部件轻量化方案的挖掘。

ME 负责轻量化方案的制造可行性分析评估，保证汽车零部件能顺利制造。这些区域负责人需要向轻量化集成开发小组、项目总工、平台管理经理汇报工程设计中的重量相关事宜。

矩阵式整车轻量化设计管理组织架构有如下优势：①轻量化组织架构相对来说比较灵活机动，可随着汽车研发项目的开始与结束进行组织的成立或组织的解散。②组织架构是根据整车开发项目来组织的，轻量化开发的任务清楚，目的明确。负责轻量化集成设计、产品设计、性能仿真和工艺实现等各科室的专业人员都集成进来。因此在轻量化开发工作过程中，应将各科室专业人员自身的工作与汽车轻量化开发的整体工作紧密联系在一起，为推动轻量化方案实施过程中出现的问题献计献策，推动整车轻量化设计的目标达成。③通过优化各区域的资源配置情况，加强汽车企业不同职责部门的信息交流和工作配合，避免出现直线型组织结构中的各职能部门之间的责任不清、相互脱节的不良现象。

### 5.1.4 汽车轻量化进度管控

#### 5.1.4.1 汽车轻量化进度管控工具

轻量化设计过程长，为了有目标、有方向地实施轻量化策略，保证轻量化按原定目标按时按量完成，需要对轻量化进度进行跟踪管控，实时更新轻量化优化方案实施进度，控制增重零件，分析失控风险，及时预警，并根据情况适时更新目标。

常见的管控工具有《3D 数模审核单》和《整车重量分析跟踪表》,《3D 数模审核单》是在 T1/T2 状态数据发布阶段,产品工程师结合 DCD(产品概念描述)中的开发策略,进行详细的产品设计后发布的含有零部件重量信息的审核单,是轻量化工程师分析该零部件是否达到轻量化设计标准的参照。《整车重量分析跟踪表》在项目启动的时候填写,并伴随着轻量化优化设计的整个过程,让工程师能够随时监控零部件及整车重量的变化。同时在轻量化设计过程中重要的节点处由轻量化集成工程师进行更新,这样能够保证每个阶段设定的轻量化目标按时按量地完成。如果存在前期某个零部件及子系统分发的轻量化目标过高或者还有进一步减重的余量,就可以在该阶段结束的时候发现问题并及时修正,不会余留给下一阶段,导致下一阶段的工作无法正常进行。在项目启动的时候,工程师就会通过对标车进行详细的分析,结合新车型的整车参数和市场定位,发布《整车前期重量目标定义》报告;随着项目的进行,通过收集可用于新车型的新结构、新材料、新工艺轻量化提案,以及轻量化前期研究项目提案,编写《轻量化提案跟踪表》。结合油耗目标,通过平衡工艺、性能、成本、结构、空间、质量等指标后,确定一个可以实现的、有竞争力的轻量化目标作为新车型的重量目标,并编写《整车重量目标定义》报告,到了 DCD 阶段,轻量化集成工程师会将通过轻量化工程师审核的 DCD 报告中的重量信息录入《整车重量分析跟踪表》,通过分析重量,更新《减重提案跟踪表》及编写《增重原因跟踪表》。在 T1/T2 数据发布阶段,轻量化集成工程师又会将《3D 数模审核单》最新的重量数据在《整车重量分析跟踪表》中进行重量信息更新,并及时更新《减重提案跟踪表》及《增重原因跟踪表》,以达到对 T1/T2 数据发布阶段的重量控制,保证进入 OTS 实车验证阶段的时候整车的重量尽可能地达到预定目标。

#### 5.1.4.2 汽车轻量化运行管控

在轻量化管控过程中,轻量化工程师和轻量化集成工程师是至关重要的,在各个阶段有着不同的职能。在项目立项的阶段,轻量化工程师需要对标车型进行分析,确定对标车型的优缺点,然后对新车型的整车参数进行初步判定,结合新车型市场定位及减重提案确定各区域重量目标。而轻量化集成工程师的职责是通过分析对标车的动力、百公里油耗、排放、制动、主被动安全、NVH和疲劳等性能指标，结合轻量化集成工程师各区域重量目标，确定整车整备质量、总质量及轴核分布。在DCD（零部件概念描述阶段），产品工程师通过对标分析，在整车开发策略的指导下，综合重量成本、供应商能力、性能指标、生产工艺等各种因素下确定最优设计方案，并编制零部件概念描述。整车轻量化工程师通过审核工程师的DCD报告，确保工程师应用了前期制定的轻量化提案，且在结构方案设计中没有富余设计，让新车型在竞争车型中处于轻量化优势地位。对于超重量目标或有较大潜力的零部件，在DCD评审时，轻量化工程师会提出改进建议或者预警，然后会签DCD重量部分，交由轻量化集成工程师。轻量化集成工程师将DCD报告中的重量录入《整车重量分析跟踪表》进行重量分析，并更新《减重提案跟踪表》及《增重原因跟踪表》。DCD发布完成后，轻量化集成工程师编写《DCD重量状态报告》。在T1/T2状态数据发布阶段，产品工程师根据DCD中的开发策略建立T1/T2阶段的三维数据，估算其设计重量，发布《3D数模审核单》，整车轻量化工程师通过会签PE发布的《3D数模审核单》，检查轻量化提案实施情况、零件设计是否过设计，是否应用了最优的轻量化结构。对于超重的零件需工程师提交原因说明，及时在会议上预警报告风险，继续挖掘减重提案以期达到重量目标。然后整车轻量化集成工程师将重量数据根据《整车重量分析跟踪表》进行重量分析，并及时更新《减重提案跟踪表》及《增重原因跟踪表》，T1、T2状态数据发布完成之后，需编写《T1/T2阶段重量状态报告》供总工决策。在OTS样车验证阶段，PE反馈零部件实测值至轻量化工程师处，轻量化工程师将T2阶段数据与OTS实测数据对比，两者之间整车合计重量数据差应在5kg以内，如差异较大需找出原因并加以分析解决。轻量化集成工程师根据整车质量实测流程对OTs阶段整车进行称重，并上传至整备质量数据库，再对实测数据进行分析，确定真实的整车重量状态，最后轻量化集成工程师根据分析数据编制《整车质量公告备案值定义》报告，供领导决策、申报质量公告所用。

所以，轻量化工程师与产品工程师对接，完成各个子系统零部件的轻量化优化，再交给轻量化集成工程师，将各个子系统优化后的重量综合在一起，完成整车各系统的轻量化，并得出最后的整车重量，编写报告。

#### 5.1.4.3 汽车轻量化管控会议及评审制度

前面提到,汽车的轻量化设计流程繁杂,运行管控的各阶段工作涉及的专业部门较多。为了对各阶段工作进行管理控制,需制定轻量化管控会议和评审制度。

汽车轻量化设计过程中的管控会议贯穿到整个汽车的开发过程。包括对标车提案评审会议、整车轻量化策略评审会议、整车轻量化目标评审会议、系统轻量化目标评审会议、轻量化提案评审会议、轻量化性能分析报告评审会议和各阶段的整车及各系统重量状态汇报会议等。合理的会议及评审制度对于汽车轻量化设计工作的进行、轻量化提案的推进具有积极的意义。

主机厂整车轻量化管控会议分为A、B,C三个等级。其中A级项目会议级别最高,评审会议由项目组发起,参会人员包括总工、项目经理、平台工程师、轻量化集成设计工程师、各区域VSE。A级评审会议的主要作用是确定整车轻量化策略及目标,确定各研发阶段中整车各区域重量状态,跟踪轻量化策略实施情况,如有超重零件,挖掘减重方案并进行方案的决策。B级会议包括级别稍低,同样由项目组发起,参会人员包括项目总工、项目经理、平台工程师、轻量化集成设计工程师、各区域VSE。B级会议的主要作用是由轻量化集成设计工程师通报汽车研发各阶段的各区域重量状态。若该状态超出轻量化项目目标,讨论减重方案,项目经理将在讨论过程中进行一定程度的判断,最终将会议形成的结论提请给项目总工决策。C级会议由轻量化集成设计工程师发起,参会人员包括平台工程师、轻量化集成设计工程师、各区域VSE。C级会议的主要目的是由轻量化集成设计工程师跟踪轻量化策略实施情况,交流讨论超重零部件的减重思路和挖掘方案。最后总结整车轻量化设计的效果,总结交流整车轻量化设计的经验。

分级的整车轻量化管控评审会议制度,在保证主机厂汽车研发过程中通畅、高效的沟通渠道,提升轻量化设计各职能部门的业务水平,达到信息共享、统一目标、团结协作的目的,有利于达成汽车轻量化的设计目标。

### 5.1.5 汽车轻量化正向设计开发的关键技术研究

#### 5.1.5.1 基于数据库的轻量化目标分解及评价

汽车轻量化不是没有目标地将汽车整车减重重量随机分配到各个零部件上，这样不但会影响零部件的强度，导致零件失效甚至直接不能使用，而且会使汽车的综合性能达不到要求，无法满足市场的需要，这就失去了汽车轻量化的意义。所以，对于汽车轻量化的目标设定及分解都是有详细流程的，必须按照这些流程，按部就班，才能最后保证轻量化目标的实现。完成一个车型的整车轻量化目标分解，需要完成以下步骤。

（1）多元参数数据收集。因为一个车型的整车轻量化目标不是靠经验就可以轻易确定的，而是需要收集市场上多款畅销车型的各项参数，包括整车质量、轴距、轮距、发动机排量等基本参数，扭转刚度、安全星级、一阶扭转模态、百公里油耗等性能参数，整备质量、各子系统质量等质量参数以及材料、工艺等其他参数，这就需要我们做大量的市场调研和分析。

（2）多元表征参数方法及子模型构建。现有的整车轻量化评价体系仅仅包含能表达面密度（即整备质量与车长宽的比值）、体密度（即整备质量与车长宽高的比值）的单一轻量化参数，不能准确地对整车轻量化进行有效的评估。

通过对国内外汽车整车或车身的轻量化平均方法研究，总结这些方法的优点和不足，研究面向常规能源以及新能源汽车的，覆盖更多内容、蕴含更丰富物理意义的参数表征方法。因为目前各整车评价体系与部分参数相关性太大，且与相关参数并不是简单的线性关系，所以无法对整车轻量化作出科学合理的评价。这就需要我们用多元表征参数的方法建立子模型，分析轻量化各表征参数。

（3）基于多元表征参数模型的数据库构建。汽车企业的轻量化集成团队根据企业 Benchmark 数据、企业研发的车型数据，整合构建汽车整备质量、车型的发动机排量和功率参数、整车安全和 NVH 等性能、汽车百公里油耗等轻量化的多元表征参数数据库。通过多元表征参数方法的子模型构建轻量化数据库，对轻量化表征参数和整车性能指标的深入研究，揭示两类参数间的函数关系，更准确预测或衡量轻量化设计水平，为构建合理的整车轻量化评价体系积累数据。

（4）整车轻量化综合评价体系。建立统一有效的整车轻量化评价体系是推进轻量化、节能减排的基础和关键。统一有效的轻量化评价方法可以让不同车型的轻量化水平一目了然，方便消费者以及主机厂轻松地比较出不同车型的轻量化水平。而且目前面对汽车行业的迅速发展，轻量化技术也越来越完善，主机厂需要有自己完善的轻量化评价体系才能准确评价出自己生产车型的轻量化程度并及时作出调整，提高效率，这样才能提升主机厂在轻量化研究领域的竞争力和整车轻量化管理水平。目前汽车主机厂在对于整车的轻量化技术评价方法研究还不够深入，主机厂之间也尚未对评价方法达成一致。国内外主机厂主流认可的轻量化评价方法是宝马公司提出的“车身轻量化系数”。该系数将车身尺寸、扭转刚度/扭转模态和车身重量统筹评价，该评价方法有一定的科学意义，但是仅对于车身和单一的性能进行评价。而国内外的汽车主机厂和汽车行业目前仍未形成统一的普遍认可的汽车轻量化的评价标准。

（5）整车重量目标分解。已知整车轻量化评价系数的基础上对概念阶段定义的整车重量，根据各系统重量与之相关的参量关系进行评估，可以清晰地得出整车上超出的重量，然后评估整车超重量在各个子系统中所占的比值，成功地将整车超重量分解到各个子系统，有目标、有方向地进行轻量化。

#### 5.1.5.2 同平台车型耦合轻量化开发流程

随着汽车生产工业技术水平的逐步提升，为了在越来越激烈的汽车销售市场竞争中取得相对优势的地位，各大车企纷纷引入了从研发阶段到生产制造阶段的整个过程中，关于设计方法、生产设备、制造工艺、生产流程及汽车的核心零部件和质量控制这一整套体系的汽车平台化概念。在汽车研发阶段，平台化方法能大大减少开发周期。在生产制造阶段，平台化零部件的大规模制造特点带来了成本节约的优势。汽车平台化中的零部件的标准化和通用化是汽车平台化理念的核心。德国大众汽车集团公司的汽车平台化战略是一个成功的案例，其旗下的大众品牌、斯柯达品牌和奥迪品牌等，共用了 PQ 平台、MQB 平台、MEB 平台和 MLB 平台等。汽车的平台化开发模式在节约研发成本、缩短新产品研发周期、分摊节省生产制造成本方面有着很大的优势。汽车企业通过实施平台化战略，整合研发、生产资源用于新车型的开发，使得企业产品具有较高的竞争力。

汽车的平台化包括零部件标准化、功能的系列化、结构模块化以及零部件通用化。这对汽车研发来说是一个新的挑战。目前国内的主流车企平台化设计正处于起步阶段，由于平台化开发是多款车型同步进行研发，如某汽车企业的新平台车型就包括从 A0 级到 C 级的 Car、MPV，SUV 等车型的同步开发。

对于整车轻量化设计来说，如何进行同平台的各个车型的差异化轻量化目标定义、轻量化方案的提出和推进，是一个重要的课题。基于以上问题，本书提出了一种同平台车型耦合的轻量化开发流程，如图 5-1 所示。

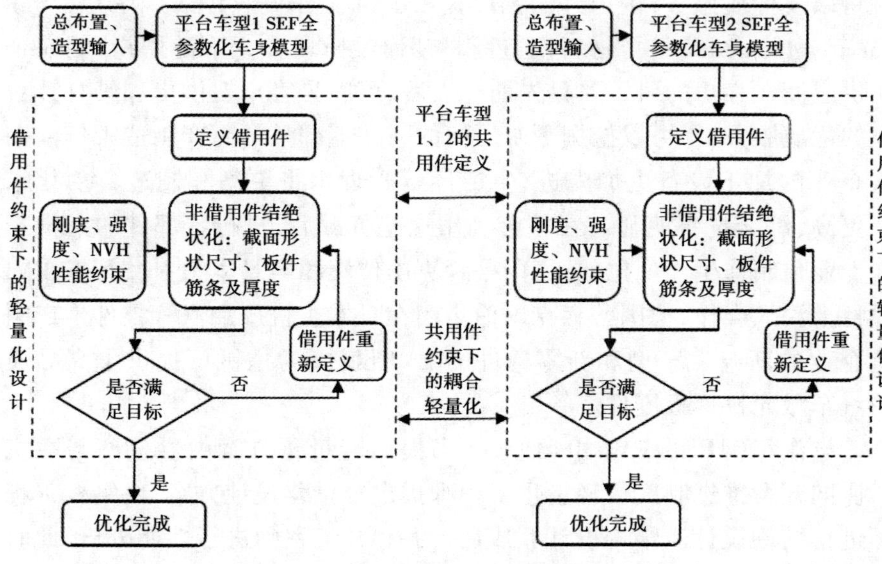


图 5-1　同平台车型耦合轻量化开发流程

此流程结合参数化设计理念在汽车平台化开发前期阶段介入，定义平台各车型的借用件、标准件，对这些零部件和非平台零件进行分别优化。该流程同时考虑了平台各车型 Car/SUV/MPV 的框架约束，同时完成平台件与非平台件的接口最优设计。该流程在平台件开发时已考虑平台各车型的架构约束,平台件重量和性能达到合适的平衡,同时平台化率高。由于引入了参数化设计理念,设计优化迭代次数高,快速达到最优设计,缩短开发周期。

5.1.5.3 轻量化方案供应商协同推进制度

为了整车各大系统重量的设计目标达成,同时不影响性能目标达成、控制成本目标,需要在整车轻量化设计过程中提出新结构、新工艺、新材料和集成度较高的零部件设计方案。这些轻量化措施通常会带来一系列未知的性能风险,而这些轻量化零件的试验流程通常欠成熟。同时国内的供应商对这些新型材料、结构、工艺的零件生产经验不足。这些风险通常难以在开发前期考虑周全,这导致轻量化方案的推进存在较大的困难。

为满足客户在原材料性能方面的需求,提供有针对性的高品质的材料以及优质服务,国内外的钢厂提出 EVI 工作概念, EVI "Early Vendor Involvement"是指材料制造商早期研发阶段介入下游用户,钢铁企业供应商在客户的研发项目先期介入后,可以为客户提供更加具有针对性的优质服务,并可以挖掘下游厂商的一些零部件的生产制造工作。钢铁企业的加工设备更加先进、生产经营管理水平更高和制造自动化水平更高,综合优势明显。在整合利用这些资源后,进行零部件的大批量和专业化制造生产。比如,德国蒂森克虏伯集团与日本 JFE 集团在 EVI 项目上深入合作,德国蒂森克虏伯集团在日本主机厂和汽车零件生产制造企业的新开发车型和新零构件的 EVI 设计,为主机厂提供了高品质的汽车激光拼焊板零件。

与汽车钢厂的 EVI 相类似,本书提出轻量化方案由供应商与主机厂协同开发推进制度。轻量化工程师提出轻量化设计方案,由结构工程师进行结构设计。结构设计完成后,由 CAE 工程师进行性能分析,此时供应商开始介入产品的结构、成本评估,同时评估开发周期是否可以满足汽车开发周期的需求。评估完成后,即开始产品的试制试验工作。供应商与主机厂协调进行产品的轻量化方案推进,先期介入,对轻量化方案的实施有着决定性的意义。

为了达成整车轻量化设计目标,轻量化集成设计工程师和产品设计工程师通常提出轻量化新结构设计,或者轻量化新工艺应用和轻量化新材料应用。轻量化新结构、新工艺和新材料方案提出后，在 CAE 虚拟仿真分析的同时要求主机厂 ME 联合相关零部件的供应商介入进行工艺、成本和开发制造周期的可行性分析，并提交可行性分析报告，向项目总工提请决策。总工根据项目的要求，决策方案可行后，供应商和主机厂的 ME 开展零件的试制实车验证工作。零部件通过验证后，进行方案设计的锁定和批量生产。轻量化方案的供应商协同推进流程制度，充分利用了供应商的制造经验资源，有效保证汽车轻量化方案的实施。

5.1.5.4 整车轻量化设计关键零部件轻量化设计关键技术

白车身的质量占汽车整备质量的比例为 30%~50%。因此，白车身区域是整车轻量化开发设计的重要减重对象。而通常白车身的减重一般不会带来汽车制造成本的升高。一般来说，白车身轻量化的途径分为结构优化、材料优化和工艺优化。其中，尺寸优化、拓扑优化、形貌优化和厚度灵敏度优化等结构优化方法是白车身轻量化的主要方法，而传统的灵敏度分析方法中设计对象为车身的钣金件，指导结构设计工程师进行钣金的加厚或者减薄，无法寻找出车身性能的关键区域或非关键区域，因此不能最大程度地实现车身轻量化水平。而且，其中特征优化方法仅能往一个方向进行优化，无法进行空间的双向特征优化设计，白车身轻量化设计流程如图 5-2 所示。图 5-3 所示为基于空间多层优化形貌特征优化及区域灵敏度白车身轻量化设计流程。

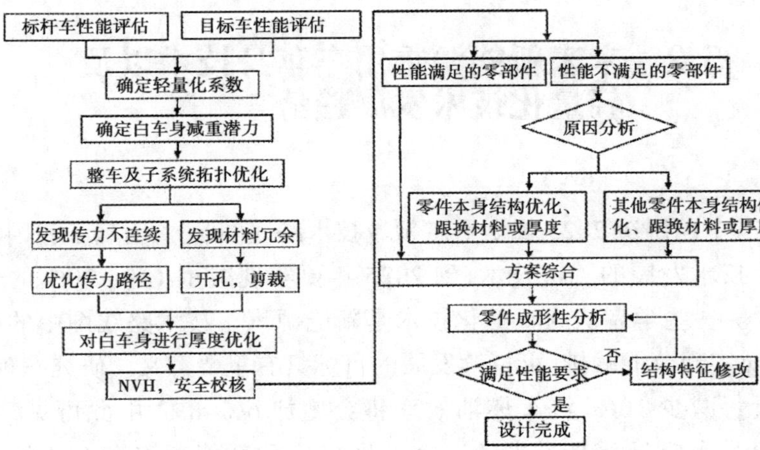


图 5-2　白车身轻量化设计流程

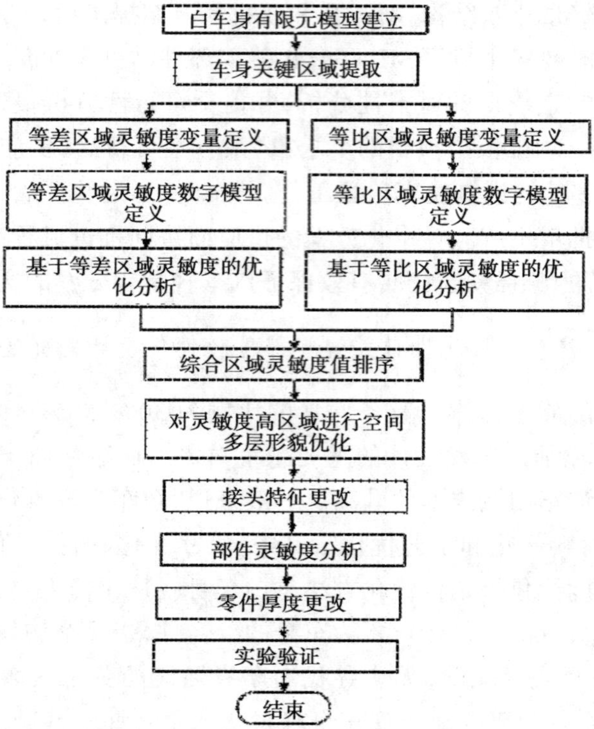


图 5-3　基于空间多层优化形貌特征优化及区域灵敏度白车身轻量化设计流程

## 5.2　未来新能源乘用车车身技术以及轻量化技术发展趋势

在《中国制造2025规划重点领域技术路线图》中，明确了我国汽车轻量化技术发展的关键技术，到2025年要实现减重12%~20%的轻量化目标。一些学者认为轻量化技术是新能源汽车技术路线图中的核心技术，对实现节能减排、可持续发展的目标具有重要意义。研究发现，汽车质量每减少10%，汽车燃油效率将会增加6%~8%，由此可见，实现新能源汽车轻量化是未来的一个发展趋势和新能源汽车企业的重要研究方向。

目前,有 3 种实现汽车轻量化的途径:①采用更轻的轻质材料;②通过优化设计理论优化汽车结构;③采用先进的轻量化制造工艺。

本节主要总结了铝合金、镁合金、钛合金、碳纤维复合材料和塑料在实现新能源汽车轻量化上的最新应用现状和最新应用成果,提出了未来轻质材料在新能源汽车轻量化中的发展方向。

### 5.2.1 新能源汽车的发展趋势

我国是汽车生产和销量大国,汽车保有量一直位于世界前列,2017 年之前中国汽车年销量呈逐年递增趋势,从 2011 年的 1 850.51 万辆到 2017 年的 2 887.9 万辆,之后略有下滑,但仍保持在年销量 2 500 万辆以上。

我国新能源汽车起步相对较晚,面对众多技术难题和巨额研发资金投入,前期只有个别车企投入新能源汽车的研究,新能源汽车行业发展比较缓慢,在 2014 年之前,新能源汽车年销售量还不及燃油车的 0.1%。2014 年,国家确立了发展新能源汽车的强国战略,在国家政策和资金大力帮扶下,国产汽车企业加大对新能源汽车的研究和资金投入,新能源汽车得到了快速发展,年销量从 2014 年的 7.48 万辆增长到 2020 年的 136.7 万辆。

我国最先投入新能源汽车研究的是比亚迪,当时新能源汽车还处于起步阶段,而比亚迪公司坚持对新能源汽车进行研究,攻破一个个技术难关,最终开发设计出安全性高、舒适性和操控性强的新能源汽车。面对巨大的新能源汽车市场需求,之后一些互联网企业也开始加入造车的队伍中来,从最初的腾讯、百度投资“蔚来”汽车,阿里投资“小鹏”汽车,再到最近的恒大和小米宣布开始“造车”,新能源汽车行业从比亚迪公司的“一枝独秀”到现在的“百花争鸣”,新能源汽车行业呈现出一片欣欣向荣的景象。

新能源汽车由于使用电池、电机和其他一些互联网设备,使其相比普通的燃油车更重,因此如何利用混合材料实现新能源汽车的轻量化成为新能源汽车领域的一个重要研究方向。

### 5.2.2 轻量化混合材料的应用与发展

#### 5.2.2.1 铝合金

铝的密度很小，导电导热性好，铝合金制品表面美观且回收利用率高，其强度和刚度均低于高强度钢，在力学性能相同的条件下，使用铝合金的减重效果可达到使用钢铁的50%，满足轻量化要求。

因铝合金出色的材料性能，被广泛用于新能源汽车的车身、轮毂、发动机壳体上。例如，大众的 e-Golf 和蔚来 ES6 的全系车型，通过采用全铝合金车身，减轻了整车质量，从而提高了新能源汽车的动力学性能和续航能力。

我国铝资源丰富，为未来新能源汽车的大范围推广使用带来了可能，同时铝合金还具有其他工程材料没有的优势，在相同质量条件下，铝合金材料排放出的碳含量低于其他工程材料，符合国家提倡的“低碳环保”的绿色理念。根据不同铝合金各自的特性，分别将它们用于汽车不同的零部件上。

虽然铝合金在新能源汽车轻量化材料上占有很大的优势，但是目前铝制品的加工方式主要为轧制、挤压、拉伸和锻造，容易因应力集中而发生断裂，所以对加工工艺要求极其严格，这也使得铝合金的使用成本较高，目前主要应用于一些燃油车的高端车型和部分新能源汽车上，如果大规模地使用会造成生产成本的增加，因此企业对铝合金在车身覆盖件和底盘件中的大范围应用方面还保持观望状态。

有些学者认为未来新能源汽车用铝材的研究和应用主要集中在铝合金产品拓展和生产工艺改进方面，同时应加强高性能铝合金板材的开发和应用，以满足汽车轻量化的一些构件的需求。此外，开展热成形技术、超塑性成形技术、电磁复合冲压成形技术等是铝合金应用技术的发展方向。

#### 5.2.2.2 镁合金

相较于铝合金而言，镁合金更轻且有着更好的承受冲击荷载的能力，同时，它也拥有比铝合金和钢更高的比强度，且在阻尼系数与减振性方面，镁合金表现也十分优异，所以镁合金可以被用于新能源汽车壳体的制造，降低行驶过程中由振动产生的噪声，在提高新能源汽车的舒适性与安全性方面，镁合金具有独特优势。

受限于技术因素，镁合金的价格相对较高，而且易氧化，耐腐蚀性比较差，韧性较低，在外界冲击作用下可能出现脆性断裂，所以主要用于转向盘、仪表盘骨架，油底壳等支架和壳体类关键零部件上。

镁合金最早应用于汽车的曲柄连杆箱铸件中，因为其质量更轻，相比于铁铸件要轻 50kg，随着镁合金的不断开发，其在新能源汽车零部件上的独特优势不断被展现出来，但由于其加工难度较大、成本较高，因此开发新的镁合金和塑性加工新工艺是镁业的长期目标，生产高质量镁合金工程材料是未来的发展趋势。镁的化学性质比较活泼，高温下抗疲劳性能差，对加工工艺要求高，价格也比铝合金高出约 20%，以上因素限制了镁在新能源汽车上的应用和发展。可以预见，随着镁合金塑性加工技术和成本瓶颈的逐渐突破，镁合金加工材料在汽车轻量化领域将有巨大的发展空间。

#### 5.2.2.3 钛合金

钛合金在各个性能方面表现优异，对实现新能源汽车轻量化起着重要作用。其密度比较小，在韧性、强度、抗蚀性方面有着非常良好的性能，生物相容性好，低温韧性好，强度可以达到 800MPa 以上，在 500℃左右仍然保持良好的机械性能，且焊接和成形性能都较好，而且耐热性要高于铝合金和镁合金，同时具有良好的焊接性能与加工性能。

钛合金在汽车上的应用广泛主要体现在发动机系统、减振系统、排气系统、车体框架上。利用钛合金良好的耐热性，可以将其做成发动机的曲柄连杆等机构，这样不但有利于提高汽车的燃油利用率，节省更多燃油或电能，还能大幅度提高发动机的抗疲劳性能。钛合金的弹性模量低，还可以用来做汽车中的弹性元件。钛合金弹簧与钢制弹簧相比，其质量更轻、耐腐蚀性更好。

钛合金可以用于汽车的排气系统中，用钛合金做成的排气管的使用寿命可以达到 13 年之久，是传统钢制排气管的 2 倍，而且质量更轻，与钢制排气管相比能够减重 8kg 左右，除此之外，钛合金还可用于新能源汽车的半轴和紧固件。

随着钛行业的不断发展，钛合金开始应用于新能源汽车行业，但主要用于发动机零部件的制造。根据不同种类的钛合金不同的特性，将它们用在发动机气门、气门座、连杆、曲轴零部件上的生产制造中。

但是钛提取起来较为困难，不过随着科学技术的发展，这一问题将很快得到解决，钛作为一种结构性材料，逐渐会被用于新能源汽车生产制造的各个领域。

#### 5.2.2.4 碳纤维复合材料

碳纤维是由碳元素组成的一种特殊纤维，具有耐磨擦，导电、导热性能好的特性，同时具有各向异性、柔软的优点。碳纤维可与其他材料复合，制成碳纤维复合材料，这些碳纤维复合材料力学性能优异，重量轻并且抗疲劳性能好。

碳纤维与物体发生剧烈碰撞时会变成无数个微小的碎片，碎片吸收了大部分撞击能量，避免碰撞对人体造成严重伤害，所以碳纤维材料在提高汽车安全性方面有着独特的优势。但是碳纤维由于其昂贵的价格，在新能源汽车上的应用并不广泛，主要集中在一些豪华车和性能车上，例如，宝马 i3 整车就大规模使用碳纤维，大大减轻了车身重量，这样不但能减轻车身质量和降低风阻，使得汽车的外观看起来更细腻更美观，而且还能节省油耗，提高动力学性能。

碳纤维新能源汽车价格昂贵，发生破损的碳纤维汽车部件主要以更换为主，而碳纤维的价格非常昂贵，阻碍了碳纤维在新能源汽车上的应用与发展。

近些年，纳米技术迅速发展，纳米纤维是一种将纳米颗粒填充到普通纤维的新型合成纤维。纳米纤维拥有各种优越的性能，如低成本、抗拉强度类似铝、重量轻，能很好地作为碳纤维的替代品，并且能够有效应用于汽车多种零部件。因此，纳米纤维可以替代昂贵的碳纤维在新能源汽车上大范围使用，推动新能源汽车轻量化的发展。

#### 5.2.2.5 塑料

塑料是一种常见的材料，价格也比较低廉，广泛用于汽车内饰件中，如隔板、车门内板、仪表盘、座椅、后备厢，外饰件主要用于汽车的防撞梁、侧裙、进气格栅和后视镜。

塑料的种类非常多，如 PE、PP、PA、PC、POM、PBT、ABS 等，其中聚丙烯(简称 PP)每年在汽车上的用量最大，约每年 200 万吨，PP 是汽车工业兴起的产物，在汽车工业中也是应用最广、最有价值的工程材料。PP 具有良好的物理属性和化学属性，且在成本、可回收性和易于处理方面具有很好的经济可行性，所以 PP 成为汽车工业中用途最广、用量最多的塑料。塑料应用于新能源汽车车身上是近些年才出现的，全塑车身具有质量轻、剐蹭后容易修复、抗腐蚀性强的优点，因此很多新能源汽车制造商开始“以塑代钢”，这样不仅可以大幅度降低制造成本，在激烈的新能源汽车市场上更有优势，还能减轻整车质量，提升整车的动力学性能和续航能力。比如，五菱宏光 mini 电动车整车大量使用塑料，轻巧的车身使其拥有较好的灵活性，续航能力足够日常出行代步，再加上亲民的价格，抢占了微型电动车大部分市场。

# 参考文献


[1] 王建立，李玉光．基于 ANSYS 有限元分析的座椅建模与计算 [J]. 大连大学学报，2010，(5)：53-56.

[2] 田中辉，李玉光，王淑芬，等．基于空间解析几何的双横臂独立悬架运动学分析 [J]. 机电工程，2012，29（8)：894-897.

[3] 勾治践，鲍明全．基于 ADAMS/VIEW 的双横臂式独立悬架机构运动学分析 [J]. 机械设计与制造，2007，(8)：170-17.

[4] 刘虹，王其东．基于 ADAMS 双横臂独立悬架的运动学仿真分析 [J]. 合肥工业大学学报：自然科学版，2007，30（1)：57-59.

[5] 潘国昌，黄虎，刘新田．双横臂独立悬架运动学仿真分析 [D]. 机械设计与制造，2009，(1)：200-202.

[6] 李静，初亮，鲁和安．双横臂独立悬架导向机构的运动特性 [J]. 农业机械学报，2002，33（2)：84-86.

[7] 韩宗奇，李亮，张庆．汽车双横臂悬架运动特性分析与仿真 [J]. 塑性工程报，2003，10（4)：67-71.

[8] 李文君，蒋永林，高树新．双横臂独立悬架空间运动学分析 [D]. 汽车工程，2006，28（6)：558-560.

[9] 张景骞，毛明．轮式车辆双横臂独立悬架的运动优化设计 [D]. 汽车工程，1997，19（3)：180-185.

[10] 杨旭志，廖中文，高俊文．某电动车操纵稳定性仿真试验研究 [J]. 机电工程，2011，28（2)：184-187.

[11] 王国强，张进平，马若丁．虚拟样机技术及其在 ADAMS 上的实践 [M]. 西安：西北工业大学出版社，2002.

[12] 陈瑞祥，王惠方．基于 ADAMS 和 ANSYS 的自行车车架分析 [J]. 轻工机械，2011，29（6)：18-21.

[13] 董希状，宁晓彬，张杰．汽车共享底盘悬架仿真模块的开发与应用 [J]. 机电工程，2010，27（10）：34-37.

[14] 梁长飞，李玉光，王淑芬，等．基于 Matlab 汽车操纵稳定性仿真方法的研究 [J]. 大连大学学报，2014，35（3）：14-17.

[15] 余卓平，冯源，等．分布式驱动电动汽车动力学控制发展研究现状 [J]. 机械工程学报，2013，49（8）：105-114.

[16]S YIM，Y PARK，K YI.Design of active suspension andelectronic stability program for rollover prevention[J].International Journal of Automotive Technology，2010，11（2）：147-153.

[17] 余志生．汽车理论 [M]. 北京：机械工业出版社，2009.

[18] 欧健，等．车辆动力学稳定性系统综合反馈控制仿真 [J]. 拖拉机与农用运输车，2010，37（3）：9-12.

[19] 朱春侠，张韶回．轮胎对汽车操纵稳定性的影响分析 [J]. 农业装备技术，2011，37（3）：28-30.

[20] 张代胜，陈朝阳．汽车操纵稳定性的仿真 [J]. 农业机械学，2005，36（11）：12-17.

[21] 王淑芬，胡文文，李玉光，等．汽车座椅骨架的拓扑优化研究 [J]. 机电工程，2014，31（9）：1149-1153.

[22] 廖君，杜里平，王冯良，等．基于 OptiStruct 的电动轿车副车架的结构优化 [J]. 机电工程，2008，25（5）：4245.

[23]HARZHEIM L，GRAF G.A review of optimization of cast parts using topology optimization（II-Topology optimization with manufacturing constraints）[J].Structural and Multidiscipline Optimization，2006，31（5）：388-399.

[24] 聂昕，黄鹏冲，陈涛，等．基于耐撞性拓扑优化的汽车关键安全件设计 [J]. 中国机械工程，2013，24（23）：3260-3265.

[25] 宋小龙，安继儒．金属材料手册 [M].2 版．北京：化学工业出版社，2007.

[26] 林丹益，李芳．基于 ANSYS 的结构拓扑优化 [J]. 机电工程，2012，29（8）：898-902.

[27] 吴亚明．其于 ANSYS 的结构优化设计 [J]. 机电工程技术，2013，（8）：50-53.

[28] 王金华 . 铸造结构设计 [M].2 版 . 北京：机械工业出版社，1983.

[29]WANG Shu-fen, HU Wen-wen, GAO Zhen-hai, et al.The Application of Magnesium Alloy in Automotive Seat Design[J].Advanced Materials and Processes ii，2013，( 395-396 )：266-270.

[30] 全国汽车标准化技术委员会 .GB15083-2006，中国标准书号 [S]. 北京：中国标准出版社，2006.

[31] 汪泉，梁凌红，安宗裕，等 . 汽车有限元建模及其电磁兼容预测的多软件联合仿真 [J]. 重庆大学学报：自然科学版，2013，36 ( 2 )：741.

[32] 马鸣图，易红亮，路洪洲，等 . 论汽车轻量化 [J]. 中国工程科学，2009，11 ( 9 )：20-27.

[33] 王丽娜，王淑芬，李玉光，等 . 汽车转向系统动态特性分析 [J]. 大连大学学报，2014，5 ( 6 )：38-40.

[34] 吴社强，吴政清，姜斯平 . 汽车构造 [M]. 上海：上海科学技术出版社，2003.

[35] 王成华，孟广耀，周忠伟 . 基于 ANSYS 汽车转向柱的模态分析 [J]. 工程技术，2012，( 12 )：261-262.

[36] 宋剑锋 . 详解 ANSYS 有限元分析 [M]. 北京：中国铁道出版社，2012：07.

[37] 张平，雷雨成，高翔，等 . 轿车车身模态分析及结构优化设计 [J]. 汽车技术，2006，( 4 )：5-9.

[38] 尚小江，邱峰，赵海峰 .ANSYS 结构有限元高级分析方法与范例应用 [M].2 版 . 北京：水利水电出版社，2008.

[39] 郭雷 . 基于 ANSYS 汽车前桥的模态分析 [J]. 装配制造技术，2012，( 9 )：12-15.

[40] 李学修 . 轻卡车身模态分析及其结构优化 [D]. 上海：上海交通大学，2007.

[41] 王华明，张凌云，李安 . 金属材料快速凝固激光加工与成形 [J]. 北京航空航天大学学报，2004，30 ( 10 )：962-967.

[42] 费群星，张雁，谭永生 . 激光近净成形 Ni-Cu-Sn 合金 [J]. 稀有金属材料与工程，2007，36 ( 11 )：2052-2056.

[43] 宋建丽，李永堂，邓琦林 . 激光熔覆成形技术的研究进展 [J]. 机械工程学报，2010，46 ( 14 )：29-37.

[44] 武万良，李学伟．钛合金激光熔覆技术研究进展 [J]. 稀有金属材料与工程，2006，35（6）：850-854.

[45] 孙晓敏，刘栋，汤海波 .TC17 钛合金构件激光直接成形固态相变行为及显微组织 [J]. 稀金材料与工程，2013，42（4）：724-729.

[46] 梁志宏，马恩波．激光熔覆成形预热基板设计及试验研究 [J]. 机械设计与制造，2009，（7）：54-56.

[47] 赵卫强，陈静，杨杰穷，等．激光立体成形工艺对 TC11 钛合金组织和力学性能的影响 [J]. 应用激光，2012，32（16）：479-483.

[48] 崔爱永，胡芳友，张忠文．钛合金表面激光熔覆修复技术 [J]. 中国表面工程，2011，24（2）：61-64.

[49] 牛兴林，张德强，李金华 .45 钢表面激光熔覆 Fe 基粉末实验研究 [J]. 机械设计与制造，2014，12（12）：148-151.

[50] 项坤，王维，杨光．钛合金单道激光熔覆工艺的研究 [J]. 表面技术，2013，42（1）：91-93.

[51] 王淑芬，赵旭阳，李玉光，等．某汽车座椅骨架的动态特性分析 [J]. 机械设计与制造，2015，（6）：145-148.

[52] 王淑芬，饶博，李玉光，等．基于 AMESim 的液压助力转向系统仿真研究 [J]. 大连大学学报，2015，6（3）：27-30.

[53] 石培吉，施国标，林逸，等．转阀式液压助力转向系统建模与仿真分析 [J]. 机床与液压，2009，37（2）：37-39.

[54] 唐励佳．考虑液压助力转向的前轮自激摆振仿真研究 [D]. 长沙：湖南大学，2013.

[55] 郭孔辉，刘涛．某车液压助力转向系统的试验与仿真 [J]. 吉林大学学报：工学版，2011，41（1）：5-11.

[56] 张国栋．液压助力转向系统对整车操纵稳定性的影响研究 [D]. 南京：江苏大学，2011.

[57] 余志生，汽车理论 [M].5 版．北京：机械工业出版社，2012.

[58] 高翔，赵金才，王若平，等．液压助力转向系统的仿真分析 [J]. 江苏大学学报：自然科学版，2003，24（6）：34-38.

[59] 唐程光，刘江波，鲁后国．乘用车车身结构设计与轻量化 [M]. 北京：机械工业出版社，2019.

[60] 苏金英，周炬．某特装车汽车座椅的模态分析 [J]. 装备制造技

术，2011，(10)：60-61，85.

[61] 李卫民，王月婷，孙嵩楠．基于 ANSYS 的 JL466 型汽油发动机预应力下的模态分析 [J]. 拖拉机与农用运输车，2014，41（2）：30-33.

[62] 关长明．白车身模态分析 [D]. 合肥：合肥工业大学，2008.

[63] 王勖成．有限单元法 [M]. 北京：清华大学出版社，2003.

[64] 余志生．汽车理论 [M].5 版．北京：机械工业出版社，2012.

[65] 高翔，赵金才，王若平，等．液压助力转向系统的仿真分析 [J]. 江苏大学学报：自然科学版，2003，24（6）：34-38.

[66] 黄斌，蒋祖华，严隽琪．汽车座椅系统动态舒适性的研究综述 [J]. 汽车科技，2001，(6)：13-16.

[67] 王淑芬，饶博，李玉光，等．基于负载敏感技术的液压助力转向系统研究 [J]. 机床与液压，2016，4（15）：102-104+111.

[68] 王望予．汽车设计 [M]. 北京：机械工业出版社，2012.

[69] 黄新年，张志生，陈忠强．负载敏感技术在液压系统中的应用 [J]. 流体传与控制，2007，24（5）：28-30.

[70] 王纪森，林志纲．基于 AMESim 的负载敏感系统仿真与分析机床 [J]. 机床与液压：2012，40（8）：78-79.

[71] 晋明杰，刘文武，范英，等．基于负载敏感技术的随车起重机回转系统仿真研究 [J]. 煤矿机械，2015，36（2）：96-99.

[72] 刘小华，辛德忠，万军，等．基于负载敏感技术的定向钻机给进系统研究 [J]. 机床与液压，2014，42（7）：13-15+19.

[73] 李玉光，王淑芬．基于负载敏感技术的 HPS 操纵稳定性分析 [J]. 大连大学学报，2016，7（6）：1-5.

[74] 黄虎，陈光柱，蒋成林．全液压钻机负载敏感液压系统设计及仿真分析 [J]. 液压与气动，2015，17（03）：71-74+79.

[75] 张骥，张铁柱，程联军，等．挖掘机负载敏感泵的 AMESim 动态仿真研究 [J]. 青岛大学学报：工程技术版，2015，30（1）：99-104.

[76] 朱宇龙，王淑芬，李玉光．某汽车发动机机体模态分析 [J]. 大连大学学报：2018，39（6）：7-9.

[77]《中国公路学报》编辑部．中国汽车工程学术研究综述，2017[J]. 中国公路学报，2017，30（06）：1-197.

[78] 倪建华．基于 ANSYS 的发动机缸体模态分析 [J]. 科技创新与

应用,2017,(4): 14-15.

[79] 马万福 . 基于有限元法的内燃机机体振动分析与噪声预测研[D]. 天津: 天津大学,2005.

[80] 王茂成 . 有限单元法 [M]. 北京: 清华大学出版社,2003.

[81] 李玉光,王淑芬,朱宇龙,等 . 基于 IBEM 法的某汽油机机体结构辐射噪声研究 [J]. 大连大学学报,2019,40(3): 15-19+55.

[82] 任家潮,陈毅,李国华 .N490 型柴油机机体强度有限元分析 [J]. 小内燃机与摩托车,2012,41(1): 43-47.

[83] 景国玺,任恒,张儒华 . 柴油机结构振动和辐射噪声特性研究 [J]. 车用发动机,2012,(5): 38-43.

[84]J Guo, Y P Cao, W P Zhang, et al.Analysis of engine vibration and noise induced by a valve train element combined with the dynamic behaviors[J].Journal of Engineering for Gas Turbines and Power,2015, 138(9): 1-11.

[85] 国家机械工业局 . 往复式内燃机辐射的空气噪声测量工程法及简易法 GBT 1859-2000[S].2000.

[86] 谭祥军 . 从这里学 NVH[M]. 北京: 机械工业出版社,2018.

[87] 王鑫,季振林 . 柴油机辐射噪声预测及控制技术研究 [J]. 噪声与振动控制,2008,(2): 87-91.

[88] 梁长飞,李玉光,李子阳,等 .Magic Formula 轮胎模型动力学性能研究 [J]. 测试试验,2020,(16): 116-118.

[89]郭孔辉 . 汽车操纵动力学原理[M]. 南京: 江苏科学技术出版社,2011.

[90] 王和毅,谷正气 . 汽车轮胎模型研究现状及其发展分析 [J]. 橡胶工业,2005,(52): 58-63.

[91] 李松焱 . 轮胎动力学模型的建立与仿真分析 [J]. 南京工程学院学报(自然科学版),2009,7(3): 34-38.

[92] 郑香美,高兴旺 . 基于"魔术公式"的轮胎动力学仿真分析 [J]. 机械与电子,2012,(9): 16-20.

[93] 郭孔辉 .UniTire 轮胎稳态模型的联合工况预测能力研究 [J]. 汽车工程,2008,28(6): 565-568.

[94] 康梦南, 王先云, 杨铎, 李玉光, 付少华 . 基于 AMESim 的真

空助力器输入—输出特性曲线仿真研究 [J]. 机电工程，2021，38（04）：489-493.

[95] 赵天鹏，王淑芬，胡文文．汽车驾驶座椅的人机工程学设计 [J]. 机械工程师，2014，(9)：92-94.

[96] 刘维信．汽车设计 [M]. 北京：清华大学出版社，2001.

[97] 袁修干，庄达民．人机工程 [M]. 北京：北京航空航天大学出版社，2002.

[98] 郭伏，杨学涵．人机工程学 [M]. 沈阳：东北大学出版社，2001.

[99] 黄斌，蒋祖华，严隽琪．汽车座椅系统动态舒适性的研究综述 [J]. 汽车科技，2001，10（6）：13-16.

[100] 杨德一，郭刚，彭新宇，等．汽车设计人机工程综合评价的研究 [J]. 机械设计与制造，2003，(5)：119-120.

[101] 赵华山，胡红峰．现代汽车制动系统的发展历程和前景展望 [J]. 重型汽车，2017，(1)：22-25.

[102]FORTINA A, VELARDOCCHIA M, SORNIOTTI A.Braking system components modelling[R].SAEPaper 2003-01-3335

[103]SORNIOTTI A, VELARDOCCHIA M.Dual rate boosters: Analysis, modeling and experimental evaluation of their performance[R].SAEPaper，2007014020.

[104] 封万程，张晓丰，刘学术，等．双膜片弹簧真空助力制动系统仿真研究 [J]. 汽车科技，2019，(4)：24-30.

[105]MENG D, ZHANG L, YU Z.A dynamic model for brake pedal feel analysis in passenger cars[J].Proceedings of the Institution of Mechanical Engineers, Part D: Jour-nal of Automobile Engineering, 2015，230（7）：955-968.

[106] 柳恩芬，袁亮，张玉海．智能汽车电子真空助力器设计 [D]. 吉林大学学：信息科学版，2016，34（4）：484-490.

[107] 陆艺，阙隧，金浪滨．智功能真空助力器综合性能检测系统 [J]. 仪表技术与传感器，2014，(9)：52-56+59.

[108] 杨维和．汽车制动真空助力器的工作原理与性能计算 [J]. 汽车技术，1991，(10)：8-13+51.

[109] 全国汽车标准化技术委员会 .QC/T3072016 汽车用真空助力

器性能要求及台架试验方法 [S]. 北京：科学技术文献出版社，2016.

[110] 国家机械工业部 .QC/T3071999 真空助力器技术标准 [S]. 北京：中国标准化出版社，1999.

[111] 裴晓飞，董兴智，张灿明，等 . 汽车制动踏板特性仿真及板感觉优化 [J]. 汽车工程学报，2017，7（1）：52–60.

[112] 刘苑 . 乘用车制动踏板感觉仿真研究 [D]. 锦州：辽宁工业大汽车交通工程学院，2014.

[113] 王登峰 . 车身参数化与轻量化设计 [M]. 北京：机械工业出版社，2019.